Inhalt

MICHAEL REICHMAYR

Zur vorliegenden Ausgabe

Dieser Band enthält die letzten gemeinsam mit Goldy Parin-Matthèy entstandenen Erzählungen Paul Parins aus der Zeit zwischen 1992 und 1995. Die erste Buchfassung erschien 1995.[1] In die vorliegende Ausgabe aufgenommen wurde der im gleichen Zeitraum entstandene Text »Nachruhm« (Anhang, 159–171[2]). Das Kapitel »Real existierender Tourismus« (95–108) war bereits 1982 unter anderem Titel erschienen.[3]

Spielten Tiere im bisherigen literarischen Schaffen Parins keine herausragende Rolle, rücken sie in diesem Band an einigen Stellen ins Zentrum der Beobachtung und Beschreibung, seien es Wildpferde, Mantelpaviane, russische Windhunde oder Haie. Parin beschreibt detailliert deren Aussehen, Verhalten und an einigen Stellen auch das Verhältnis des Menschen zu ihnen. 1993 war Parin zu einer Lesung seiner Texte auf Schloss Novi Klošter eingeladen, dem einstigen väterlichen Landgut in Slowenien. Eine ehemalige Bedienstete der Parins fragte ihn nach der Lesung, welchen Beruf er wählen würde, wenn er mit seinen Lebenserfahrungen heute wieder 25 Jahre alt wäre. Parin antwortete: »Ich wäre Tierpsychologe, Verhaltensforscher, Ethologe geworden, wenn ich gewusst hätte, dass diese Wissenschaft existiert« (88). Parins Antwort verstand das Publikum genau so wie er es gemeint hatte: Als »bittere[n] Scherz über meine Erfahrungen mit der Spezies Mensch« (ebd.). Auch in später erschienenen Werken weiß Parin sich mit feinem Gespür in die Tierwelt zu versetzen, war er doch von früher Jugend an Jäger und schon deshalb darin geschult, Tiere genau zu beobachten.[4]

---

1   Parin, Paul (1995 a): Eine Sonnenuhr für beide Hemisphären und andere Erzählungen. Hamburg.
2   Parin-Zitate und Verweise nur mit Seitenangabe beziehen sich auf die vorliegende Ausgabe. – Sämtliche Verweise zu Texten von Paul Parin folgen der Gesamtbibliographie unter www.paul-parin.info/archiv/texte.
3   Siehe Drucknachweise, 172.
4   Vgl. Parin, Paul (2018 a): Die Jagd – Licence for Sex and Crime. Erzählungen und Essays. Wien, Berlin. Paul Parin Werkausgabe (PPW), Band 1; ders. (2002 a): Das Katzenkonzil. Mit Tuschezeichnungnen von Manù Hophan. Erweiterte Neuauflage PPW, Bd. 16.

1977 hatte Parin seine Beobachtungen von Menschenaffen im Senegal und in Mauretanien an den Schweizer Verhaltensforscher Hans Kummer berichtet.[5] Dieser antwortete Parin: »Nächstens werden Sie uns als Informant unentbehrlich!«[6]

Die Texte im vorliegenden Band geben Parins ursprüngliche Niederschriften wieder und weichen daher von der 1995 in der Europäischen Verlagsanstalt erschienenen Fassung teilweise ab. In dieser Ausgabe hatte das Verlagslektorat an zahlreichen Stellen in die Formulierungen des Autors eingegriffen. Stilistisch markierte oder zeittypische Ausdrucksweisen des Autors oder scheinbar nebensächliche Details wurden stillschweigend geändert oder gestrichen. So nannte Parin etwa die Ehefrau eines Konsuls »Gemahlin«, an anderer Stelle spricht er von der »Gattin« eines Pastors. Diese vom Autor gewählten Varianten wurden allesamt durch »Frau« ersetzt. Weitere Beispiele: »›Ich bin die Inge‹, sagte sie. ›Und ich bin der Paul‹.« Dieser kurze Dialog wurde für die damalige Ausgabe folgendermaßen abgeändert: »›Ich bin Inge‹, sagte sie. ›Und ich bin Paul‹«: Eine Ausdrucksweise, derer sich Parin in der Alltagsrede, die hier wiedergegeben wird, nie bedient hätte. Auch Beschreibungen von genau erinnerten Details, wie sie sich in Parins Typoskript finden, z. B. ein »diskret kariertes Tweedjacket«, wurden beschnitten, hier zu einem bloß »karierten Tweedjacket«. Das Bild »einer kapriziösen und hysterischen Modedame«, das sich der Autor gemacht und dementsprechend sprachlich abgebildet hatte, wurde gleich zur Gänze eliminiert.

In der vorliegenden Ausgabe wurden alle sprachlichen Nuancen und semantischen Schattierungen, die zum Teil auf schweizerischen oder österreichischen Besonderheiten des Deutschen basieren, aber auch der für Parin typische Duktus und Stil, dem Originaltyposkript entsprechend wiederhergestellt.[7]

Die hier nur beispielhaft beschriebenen »Korrekturen« durch den Verlag waren die ersten Vorboten von noch viel drastischeren Eingriffen, die sich bei der Erstveröffentlichung des letzten Buches Parins zu einer regelrechten Zensur nicht nur einzelner Begriffe und Sätze, sondern ganzer Passagen und Kapitel steigern sollte.[8]

5 Vgl. den Abschnitt »Kurzer Besuch bei nahen Verwandten« (88-95).
6 Brief von Hans Kummer an Paul Parin vom 5. Juli 1977. SFUA-PP-K42. – Das Sigel SFUA-PP verweist auf Quellen im Nachlass Paul Parin an der Sigmund Freud Privatuniversität Wien.
7 SFUA-PP-W54.
8 Parin, Paul (2003a): Die Leidenschaft des Jägers. Erzählungen. Hamburg. Erweiterte und unzensurierte Neuausgabe: Parin, Paul (2018a): Die Jagd – Licence for Sex and Crime. Erzählungen und Essays. Wien, Berlin. PPW, Bd. 1.

Mit dieser Neuausgabe der *Sonnenuhr* können wir mit Paul Parin und Goldy Parin-Matthèy durch Nordamerika, Indonesien und andere Länder reisen. Parin gelingt es, die menschengemachte Gesellschaft und die gesellschaftliche Natur des Menschen beider Hemisphären in miteinander verwobene und bewegende Erzählungen zu gießen. Auch Ute Sonnleitner ist in ihrem Beitrag mit den »unangepassten Zeitreisenden« unterwegs und erkennt ihre »Bewegungen außerhalb der Norm« als »Akt subversiven Dagegenhaltens« (177).

Paul Parin selbst fasste die Expeditionen in »das unwegsame Gelände ›Mensch‹«[9] so zusammen:

> »Wir waren neugierig auf Menschen der südlichen Hemisphäre. Südlich vom Äquator wird alles anders sein. Die Wintersonne neigt sich nach Norden. Wir müssen uns neu orientieren, alte Gewohnheiten ablegen. Die geographische Abstraktion schien unbegrenzte Möglichkeiten zu eröffnen. Während ich von dieser Reise erzähle, merke ich, wie wenig wir uns von der eigenen Vergangenheit entfernt haben. Über exotischen Inseln – die gleiche Sonne« (130).

9   So der Titel einer Rezension des Buches in der Neuen Zürcher Zeitung, 13. Februar 1996, 45.

Vieles haben wir gemeinsam erlebt,
einander erzählt – Ich habe es
niedergeschrieben und vorgelesen.
Aus ihrer Teilnahme, mit ihrem
unbestechlichen Urteil und
meiner Lust zu schreiben sind
diese Erzählungen entstanden,
die ich nun, wo sie fertig geschrieben
und gedruckt sind, Goldy widme.

PAUL PARIN

Paul Parin

Der polnische und der preußische Adler – beide beschädigt

Jedesmal, wenn ich von Przewalski-Wildpferden geträumt habe, bin ich wieder in Polen. Das geschieht in letzter Zeit immer öfter. Dann taucht auch das Gut Włoszakowice mit dem Schlösschen Trianon wieder auf, das im Bezirk Poznań, früher Posen, liegt, oder lag, denn vielleicht existiert es nicht mehr. Wen immer ich kennenlerne, der aus der Gegend kommt, frage ich. Keiner hat je von Włoszakowice gehört.

Ich kann nicht sagen, dass die wilden Urpferde oder das prächtige Gut mich mit Polen oder dem Polnischen verbinden. Verbunden bin ich mit Polen überhaupt nicht. Eher ist es so, dass ich etwas Polnisches in mir herumtrage und dass es dann und wann wieder da ist.

Die beiden Buben, mein Bruder Toto, der zweieinhalb Jahre jünger ist, und ich, dürfen zur Post gehen, um ein Telegramm aufzugeben. Wir gehen durch die lange Allee, rechts und links Wiesen und alte Parkbäume. Die Alleebäume tragen immer helle grüne Blätter. Wahrscheinlich sind es Linden. Vielleicht auch Platanen oder Birken. Jedenfalls sind die beiden Buben immer nur in der schönen Jahreszeit dort gewesen, denn kahl sind die Zweige der Alleebäume nie.

Dann mündet der geschotterte Parkweg in die zerfurchte sandige Landstraße. Der Sand rieselt in die Sandalen. Wir gehen im spitzen Winkel nach links bis zu den ersten Häusern des Dorfes. Eines der lustigen kleinen Häuser ist einstöckig, mit bunten Glasscheiben an der Eingangstür. Die beiden Postfräuleins können wir nicht voneinander unterscheiden. Eine jede der beiden umarmt und küsst uns auf beide Wangen, wenn beide da sind, eine nach der anderen. Im Büro müssen wir still auf der Bank sitzen, bis das Telegramm durch ist, eine Tickerei am Morseapparat, viel Schreiberei, auf den Zettel müssen wir gut aufpassen und ihn den Herrn Eltern bringen. Wenn das Telegramm ab ist, wird das Büro geschlossen, wir dürfen mit in den ersten Stock. Dort sitzt auf einer Stange Monsieur Prospèr, ein bunter großer Papagei, in allen Farben, die wir kennen. Er sagt: »Bonjour Madame, bonjour Monsieur, bonjour mon petit.« Dann müssen wir sagen: »Bonjour Monsieur Prospèr.« Er dreht den Kopf, putzt sich mit dem Schnabel unter den Flügeln, richtet sich auf der Stange auf und antwortet: »Bonjour Monsieur, merde, bonjour Madame, putaine, merde, putaine.« Die Fräuleins kichern und versuchen, uns die Ohren zuzuhalten. Das macht Monsieur Prospèr wütend: Er kreischt wie ein Papagei und zischt dann wie ein erboster alter Mann: »Voleurs, assassins, fainéants.« Die drei Worte wiederholt er in verschiedener Reihenfolge, bis er müde wird. Dann ist er durstig, klettert von seiner Stange und spritzt zuerst Wasser nach rechts und links, bevor er aus seiner Schale trinkt und nickt und wieder trinkt. Wir werden zum Speisetisch geführt, wo sie auf der gehäkelten Decke zwei Tellerchen mit Kuchen und zwei Tassen heiße süße Schokolade angerichtet haben. Kein Wunder, dass wir nach dem Mittagessen immer fragen, ob heute ein Telegramm zur Post zu bringen ist.

Mein Schloss Trianon hat einen strengen Grundriss: ein gleichschenkliges Dreieck. Die Frontseite trägt eine symmetrische Doppelfreitreppe. Man tritt in eine weite und hohe Halle, um die herum die Wohn- und Schlafzimmer liegen, die aber so hoch ist, dass die Fenster, die einen Stock höher angebracht sind, von allen drei Seiten das Licht hereinströmen lassen. Der Fußboden ist heller, glänzender Parkett. Oft haben wir uns über die Dreiecksform geärgert; wäre der Grundriss ein Rechteck, hätte ein Tenniscourt drinnen Platz, unter Dach bei Regen… Die beiden vorderen Winkel enthalten die größten Wohnräume auf gleichem Niveau wie die Halle, rechts das Speisezimmer, links die Kanzlei. Im hinteren Winkel öffnet sich eine Tür zur gusseisernen Wendeltreppe, hinauf zum Türmchen, erst in breiter Windung um das eiserne Wasserreservoir, dann eng bis in die sechseckige Turmkammer. Die Fenster sind mit roten, grünen, gelben und blauen Scheiben verglast, durch die ich über mein Revier hinschaue. Auf allen Seiten erst der Schlossgraben, der den breiten Schotterweg umschließt; auf dem dunklen Wasser schwimmen bunte Enten. Nach rechts sieht man nur in dichte Baumkronen, nach links geben sie den Blick in die Maikuhle, in mein Sumpfdickicht frei, doch am schönsten ist der Blick nach hinten, besonders durch die gelbe Scheibe. Immer im Sonnenlicht liegt die sumpfige Wiese da, es sind ein, zwei oder drei Störche zu sehen, die auf Frösche lauern und – wenn man lange und aufmerksam hinschaut – ist der graue Pflock, der aus der Wiese ragt, ein Silberreiher. Abends fliegt er mit weichen wippenden Schwingen fort. Ganz weit weg ist das Dorf. Die schmutzigbraunen Dächer der Häuser verfärben sich weder golden, noch rot, noch blau. Der Abschluss der bunten Märchenwelt.

(Später, viel später, habe ich mehr über mein Trianon erfahren. Eine vergilbte Fotografie zeigt den klassizistischen Bau von vorne. Es hieß, das Schlösschen sei nach Schloss Trianon bei Paris benannt und eine genaue Kopie. Ich habe keine Ahnung, wie das französische Trianon aussieht. Ich hätte es leicht kontrollieren können, wollte es aber nicht. Vielleicht wollte ich mein Schloss in Polen nicht mit dem Gedanken an den Ort verderben, nach dem einer jener Friedensverträge des Jahres 1918 heißt, der den Keim für weitere Kriege gelegt hat.)

Mit der Zeit wurde mir gesagt, das Landgut gehöre dem ungeheuer reichen Wiener Kriegsgewinner Camillo Castiglioni, der bald nach Ende des Ersten Weltkriegs seinen Freund, meinen Vater, mit der faustischen Aufgabe betraut hatte, den riesigen im Krieg verfallenen Besitz eines deutschen Fürsten, den er, der Wiener, irgendwie an sich gebracht hatte, wiederherzustellen. Die Grenze der Waldungen fiel kilometerweit mit der polnischen Staatsgrenze zusammen. Es gab vier »Vorwerke«, das heißt Dörfer oder Weiler, in denen früher die Leibeigenen des Fürsten wohnten, zwei Holzsägemühlen, von denen eine bereits Bretter sägte, zwei Spiritusbrennereien (aus Kartoffeln), zwei große schilfgesäumte Seen, ein Gestüt edler Reitpferde, eine riesige Schafherde und noch mehr.

In meinem Reich ist der Vater der Chef. Er steht hoch über dem polnischen Generaldirektor des Gutes, der in der Villa am Parkeingang wohnt, wo auch seine Stallungen sind. Den »Pan« nennen wir ihn. Seinen hochadligen polnischen Namen konnte ich nicht aussprechen und ich brauche ihn auch nicht. Den Pan kriegt man einmal täglich zu Gesicht: Um die Abenddämmerung lässt er seine Schimmel anspannen, fährt vierspännig vor der Freitreppe von Trianon vor, zum Rapport beim Chef. Der livrierte Kutscher muss das Gespann immer wieder ums Schloss herumführen, trotzdem scharren die Schimmel ungeduldig. Nachdem der Pan endlich wieder in die Kutsche gesessen ist und das Gespann in der Allee verschwunden ist, kommt der deutsche Gärtner und glättet den von den Hufen gefurchten Kies mit dem Rechen. Wenn mein Vater untertags etwas mit dem Pan besprechen will, geht er zu Fuß hinüber; es sind fünf Minuten. Die Polen sind sehr faul, meinte unsere Kinderfrau, die mit der Familie hierher übersiedelt war, sich in dem flachen Land aber nicht gut zurecht fand.

Ich muss vor allem wissen, was ich von den Männern in Uniform halten soll, die bei uns auftauchen. Das kann ich vom Dackel Manfredo lernen, der Trianon durchstreift. Den Mann in der dunkelblauen Uniform bellt er kurz und wütend an, schweigt aber sofort wieder, der Briefträger darf von hinten ins Haus und gibt die Post in der Küche ab. Die dunkelgrünen polnischen Zöllner dürfen nicht ins Haus, Manfredo bellt laut und nachhaltig, bis wer herauskommt und den Uniformierten fragt, was er will. Die graugrünen Forstangestellten mit der Kappe und den Herrn Oberförster mit dem Jägerhut begrüßt Manfredo wedelnd, ohne zu bellen. Wenn die braungrünen Gendarmen auftauchen, rast ihnen Manfredo knurrend zwischen die Beine, reißt einen Fetzen aus der Hose und verschwindet. Das hat zur Folge, dass die Polizisten immer seltener auftauchen, man aber in der Küche stets ein Couvert mit einer Geldnote bereithält, das man dem empörten Polizeimann übergibt, der sich in der Regel höflich bedankt und nebenbei darauf hinweist, Hunde dürfen nicht ohne Maulkorb freigelassen werden. Ich habe Manfredos Verhalten auf die Uniformen zurückgeführt. Alle diese Männer kannte er ja nicht. In Polen bin ich bei der gleichen Taxierung der Menschen je nach ihrer Uniform geblieben, vielleicht auch noch später.

Für die beiden Buben ist das Innere des Schlosses weniger interessant als die Umgebung. Der Park jenseits des grünen Wassers im Schlossgraben, der sich auf beiden Seiten der Allee ausdehnt, birgt keine Geheimnisse: flache Wiesen, Blumenrabatten, Zierbüsche. Nur einmal rettete sich ein Wiesel in einen dichten Haselstrauch. Es war hellbraun, im Vorbeihuschen sah ich deutlich, dass die Schwanzspitze schwarz war, der Beweis für ein echtes Hermelin, die Tierchen, die im Winter einen schneeweißen Pelz haben mit einem schwarzen Schwanzende. Aus vielen Fellchen solcher Tiere ist die Stola des Polenkönigs Johann Sobieski gefertigt, der mit Krone, Reichsapfel und Zepter im Goldrahmen eine Wand des Speisezimmers ziert, gegenüber die Königin, ohne Hermelin, in rosa und goldener Seide mit Krönchen.

Das Hermelin blieb verschwunden. Schon am ersten Nachmittag wagten sich die Buben weiter vor – wie ich heute weiß, in nördlicher Richtung – auf einem tief in den Sand gefurchten Weg, der sich zwischen Weiden und Haselbüschen verliert. Hier ist die Maikuhle, die wunderbare und unheimliche Wildnis, mein Polen, das ich noch immer in mir herumtrage; es taucht von Zeit zu Zeit wieder auf, unverändert geheimnisvoll.

Der Boden ist feiner weißlicher Sand. Hügel bilden sich unter den Büscheln von hartem Gras, dort wo die Weiden- und Haselbüsche stehen, und um die Wurzeln der hohen Eichen und Birken, die das Dickicht überschatten. Der trockene Sand ist durchfurcht und zerschnitten von einem Netz tiefer Wasser, von Kanälen oder Adern, die gerade so breit sind, dass man nicht drüberspringen kann. Man muss den Ausweg suchen wie aus einem Labyrinth. Das Wasser ist nicht zu sehen, es ist von einem Teppich hellgrüner Wassererbsen bedeckt, über den Libellen jeder Art hinschwirren, während irgendwelche Larven dünnfüßig über das schwimmende Grün zucken. Manchmal schnappt nach ihnen ein grün gesprenkelter Frosch, der am Rand oder auf einem der großen Blätter lauert, die auf dem Wassererbsenteppich liegen. Ich wage es noch nicht, die Tiefe der Kanäle auszuloten, und vermute, dass es gar keine Strömung gibt, weil der grüne Teppich keine Risse hat und sich sofort wieder schließt, wo aus der Tiefe Blasen aufsteigen. (An einem der nächsten Tage bin ich mit einem Vorrat Butterpapier wiedergekommen, habe Schiffchen daraus gemacht, sie vorsichtig auf die Oberfläche gesetzt und die Stellen am Ufer mit einem Papierfähnchen, das in ein gespaltenes Hölzchen geklemmt ist, markiert. Es zeigte sich schon am nächsten Tag, dass das Wasser nicht still stand, sondern langsam floss; bis gegen Ende des Sommers war allerdings nicht auszumachen, in welcher Richtung die Strömung wechselte, einmal hin, einmal her.)

Bald finde ich den Weg aus dem Labyrinth der Wasserläufe meiner Wildnis. Die Büsche stehen dichter, im Sand sind Löcher von Kaninchenbauten, oft sieht man eines weghuschen, Vögel flattern auf und klatschen mit den Flügeln an das Laub. Es geht aufwärts. Durch den von Büschen verschlossenen Rand des Dickichts kann ich hinausspähen, auf das weite Wiesenland, auf dem die Wildpferde grasen. Eine Herde ist recht nahe, eine andere viel weiter draußen. Dazwischen einzeln grasende Tiere, da eine Stute mit Fohlen, dort ein oder zwei kräftige Einzelgänger, wahrscheinlich Hengste. Die Tiere sind kleiner als unsere Pferde, aber größer als Ponys. Bei denen, die ganz nahe am Waldrand sind, sehe ich, dass sie genau so aussehen wie in der Abbildung im Buch: der Rücken nach hinten abfallend, falbfarben mit einem dunklen Streifen am Rücken, auch die steilstehende Mähne ist dunkel, das Köpfchen mit den kleinen spitzen Ohren immer wieder mit schnuppernden Nüstern gegen den Wind gehoben. Ab und zu erschrickt eines der Tiere, startet zu einem Galopp, der schwarze Schweif weht, an den Flanken der Hinterbeine glaube ich Zebrastreifen auszumachen, die Fohlen halten unbeholfen mit dem Galopp der Stute mit, die bald stehen bleibt, weil die andern Tiere der Herde ruhig weitergrasen, jetzt aber doch öfter das Köpfchen aufwerfen und Witterung nehmen.

Ich bin beglückt. Ich habe die europäischen Urpferde zu Gesicht bekommen. Przewalskis Idee, in geduldiger Zuchtwahl aus gewöhnlichen Pferden die Darwinsche Wandlung rückgängig zu machen, rückwärts entlang der abgestuften Mannigfaltigkeit der Arten, hat sich in meiner polnischen Wildnis verwirklicht. Unerschütterlich trage ich das Bild noch heute in mir.

Vom Schauen und Staunen müde, lege ich mich rücklings in den Sand. Ich muss eingeschlafen sein. Als ich mich endlich aufrichte und durch die Büsche hinausspähe, sind die Wildpferde verschwunden, auch das Wiesenland ist nicht mehr da. Ein tiefblaues Meer, das zum Horizont ansteigt, schimmert durch das Blattwerk. Verwirrt und benommen tappe ich zurück, stolpere und falle in den weichen Sand. Ein Wunder, dass ich überhaupt heimfinde.

Am nächsten Morgen will ich der Sache auf den Grund gehen. Ich stürme durch das Dickicht am Waldrand hinaus, losgeschnellt vom Entschluss, und bin in einem riesigen Feld blaublühender Lupinien, so weit das Auge reicht. Das Meer? In der Ferne grast mitten im Blau eine Herde grauweißer Schafe; sie fressen das Unkraut und lassen die Lupinien stehen. (Später wird man die schwarzen Schoten ernten und zu Kraftfutter für die Rinder pressen.) Das ändert nichts daran, dass ich die Wildpferde gesehen habe. Vielleicht ist mein Polen so haltbar, weil ich es selber hingezaubert habe. Die in die Urzeit zurückgezüchtete Herde hat alles überlebt, was danach geschehen ist, Kleinigkeiten – aus einer späteren Perspektive gesehen. Doch kann ich versichern, dass es Ereignisse waren, die deutliche Spuren hinterlassen haben.

Während einiger Zeit hat es in meiner Wildnis und in den ausgedehnten Wäldern des Gutes bis zur deutschen Grenze Löwen gegeben, Waldlöwen. Darüber konnte ich mich mit meinem Bruder Toto verständigen. Auch er hatte es deutlich gehört: Ein Waldlöwe ist von den polnischen Grenzwächtern angehalten worden. Sie haben auf ihn geschossen. Dann ist einmal ein Waldlöwe verschwunden und nicht mehr aufgetaucht, wahrscheinlich hinein nach Polen gewandert, weil er Angst vor dem Oberförster hatte. Das war gut zu verstehen, denn der Oberförster trug ein großes Messer an der Seite und eine Büchse auf dem Rücken.

Mein kleiner Bruder wollte nicht mehr in die Maikuhle mitkommen. Er hatte ein wenig Angst vor den Löwen und fragte die Kinderfrau. Sie wusste nicht, was sagen und behauptete: »Hier sind keine Löwen, die gibt es nur in Afrika.« Die Mutter wurde beigezogen, sie musste lachen, bis ihr die Tränen kamen: »Das sind doch keine Tiere, das sind die Burschen mit den grünen Hüten«, erklärte sie. »Sie will uns beruhigen«, sagte ich zu Toto, »aber ich hab' keine Angst vor ihnen. Wahrscheinlich sind es kleine Löwen.«

Mit der Zeit musste ich meinen semantischen Irrtum einsehen: Es waren nicht Wald-»Löwen«, sondern Wald-»Läufer« gemeint. Die Leute in Włoszakowice sprachen so komisch; sogar die, mit denen man reden konnte, waren schwer zu verstehen. Bei den anderen, die nur polnisch sprachen, verzichteten wir Buben auf jeden Versuch, uns zu verständigen. Erst viel später ist mir klargeworden, dass wir nur mit den Oberen der Gutshierarchie, dem Oberförster, Obergärtner, Oberbrennereidirektor usw. reden konnten. Unser Vater sprach nicht polnisch. Er meinte, Deutsche seien ungleich intelligenter und tüchtiger als Polen, die auf keinen höheren Rang in der Gutsverwaltung hoffen durften, mit Ausnahme des adligen Pan, des Herrn Generaldirektors, mit dem der Vater französisch sprach. Den hielt er für besonders untüchtig, musste ihn aber behalten, weil er vom Minister in Warschau empfohlen war, dem er wahrscheinlich geheime Berichte über die Gutsherrschaft zukommen ließ.

Mit dem Burschen, der mehrmals täglich Wasser ins Schloss brachte, versuchten wir gar nicht zu reden. Er war jung und lustig; weil er nur polnisch sprach, hielten wir ihn für schwachsinnig und weil wir wohlerzogene Kinder waren, hätten wir ihn sicherlich gefragt, ob wir die zwei Eselchen, die den Karren mit der hölzernen Tonne zogen, ausspannen dürften, während er das Wasser drinnen im Keller hinauf ins Reservoir pumpte. Das dauerte fast eine Stunde; dann war der Bursche ganz verschwitzt, zündete sich eine Zigarette an, saß auf den Karren und trieb die Tiere an, um die nächste Tonne am Tiefbrunnen zu holen. Wir spannten die Esel aus, sobald wir die Pumpe hörten (das ganze Gebäude dröhnte davon), kletterten auf die Tiere und ritten im Park spazieren. Die Eselchen waren willig. Ich brachte sie dazu, bis in die Maikuhle vorzudringen. Wenn der Eselkutscher mit dem Pumpen fertig war, wunderte er sich, dass die Tiere ohne Gespann dastanden. Manchmal verspäteten wir uns. Er saß dann auf der Deichsel, rauchte eine zweite Zigarette, und grinste uns freundlich zu. Dann spannte er wieder an und fuhr ab.

Ein Ritt ging dann doch schief. Toto, der Mühe hatte, auf das Tier hinaufzuklettern, saß keinen Moment ruhig. Er schlug seinen Esel mit einer Rute, um ihn zum Trab anzutreiben und machte allerhand Unsinn. Dabei glitt er herunter, sein Esel machte noch einen Schritt und kam mit einem Bein auf das Hinterteil Totos zu stehen, der bäuchlings auf der Wiese lag. Toto brüllte los, das Tier erschrak und blieb stocksteif stehen, wo es war, wie es Art der Esel ist. Toto brüllte noch mehr.

Ich blieb starr auf meinem Esel sitzen, der neben seinem Kamera-den ebenfalls stillstand. Ich weiß noch, dass ich gleichzeitig voll Mitleid für meinen Bruder und voll Schadenfreude war. Recht geschieht es ihm. Warum kann er nicht stillsitzen. Schon längst hatte ich mich über ihn geärgert, weil er bei meiner Erforschung der Wildnis nicht mitmachen wollte und auch für meine anderen Spiele »zu dumm« war, wie ich dachte. Den Altersunterschied bedachte ich damals nicht.

Schließlich kamen Leute, die Totos Brüllen gehört hatten, und führten den Esel weg. Ihm war nicht viel passiert, nur ein blauer Fleck am Hintern. (Die Esel waren nicht beschlagen und auch die Reitpferde nicht, weil neben der Chaussee immer ein Sandweg hinläuft.)

Von da an durften wir die Esel nicht mehr entführen. Es hieß, das halte den Burschen bei seiner Arbeit auf. Toto wollte überhaupt nicht mehr draußen spielen und hockte mit seinen Murmeln stundenlang in einer Ecke der Halle. Auf das Reiten musste ich jedoch nicht verzichten.

Mein Vater hatte die Gewohnheit, jeden Tag auszureiten, um eines der vier Vorwerke zu inspizieren. Am frühen Nachmittag kam der Oberstallmeister auf einer hellbraunen Stute zum Schloss geritten. Er führte das gesattelte Reitpferd des Vaters, den Zuchthengst des Gestüts, am Halfter und saß vor der Freitreppe ab. Der mächtige Rappe hieß Dikhan und war Milchständer; so nannte man Pferde, deren Hinterbeine bis zu den Fesseln weiß waren. Den Namen des Stallmeisters weiß ich nicht mehr. Mein Vater ließ sich beim Ausritt nur von ihm begleiten und auch ich hatte eine besondere Zuneigung für den stattlichen Mann. Seine Haare und ein großer traurig hängender Schnurrbart waren so hell, dass es mir nicht klar wurde, ob er blonde Haare hatte oder weiße. Alt und würdig war er jedenfalls. Wenn er mit mir sprach, neigte er sich zu mir herunter; sein Deutsch war so, dass ich jedes Wort verstand. Damit die edlen Pferde beim Warten nicht unruhig wurden, führte sie der Herr Stallmeister am Zügel um das Schloss herum. Ich lief nebenher und unterhielt mich mit ihm über seine Pferde. »Willst du aufsitzen?«, fragte er mich. Gewiss wollte ich das. Da für meine kurzen Beine die Steigbügel viel zu hoch hingen, ließ er mich mit Damengriff aufsitzen. Er stellte sich links neben den Hals des Pferdes, faltete seine Hände mit verschränkten Fingern, ich trat mit dem linken Fuß drauf, ein leichter Ruck, mühelos kam ich mit dem rechten Bein über die Kruppe und saß oben. Er führte das Pferd am Zügel um das Haus und gab mir das Halfter seines Reittiers. Es dauerte nicht lang und ich konnte den Hengst allein lenken. Er wartete an der Treppe, nahm mir die Zügel seines Reittiers ab. Hoch oben, stolz und allein, lenkte ich den mächtigen Hengst im Schritt, immer im Dreieck um den Bau herum.

Bald ging es mir zu langsam. Ich hatte beobachtet, wie man das Reittier versammelt und angaloppiert und versuchte es hinter dem Haus. Der Hengst zog in wiegenden Sätzen los, ich hielt mich am Sattelknauf fest, aus den Augenwinkeln sah ich, dass der weißhaarige Herr aufgestanden war und mir zunickte, wenn ich vorbeikam. Das Ross mit dem kleinen Reiter galoppierte seine Kreise, bis der Vater oben an der Treppe erschien. Ich zog die Zügel an, das Tier blieb stehen und ich sprang herunter. Der Vater war wütend und herrschte den Stallmeister an: »Was fällt Ihnen ein. Wer hat Ihnen erlaubt, den Buben auf das wertvolle Tier zu setzen. Der Dikhan ist kein Spielzeug. Dass das nicht noch einmal vorkommt!« Der große Mann senkte den Kopf und erwiderte nichts. Ich war froh, dass er das Unwetter nicht auf mich abgelenkt hatte.

Ich wunderte mich, dass der Vater nicht erriet, was los war: Ich hatte den Herrn Stallmeister doch gar nicht gefragt, ob ich galoppieren durfte. Nicht im Traum fiel mir ein, dass der Vater lieber einen Angestellten anbrüllte als dem Söhnchen die Schuld zu geben. Der Sinn für Gerechtigkeit ist bei Kindern hoch entwickelt und flacht erst später mit der Erfahrung ab.

Bald fand sich ein Ersatz für das Reiten. An den beiden großen Seen des Landguts, die durch einen schilfbewachsenen Kanal miteinander verbunden waren, lagen die Hütten der Fischer, am Ufer lagen bunte Kähne und dort trockneten auch die Netze. An jedem Donnerstag knirschte der Leiterwagen der Fischer mit dem Fang der Woche über den Kies und hielt an der Hintertüre von Trianon. Seit den Zeiten der Leibeigenschaft wurde das Schloss zuerst bedient, bevor die Fischer zum Freitagsmarkt nach Posen weiterfuhren. Meine Mutter kam mit der Köchin herunter, der Fischer tauchte ein Handnetz in den Bottich und holte heraus, was es gab: helle fette Spiegelkarpfen, dunklere Schuppenkarpfen, grünliche Barsche verschiedener Größe, Schleien, spitzmäulige Fische, Welse mit Bartfäden und einen armdicken schwarzen Aal. Die Fische, die man im Schloss haben wollte, galten als Bezahlung für die strohgedeckten Hütten, in denen die Fischer wohnten. – In der Küche machte der Aal Probleme. Aale lassen sich nicht töten, indem man ihnen den Kopf abschneidet, sie aalen weiter. Ein starker Mann muss den Aal am Kopfende und am Schwanz packen, grade strecken und flach auf den Steinboden schmettern. Dann ist er richtig tot.

Die Fischer beklagten sich, dass die Reiher in diesem Jahr viel Schaden anrichteten. Darum wurde am nächsten Sonntagnachmittag zur Reiherjagd angespannt. Vater legte den Kugelstutzen in den Wagen, die Kinder und der Dackel Manfredo durften mitfahren. Bis zur Reiherhalbinsel war es weit, Manfredo wurde ungeduldig, er durfte auf seinen kurzen Beinen dem Wagen nachlaufen.

An der Reiherhalbinsel angekommen, ließ man den Wagen warten. Im lichten Hain von hochstämmigen Ulmen und Eichen waren einige Bäume kahl und abgestorben. Das Laub war vom Vogelmist weggesengt, auf den starrenden Zweigen saßen Hunderte große Vogelnester, die aussahen wie dunkle stachlige Tiere. Die aufgestörten Reiher zogen hoch über den Wipfeln mit breit entfalteten Flügeln ihre Kreise. Der Vater lud das Gewehr, zielte lange und schoss. Ein Vogel drehte sich, stürzte von Ast zu Ast und schlug auf den Boden. Der Dackel raste hin, wollte den Vogel apportieren, packte ein paarmal zu, ließ es aber bald sein; der lange Schnabel war ihm zu sperrig. Wir Kinder waren enttäuscht. Der Vogel war nass vom Blut und vom Speichel des Hundes und sah viel kleiner aus als oben gegen den Himmel. Dann fuhren wir heim. Fünfhundert oder tausend Silberreiher kehrten flügelschlagend zu ihren Nestern zurück. Am Abend brachte ein Fischer einen schweren Hecht ins Schloss, zum Dank dafür, dass man es den raubgierigen Vögeln gezeigt hatte.

Es war das erste Mal, dass ich die Schießkunst meines Vaters zu sehen bekam. Ich bewunderte ihn noch mehr, und er rückte noch weiter weg in die sonderbare Welt der Erwachsenen, der Uniformen und Waffen. Der junge Fischer, der den Hecht gebracht hatte, sprach deutsch; als er das nächste Mal mit den Fischern ins Schloss kam, erzählte er mir, dass Silberreiher keinen Schaden anrichten, weil sie nur ganz kleine Fische fangen und fressen.

Es war September geworden, ich verbrachte den ganzen Tag allein in meiner Wildnis und kannte bald alle Kaninchenbauten. Als die Schule im Dorf wieder anfing, fragte ich die Eltern, ob ich zur Schule gehen dürfe. Zuhause in Slowenien war die Schule zu weit weg, die Gouvernante meiner Schwester hatte mich unterrichtet. Ich wünschte mir schon längst, zur Schule zu gehen, wie andere Kinder, und Schulkameraden zu haben, die so waren wie ich und nicht so doof wie mein kleiner Bruder.

Am gleichen Nachmittag ging meine Mutter mit mir ins Dorf und erkundigte sich. Ich wartete auf der Straße vor dem Schulhaus. Es war das stattlichste Gebäude an der Hauptstraße; nur die Farbe der Mauern, ein schmutziges Gelb, war etwas abgeblättert. Es gab zwei Klassen, eine polnische mit einer Lehrerin und eine gleichgroße für die deutschen Kinder mit einem Herrn Lehrer. Im Laden nebenan wurden Hefte, Feder, Bleistift, ein Lese- und ein Rechenbuch und ein Schulranzen gekauft.

Am nächsten Morgen war ich früh wach, bekam mein Frühstück in der Küche und musste eine Stunde vor der Schule warten, bis ein griesgrämiger Pförtner aufschloss. Das Klassenzimmer für deutschsprachige Kinder füllte sich, links saßen die Mädchen, auf der rechten Seite die Buben, es waren kleine, mittlere und große da, denn es gab nur eine einzige Klasse für alle, von 6 bis 16 Jahren. Ein blonder Junge erklärte mir das. Er hieß Heinz, war acht, so wie ich, aber größer und stärker. Er zog mich auf die Bank in der zweiten Reihe, wo neben ihm ein Platz frei war.

Als der Herr Lehrer hereinkam, sprangen alle auf, er schaute scharf vom Podium auf uns herunter, setzte sich hinter sein Pult und klatschte in die Hände, worauf sich alle schleunigst auf ihren Platz setzten. Der Lehrer blätterte in einem Buch und rief einen Namen. Der Bub rannte nach vorne, verbeugte sich und sagte etwas auswendig her. »Gut. Kein Fehler«, sagte der Lehrer und rief einen anderen Buben hinauf. Der blieb beim Hersagen zweimal stecken. Der Lehrer sagte »zwei Fehler« und zeigte mit dem Daumen nach hinten, zur Schiefertafel. Der Bub musste ihm ein biegsames Rohrstöckchen holen, das neben der Tafel an der Wand lehnte, stellte sich neben dem Pult auf, so dass er zur Tafel hin sah, beugte sich vor und stützte sich mit den Händen auf den Boden. Der Herr Lehrer trat neben ihn, zog ihm die Hose glatt und hieb mit dem Stock zweimal auf seinen Hintern, dass es klatschte. Die Klasse war mäuschenstill, auch der Gezüchtigte gab keinen Ton von sich, verbeugte sich und ging auf seinen Platz zurück. Dann gab es Diktat; der Lehrer ließ sich von einigen Knaben das Heft bringen. Auch da gab es für einen Fehler eins mit dem Rohrstock, für zwei zwei, für drei drei …

»Wenn es mehr als drei Fehler sind«, flüsterte mir Heinz zu, »dann sagt der Willi« – so nannten sie den Lehrer – »setz dich, du bist ein fauler Junge, das werd ich dir austreiben.« Auch das bekam ich zu sehen. Einer hatte im Diktat viele Fehler. Fünf Minuten vor ein Uhr, nachdem er die Lektion für den nächsten Tag an die Tafel geschrieben hatte, stand der Herr Lehrer auf. »Die Mädchen können gehen«, sagte er, »und der Faulpelz bekommt seine Lektion.« »Die Mädchen haben es gut, die fragt er nie was«, sagte mir der Heinz ganz laut, weil der Auszug der Mädchen viel Lärm machte. Der Faulpelz war ein dicklicher kleiner Junge mit roten Wangen. Er trippelte nach vorn, zwei große Buben nahmen ihn rechts und links, legten ihn über einen niedrigen Tisch neben dem Pult und hielten seine Arme fest. Der Herr Lehrer ließ den Rohrstock einmal durch die Luft sausen und trommelte dann auf den Hosenboden seines Opfers ein, den die beiden Helfer straff zogen. Als es genug war, ließen sie den Buben los, er stand auf, Tränen liefen ihm über die Wangen. Der Lehrer sah ihn erwartungsvoll an. »Was sagst du jetzt?« Der Bub schluchzte, so dass er nichts herausbrachte. »Du sagst danke schön; ich werde nie mehr faul sein«, sagte der Lehrer ruhig, »machen wir weiter.« Der Bub kam noch einmal dran. Während er zuerst gestrampelt und keinen Ton von sich gegeben hatte, blieb er jetzt unbeweglich, wimmerte aber wie ein junger Hund. Zu meiner Überraschung klappte es jetzt. Der Kleine verbeugte sich vor dem Lehrer, bedankte sich und murmelte etwas von nie mehr faul sein.

Ich kann mich nicht erinnern, dass ich von meinem ersten Schultag einen Schock hatte. Ich war eher erstaunt und beschloss, die Aufgabe für morgen ganz gut zu lernen. Bevor ich mich draußen von Heinz trennen musste, sagte er: »Du musst keine Angst haben; wenn du gut lernst, tut er dir nichts. Ganz schlimm ist es, wenn er richtig bös wird, wegen der Ordnung. Wenn man zu spät kommt oder Unsinn macht. Dann haut er noch mehr.« Ich schlug Heinz vor, um drei zu mir ins Schloss zu kommen. Ich wollte ihm meine Wildnis zeigen.

Da es bei uns um ein Uhr Mittagessen gab, kam ich etwas zu spät. »Wie war es in der Schule«, fragte die Mutter. »Den Lehrer nennen sie Willi. Er ist ein großer Deutscher, mit einem Scheitel in der Mitte und mit einem Schnurrbart, der an beiden Enden spitz nach oben steht.« »Dieser Schnurrbart ist nach der Mode von Kaiser Wilhelm, darum nennen sie ihn Willi«, sagte der Vater. »Wer ist das?«, fragte ich. »Das war der letzte deutsche Kaiser, ein richtiger Preuße; aber jetzt iss.« Mehr brauchte ich nicht zu erzählen.

Die Nachmittage mit Heinz in der Maikuhle sind das schönste, was ich in Polen erlebt habe. Zuerst zeigte ich ihm alles, was ich bisher erforscht hatte. Das nächste Mal sollte ich das Handnetz aus unserer Küche mitbringen. Er zeigte mir, wie man Frösche und Eidechsen fängt. Wir betrachteten die Tiere und ließen sie wieder frei. Einige Kanäle waren tief, andere flacher, so dass wir mit dem Netz bis auf den Grund kamen. Aus denen zogen wir gefleckte Fischchen heraus und einmal eine Schleie, die sicher ein Kilo schwer war. Auch die setzten wir wieder aus. Wir planten, einen Käfig für Kaninchen zu konstruieren, zwei mit Hilfe des Dackels aus ihrem Bau heraus in den Käfig zu jagen, sie mit Klee zu füttern, zu zähmen und Kaninchen zu züchten. Am zweiten oder dritten Nachmittag konnte ich mich nicht zurückhalten und erzählte von den Urpferden. Wir saßen gerade auf einem Sandhügel. Heinz lachte und umarmte mich so fest, dass wir beide herunterkugelten: »Du bist ein dummer Bub«, sagte er, »Ich weiß, die Przewalski-Urpferde gibt es, aber die sind doch nicht hier, die sind in den Wäldern von Białystok. Mein Papa hat sie gesehen, weil er als Soldat dort versteckt war.« »Ich hab sie aber dort hinten weiden gesehen«, sagte ich unsicher, »dann war alles plötzlich weg.« Er wurde nachdenklich: »Bei Urpferden weiß man nie, was los ist. Es sind eben wilde Pferde, und sehr schnell.« Wir wandten uns wieder den Kaninchen zu. Es kam aber anders.

An die Schule hatte ich mich gewöhnt. Es war jeden Tag das gleiche. Ich wurde nie gefragt. Auch die Unsicherheit, dass ich nicht wie andere Kinder wusste, was man in der Schule tun muss und was verboten ist, störte mich nicht mehr. Wenn ich etwas nicht verstand, beugte sich mein Freund zu mir herüber und sagte mir ins Ohr, was ich wissen wollte.

Es ging mehr als eine Woche, bis am Ende einer Stunde der Heinz dran kam. Er war nicht gefragt worden. Der »Willi« hatte wieder einmal die Mädchen fortgeschickt. Man sah ihm an, dass er wütend war, er nahm den Rohrstock, ließ ihn durch die Luft sausen und zischte: »Der Heinz soll heraufkommen.« Ohne zu zögern, sprang mein Heinz auf und wurde furchtbar versohlt. Als er endlich aufstehen durfte, war der Lehrer noch immer wütend. »Was sagst du jetzt?« Heinz stand mit gesenktem Kopf da und sagte nichts. »Das gibt noch was«, sagte der Lehrer. Der Heinz legte sich selber über den Tisch, wurde festgehalten und noch einmal grausam geschlagen. Dann sagte er wieder nichts. Ich wusste überhaupt nicht, was er angestellt hatte. Es muss was Schlimmes sein, dachte ich, denn der Herr Lehrer ist sehr wütend.

Fragen konnte ich Heinz nicht, denn er rannte gleich nach Hause und kam auch nicht in unsere Wildnis. Am nächsten Morgen umarmte er mich, als er sich zu mir in die Bank setzte, blieb aber während des ganzen Vormittags stumm. Wieder wurden die Mädchen heimgeschickt, wieder musste der Heinz nach vorne und der Lehrer ließ sein Stöckchen sausen. Heinz verbeugte sich und sagte so laut, dass es alle hörten: »Bitte Herr Lehrer, können wir das nicht ein paar Tage aufschieben. Meine Mutter sagt, mein Hinterteil ist blau und grün und es tut mir noch gewaltig weh.« Der Lehrer grinste: »Leg dich nur hin, das ist grad gut, dann wirst du es richtig spüren, damit dir endlich die Lust vergeht, mit dem Paul zu schwatzen.« Heinz legte sich über den Tisch. »Zieht ihm die Hosen glatt«, zischte der Willi den beiden Großen zu, und es gab fürchterliche Hiebe.

Ich war erst ganz starr, dann bekam ich Angst und versuchte gar nicht, die Exekution aufzuhalten. Während sie noch im Gang war, fing ich an zu verstehen, was los war: Es war verboten, miteinander zu reden! Ich war der Schuldige.

Heinz wehrte sich nicht, zuckte aber bei jedem Schlag und konnte kaum aufstehen, als es fertig war. Tränen liefen ihm aus den Augen, er schnappte seinen Schulranzen und stürmte ohne ein Wort davon.

Ich ging nach vorne: »Herr Lehrer, bitte«, sagte ich, »ich hab' nicht gewusst, dass man in der Schule nicht reden darf, bitte Herr Lehrer, warum hauen Sie den Heinz, er hat mit mir geredet, ich hab' angefangen, wenn Sie ihn hauen, müssen Sie auch mich …« Der Lehrer grinste: »Schafskopf, du bist ein Schafskopf, Paul«, sagte er, »dich werd' ich nie klopfen, du bist der Sohn vom Chef, du wohnst im Schloss, da kriegt der Heinz eben die doppelte Ration. Halt den Mund, und fahr ab.«

Ich ließ meine Sachen liegen und raste los, nach Hause, aber nicht der Straße nach. Ich lief direkt über die große Storchenwiese, fiel in einen Wassergraben, rappelte mich heraus und rannte weiter. Über und über von Schlamm und grünen Algen bedeckt, rannte ich die Hintertreppe hinauf und warf mich heulend auf mein Bett. Die Kinderfrau brachte kein Wort aus mir heraus, ich heulte laut vor mich hin, sie rief die Mama zu Hilfe, ich konnte vor Schluchzen nicht reden. Die beiden Frauen ließen ein warmes Bad ein, zogen mir die nassen Kleider aus und brachten mich in die Wanne. Während mir die Mutter den Schlamm aus den Haaren wusch, überzog die Kinderfrau das Bett mit frischen Tüchern.

Im Lauf des Nachmittags hörte ich auf zu weinen. Ich bekam eine heiße Schokolade, die Mutter saß daneben. Erst konnte ich nichts erzählen, sagte aber dann, der Herr Lehrer hat den Heinz fürchterlich verhauen, mit einem Stock, schon zweimal. Ich fing wieder an zu schluchzen: »Du musst nicht mehr in diese Schule«, sagte die Mama, »es war ein Fehler, dich gehen zu lassen.« Ich glaube, dass sie mehr erriet, als ich sagen konnte.

In die Maikuhle ging ich nicht mehr. Die Urpferde sah ich noch manchmal im Traum. Sie waren aber weit weg, klein und kaum zu erkennen. (Erst Jahre später wurden sie wieder größer; heute kann ich sie auch im Wachen herzaubern, wenn ich die Augen schließe.)

Die Schwester wurde mit der Kinderfrau nach Slowenien geschickt, weil ihre Gouvernante Mademoiselle Perret, bei der sie Unterricht hatte, in Novikloster eintreffen sollte. Sie nahmen auch Toto mit. So hatte ich zum Spielen nicht einmal mehr die Geschwister. Ich schlief viel, auch am Tag, und ging kaum mehr aus dem Haus.

Der Vater war immer schlechter Laune. Das Ministerium hatte zwei Praktikanten geschickt, um im Gutsbetrieb zu lernen. Weil einer der jungen Herren ein Neffe des Ministers war, durften sie mit uns speisen. Der Vater hatte an der Türe seiner Kanzlei ein Vorhängeschloss anbringen lassen und steckte den Schlüssel in die Westentasche. »Wenn dich die Herrn etwas fragen«, sagte er zu mir, »dann gib keine Antwort, oder sag, dass du es nicht weißt.«

Tatsächlich fragte mich der eine Herr Praktikant, der Deutsch sprach, wie viele Schafe wir auf dem Gut in Slowenien hätten. Ich wusste natürlich, dass es in Novikloster kein einziges Schaf gab, machte ein dummes Gesicht und sagte: »Ich weiß nicht.« Er gab nicht auf und fragte mich am nächsten Tag, ob das Gut Włoszakowice meinem Vater gehöre; ich gab zur Antwort: »Wir wohnen hier; das sehen Sie doch.« Er ärgerte sich und sagte etwas auf Polnisch zu seinem Kollegen.

Bei Tisch benahmen sich die Herrn nicht gut. Sie rauchten schon nach der Suppe, ließen die Zigarettenasche auf den Boden fallen und verlangten vom Mädchen, das auftrug, dies und das. Nach dem Essen hörte ich, wie Mama zum Vater sagte: »Es sind ungebildete Lümmel. Sie sind genauso eingebildet wie der Generaldirektor. Nur die Vierspännerkutsche fehlt ihnen noch. Die Fräuleins in der Post sind die einzigen Polen, die sich zu benehmen wissen.«

Einmal beim Mittagessen sagte meine Mutter: »Der Bub sieht so blass aus. Findest du nicht? Sollten wir ihn nicht einmal dem Arzt zeigen?« Der Vater sah von der Suppe auf: »Gut, nehmen wir ihn morgen mit.«

Die Fahrt mit dem Zweispänner über die Grenze nach Fraustadt war sonst immer ein Ereignis gewesen. Diesmal interessierten mich nicht einmal die Zöllner mit ihren dunkelgrünen Uniformen und Gewehren.

Der Doktor zog mir die Unterlider herunter, ich musste die Zunge herausstrecken, mit einem Spatel sah er mir in den Schlund, ich musste beinahe erbrechen, dann hörte er mich ab, sein stachliger Bart kitzelte auf der nackten Brust. »Der Knabe ist ein wenig blutarm«, sagte er. »Am besten wäre es, wenn sie ihn für einige Wochen ans Meer tun könnten. Ein mildes Reizklima. Anderes ist nicht nötig.«

Ich habe den Doktor in Fraustadt in Verdacht, dass er meinen Eltern empfohlen hat, mich in dieses »Erholungsheim für Kinder« zu schicken. Es hieß Siloah, war nahe bei der Stadt Kolberg an der Ostsee und wurde vom »Allpreußischen Damenstift« geführt. Ihm nahm ich es übel, meinen Eltern weniger. Sie kannten sich mit solchen Dingen nicht aus.

Da mein Vater in Stettin zu tun hatte, nahm er mich gleich mit. Mir sagte man, es sei nur für drei Wochen, dann würden die Eltern nach Kolberg kommen. Ich sollte jede Woche eine Karte schreiben. In Stettin gefiel mir der Hafen sehr gut. Der Vater kaufte mir einen blöden weißen Leinenhut, gegen die Sonne. Von Kolberg fuhr er mit dem nächsten Zug zurück. Am Bahnhof hatte er mich und das Köfferchen einer Dame in einem langen weißen Kleid übergeben, die gekommen war, um mich abzuholen. Ich umarmte den Papa und gab ihm einen Kuss auf den Bart. Das erste, was die Dame zu mir gesagt hat, weiß ich noch: »Man verbeugt sich, wenn man dem Vater die Hand gibt. Verbeug dich schön, mein Junge, versuch es nochmal.« Ich musste dem Vater die Hand geben und mich verbeugen. Er sah erstaunt auf mich herunter, schüttelte den Kopf und stieg in den Waggon.

Das Köfferchen durfte ich selber tragen. Mit einer Droschke ging es an den Festungsmauern von Kolberg vorbei, an einem Hafen mit bunten Fischerbooten und dann dem Meer entlang. Ich wollte von der Dame wissen, wie weit es bis zur anderen Meeresküste ist, welches Land dort ist, wie lange ein Schiff braucht, ob es auf dem Meer Stürme gibt, ob Seehunde drin wohnen. Die Dame saß aufrecht neben mir. »Wenn du zu mir sprichst, sag ›bitte‹ und nenne mich Tante Elfriede. Wenn du etwas wissen willst, sag: Bitte, Tante Elfriede, ich möchte Sie etwas fragen.« Ich schwieg still und sagte nichts mehr, bis wir da waren.

Von der Chaussee aus war das Meer bald nicht mehr zu sehen. Hohe Sanddünen, die mit Büschen und gelbem Gras bewachsen waren, versperrten den Blick auf den Strand. Das Siloah-Haus steht in dem Tal zwischen der Dünenkette und dem Straßendamm. Es ist ein langer, zweistöckiger Bau, aus weißgetünchten Ziegeln mit hellblauen Verzierungen, mit hölzernen Liegebalkonen im ersten und zweiten Stock.

Fräulein Elfriede übergab mich einer ganz ähnlichen Dame, mit einem bodenlangen Kleid aus weiß und dunkelblau gestreiftem Leinen, mit einer weißen Schürze und einem komischen weißen Häubchen. Sie führte mich in den Schlafraum, wo nebeneinander sechs weißlackierte Eisenbettchen standen. Gegenüber an der Wand waren Schränke, jeder mit einer Nummer. Ich musste eine weiße Schürze überziehen, in die mit rotem Garn die gleiche Nummer gestickt war. »Diese Nummer musst du dir merken, es ist deine Nummer, so lange du bei uns bist«, sagte die Dame. Ich schüttelte den Kopf. »Ich kann nicht«, sagte ich. »Wie alt bist du, mein Junge? Acht Jahre! Da kannst du dir die Nummer merken.«

Die Nummer habe ich mir nicht gemerkt, auch die Namen der vielen Damen wusste ich nie, mit Ausnahme der ersten, Tante Elfriede. Ich sagte einfach Fräulein und verbeugte mich, wie sie es wollten. Sie sahen alle gleich aus und waren gleich angezogen. Nur an das Gesicht der Vorsteherin, der man mich vorführte, nachdem ich mir unter Aufsicht die Hände gewaschen hatte, kann ich mich erinnern. Sie war wie die anderen, nur etwas älter, mit einem grauen Haarknoten; sie war die einzige, die kein Häubchen trug. Die Dame saß an einem Schreibtisch mit viel Papier und Büchern; ich musste mich verbeugen. Sie stand nicht auf und gab mir auch nicht die Hand. »Paul«, sagte sie – sie war die einzige der Damen, die meinen Namen wusste, die anderen sagten die blöde Nummer – »du wirst dich bei uns gut erholen. Du darfst mit den anderen Jungen spielen, sie sind im gleichen Alter, sechs bis zwölf Jahre, du darfst auch mit den Jungen sprechen, nur nicht laut und nicht während der Mahlzeiten. Du wirst immer tun, was man dir sagt. Ausnahmen gibt es bei uns nicht.« Dann schwieg sie und sah mich mit ihren Eidechsenaugen an. Ihre Stirne war hoch und schmal, die Wangen herunter liefen tiefe Furchen, die den Mund an beiden Seiten herunterzogen, der Hals war breiter als das Kinn, die ganze Dame war oben magerer als unten, wie eine Pyramide. Unten war sie doppelt so breit wie eine gewöhnliche Frau. Während die anderen Damen manchmal grinsen mussten, wenn wir Buben Blödsinn machten, habe ich die Vorsteherin nie lachen sehen, obwohl wir sie zweimal täglich beobachten konnten. Oben auf dem Podium präsidierte sie den Mahlzeiten. Sie saß an einem weiß gedeckten Tisch, die Fräulein saßen rechts und links von ihr, nach der Größe geordnet. Dieser Tisch stand quer, unten im Saal waren vier lange Tische für die Buben gedeckt.

Ich wusste nie, wie viele wir waren, unsere Nummern waren Hunderter. Auch an das, was es zu essen gab, kann ich mich nicht gut erinnern. Das Essen wurde von jüngeren Frauen in weißen Schürzen mit einem etwas verschiedenen Häubchen ausgeteilt. Wenn man nicht aufessen konnte, was auf dem Teller lag, nahmen sie den Teller weg, ohne dass es Geschichten gab. Zum Frühstück gab es Kakao mit irgendwelchen Stullen, zu Mittag – das weiß ich nicht, und zu Abend Kakao mit zwei Schiebestullen. Eine Schiebestulle ist eine große Scheibe Schwarzbrot, auf die ein Hauch Margarine gestrichen ist, und darauf liegt eine Scheibe Wurst oder Käse. Man beißt so ab, dass man viel Brot und nur einen dünnen Rand Wurst in den Mund kriegt, dann schiebt man die Scheibe zurück, so dass man wiederum viel Brot und wenig Belag schnappt. Wenn man es richtig anstellt, reicht die Wurst, bis die ganze Stulle gegessen ist.

Beim Anblick der vielen Buben meinte ich, es würde leicht sein, einen Freund zu finden, wie in der Schule von Włoszakowice den Heinz, der mir so traurig verloren gegangen war. Da täuschte ich mich aber. Der Bub, der sein Bett rechts neben mir hatte und der beim Essen natürlich rechts neben mir saß, weil er die nächsthöhere Nummer hatte, sah ein wenig aus wie der Heinz. Ich konnte ihn ganz gut verstehen, obwohl seine Sprache mir komisch vorkam, und als wir nach dem Frühstück hinunter auf den Spielplatz kommandiert wurden, legte er mir den Arm um die Schulter. Das Fräulein war aber sofort zur Stelle und nahm seinen Arm wieder weg. Am nächsten Morgen machte er das gleiche und ich lächelte ihm ins Gesicht. Das Fräulein war sofort wieder da, nahm seinen Arm von meiner Schulter herunter und gab ihm einen Klaps auf die Hand. Er schrie »Au« und hat es nicht mehr versucht.

Die Tage im Erholungsheim waren so leer, dass ich mich an keine Zeit in meinem Kinderleben so schlecht erinnern kann wie an diese drei Wochen. Mit zwei Ausnahmen, auf die ich gleich zu sprechen komme, weiß ich nicht, was wir den ganzen Tag taten. Am Vormittag durfte man mit dem Ball spielen, durfte aber nicht kicken, nicht anschießen, nicht zu schnell laufen, wegen der Erholung. Daneben gab es Ringe und ein Reck. Einige Buben versuchten zu turnen; das Fräulein, das dort aufpasste, verbot aber alles, was Spaß macht. Wenn es regnete, und es regnete oft, ging man statt auf den Turnplatz ins Spielzimmer. Spiele waren keine da, nur Sachen zum Ausstechen und Ausmalen wie im Kindergarten. Oder man konnte ein Buch verlangen. Es gab nur Bilderbücher, mit blöden Geschichten von der Prinzessin, der Fee und den Zwerglein. Ich las damals am liebsten *Die Müllkatze* und andere Bücher von Seton Thompson. So etwas gab es aber nicht und auch keine Indianerbücher.

Schon am Morgen wusste ich, dass es nach dem Mittagessen zwei Stunden Freiluftliegen auf dem Balkon geben würde und dann den Spaziergang. Endlich werden wir das Meer sehen und am Strand spielen. Zwei strohblonde Buben, Zwillinge, die von hier waren, hatten mir gesagt, dass es am Strand Muscheln gibt und Haufen Seetang, in denen man Bernstein finden kann. Die goldgelben Steine sind uraltes Baumharz. Wenn man ein größeres Stück findet, ist manchmal eine Mücke im durchsichtigen Stein eingeschlossen, die vor vielen Tausend Jahren am Harz klebengeblieben ist. Bernstein ist sehr wertvoll, er wird bis nach Ägypten verkauft, wo ihn die Frauen ins Haar flechten.

Der Spaziergang ging jedoch nicht zum Strand. Wir wurden auf der Chaussee in einer Zweierreihe aufgestellt, die Stiftsdame, die vorausging, kommandierte eins, zwei, eins, zwei, und der lange Marsch der Buben, die größeren voran, die kleinen hinterher, ging über den Asphalt der Chaussee, die im rechten Winkel vom Meer weg ins Land hinein lief. Wenn das Tempo langsamer wurde, kommandierte die Anführerin wieder, eins, zwei, und die zwei Damen, die in der Mitte und hintennach gingen, fielen ein, eins, zwei. Bei Regenwetter hatten sie lange Regenmäntel mit Kapuzen über die Häubchen gezogen, und wir Buben mussten eine Regenhaut überziehen, so dass ich ins Schwitzen kam. Etwa nach einer Stunde war man an einem großen Baum angelangt, der mitten auf der schnurgeraden Straße stand. Eigentlich teilte sich der Asphalt in zwei Bahnen rechts und links vom Baum, die wieder zusammenliefen. Wir marschierten um den Baum herum und wieder zurück. Im Erholungsheim angekommen, hieß es Händewaschen, Nachtessen, eine halbe Stunde spielen, Zähneputzen, ins Bett; um halb neun wurde das Licht gelöscht; schlafen.

Mein Wunsch, am Strand zu spielen, war sehr stark, von Tag zu Tag stärker. Ich konnte aber während der ganzen Zeit nie auch nur einen Blick aufs Meer tun. Ich verstehe heute nicht, wieso ich nie allein losgezogen bin. Vielleicht waren die Aufseherinnen zu sehr hinter uns her. Oder ich tat einfach das gleiche wie alle anderen.

Nur ein einziger Streich gegen den trüben Terror ist mir gelungen; nicht um endlich zum wunderbaren Strand zu laufen und Bernstein zu suchen. Dort, wo mir die vorgeschriebene Erholung am unerträglichsten war, wurde ich erfinderisch. Der stärkste Wunsch nach dem Ausbrechen aus einer Ordnung genügt nicht. Erst eine besondere Quälerei macht Mut; so geht es auch den Erwachsenen. Es war mein einziger Sieg über die preußischen Stiftsdamen.

Nach dem Essen marschierten alle Buben auf den Balkon, jeder stellte sich am Fußende der Liege auf, ein Fräulein kontrollierte, dass man die Schuhe auszog, dann legte man sich auf die ziemlich harte Liege und durfte sich mit einer haarigen Wolldecke zudecken, die juckte, wo sie auf die Haut kam. Wir mussten auf dem Rücken liegen und in den Himmel schauen, der blau war oder grau. Die Zeit ging nicht weiter, ein Fräulein patrouillierte an den Liegen vorbei und sagte ab und zu: »Mach die Augen zu und schlaf.« Schlafen konnte keiner. Eine einzige Unterbrechung der langen Quälerei war möglich, wenn man sagte: »Bitte Fräulein, ich muss pinkeln.« Das ging aber nur einmal, sonst hieß es: »Nein, du warst schon draußen.«

Wenn ich den Kopf ein wenig anhob, sah ich etwas ganz anderes als den leeren Himmel. Direkt zu unseren Füßen, zwischen dem Heim und den Dünen, war der Reitplatz vom »Hinterpommerschen Reiterverein«, drum herum Ställe, das Klubhaus, Blumenbeete, Pappeln und Weidenbäume. Pünktlich um zwei, wenn wir uns hinlegten, trabten die ersten Herrn und Damen herein, mit roten oder schwarzen Fräcken und schwarzen Kappen. Sie galoppierten erst rundherum, dann kommandierte ein alter Herr, der in der Mitte stand. Einzelne lösten sich aus dem Rundgang und fingen an, über die Hindernisse zu setzen, die man aufgestellt hatte. Die Pferde mussten über bunte Stangen springen, über Mäuerchen und Büsche. Es gab auch einen Wassergraben, wo es hoch aufspritzte, wenn ein Ross hineintrat. Die wunderschönen Pferdchen, schwarze, braune, Füchse und Schimmel, stellten die Ohren und zogen los, jedes wieder anders, manche schlugen aus oder schüttelten sich, die Reiter purzelten herunter. Besonders die Damen im Quersitz wehten mit ihren langen Kleidern über ein Hindernis und kugelten schon beim nächsten Sprung herunter, putzten den Sand von den Kleidern und saßen wieder auf. Die zwei Ruhestunden waren schnell vorbei; ich hätte noch weiter zuschauen mögen.

Nach zwei oder drei guten Nachmittagen hatten unsere Damen etwas erfunden, um uns zur Ruhe zu bringen, die für die Erholung vorgesehen war. Sie hatten Leinwandplanen mit kleinen Bändchen versehen oben angebunden und über die Balkongitter gespannt. Den Reitplatz konnte man nur sehen, wenn man aufstand; im Liegen war es unmöglich.

Am nächsten Morgen regnete es, wir waren im Spielzimmer. Als das Aufsichtsfräulein aufgestanden war, um irgendwo Ordnung zu schaffen, huschte ich zu ihrem Nähkörbchen und holte eine Spule mit dickem Zwirn heraus. Vor dem Essen flitzte ich auf den Balkon und legte dort, wo meine Liege stand, eine doppelte Schlinge um die Leinenplane. Von meinem Platz aus konnte ich den Stoff hinaufziehen wie einen Vorhang oder raffen wie ein Segel. Ließ ich den Faden los, fiel der schwere Stoff herunter; der Faden bis zum Kopfende meiner Liege lag unauffällig auf dem Boden.

Es funktionierte wunderbar, die beiden Buben auf den Liegen neben mir durften mitschauen. Wenn das patrouillierende Fräulein am Ende der Terrasse zu hören war, »mach die Augen zu und schlaf«, wurde das Segel heruntergelassen. Ich hielt die Augen fest geschlossen. Sobald sie vorbei war, ging der Vorhang wieder auf. Die Damen und hinterpommerschen Herrn mit ihren schönen Rösslein ließen uns arme Buben nicht im Stich, sie setzten über Hindernisse und purzelten in den Sand, dass es eine Freude war.

Am Sonntag bekam jeder Knabe eine Karte, um nach Hause zu schreiben. Ich weiß nicht mehr, was ich geschrieben habe, wahrscheinlich: »Wir durften nie an den Strand«, oder »mir ist langweilig«. Jedenfalls bekam ich die Karte zurück. Sobald ich sie dem Fräulein abgegeben hatte, bekam ich eine neue, und sie diktierte, was ich zu schreiben hatte: »Mir geht es gut. Viele liebe Grüße, euer dankbarer Sohn Paul.« So war es richtig. Ich sagte, ich muss noch was ausbessern und es gelang mir, das »dankbarer« durchzustreichen.

Die Post, die ich bekam, wurde nicht gelesen. Meine Mutter schrieb mir, dass sie leider erst nach meinem Geburtstag am 20. September nach Kolberg kommen und im Grand Hotel ganz nahe vom Heim Siloah wohnen würden. Es war noch lang bis dahin, ich hatte beim Lesen Tränen in den Augen; das Fräulein sah mich vorwurfsvoll an, sagte aber nichts.

Vor dem Geburtstag hatte ich Angst. Schon zwei Buben waren gefeiert worden. Die Vorsteherin wusste, wann einer Geburtstag hat. Der musste zum Abendessen hinauf auf das Podium, am Tisch der Damen sitzen und bekam statt der Schiebestullen Rote Grütze. Die Buben sahen gierig zu, wie das Geburtstagskind aus einer großen Schale löffelte. Ich mochte Rote Grütze nicht; mir grauste davor. – Als es soweit war und ich mich vor den Damen verbeugte, um an ihrem Tisch zu sitzen, blieb ich noch stehen und fasste mir ein Herz: »Bitte, Frau Vorsteherin«, sagte ich laut, »darf ich mit dem – ich wusste sogar die Nummer des Nachbarbuben – tauschen; ich mag Rote Grütze nicht, ich esse lieber Stulle, und er hat Rote Grütze furchtbar gern.« Alle Buben sahen auf mich, und auch die Damen. Der Nachbarbub unten wurde rot und hielt beide Hände vor das Gesicht. »Du hast heute Geburtstag und nicht der Peter. Wenn du die feine Grütze nicht isst, bist du undankbar. Wir wollen das nicht. Wir warten alle mit dem Essen, bis du deine Geburtstagsspeise gegessen hast.«

Ich setzte mich an den Ehrenplatz und fing an, in mich hineinzulöffeln, so schnell es ging. Es grauste mir von dem schleimigen Zeug. Ich war noch lange nicht durch, da wurde mir übel. Im Bogen kotzte ich roten Brei über den Tisch, es spritzte bis auf die weißen Schürzen der Damen. Zwei stürzten sich auf mich, ich bekam eine Ohrfeige – die einzige übrigens –, wurde zum Schlafraum gezogen, gewaschen und durfte ins Bett, ohne Nachtessen. Hunger hatte ich ohnehin nicht.

Meine Eltern tauchten plötzlich auf. Mama in einem hellen Kleid und der Vater mit einem Strohhut, den ich noch nie an ihm gesehen hatte; sie waren vom Grand Hotel bis hierher spaziert. Sie nahmen mich über die Düne mit zum Strand. Was ich erzählt habe, weiß ich nicht. Ich durfte mit der Mama ins Hotel, während mein Vater zu den Stiftsdamen ging, um alles zu regeln und meine Sachen ins Hotel schicken zu lassen.

Im feinen Grand Hotel bekam ich ein Zimmer oben, wo man vom Fenster aus hinaus aufs Meer sieht; die Möwen kamen bis zu meinem Balkon. Beim Nachtessen fragte ein höflicher Kellner: »Will der junge Herr vielleicht gut gezuckerten Reisbrei« – er sagte Raaisbrai – »oder eine feine Rote Grütze?« »Nein«, sagte meine Mutter, »der Bub möchte Scholle gebacken mit Gurkensalat.« Solange wir dort waren, rief ich dem Kellner jedes Mal entgegen: »Scholle gebacken.« »Ja, mit Gurkensalat«, sagte er.

Die Tage am Strand waren sehr schön, auch wenn es wieder regnete. Barfuß spielte ich mit den Wellen, ich fand Muscheln, die ich im Herbst nach Slowenien mitnehmen wollte, ich baute Sandburgen, die von den Wellen weggeleckt wurden und vor allem suchte ich nach Bernstein. Es waren Kinder da, die wussten, wie man das macht. Man gräbt unter einem Haufen Seetang, bis man an eine Lage kommt, wo trockene Pflanzenteile mit Schotter und Muschelscherben vermischt sind. Dieses Material muss man waschen. Dazu stahl ich beim Frühstück einen Brotkorb. Wie die Goldsucher in Alaska wusch ich den Schotter in Meerwasser, bis nur mehr Körniges übrigblieb. Ich machte das allein. Den anderen Kindern war es zu langweilig. Sie sagten, dass es nicht mehr so viel Bernstein gibt wie früher. Ich war traurig, dass der Heinz nicht da war. Er hätte gewiss den schönsten Bernstein gefunden. Aber auch ich fand welchen, zuerst nur kleine Splitter, dann einen, der größer war als ein Kirschkern, mit einer winzigen kleinen Mücke darin. Den hob ich noch lange in einer Zündholzschachtel auf, bis ich ihn einmal verlor.

Seit ich den Bernstein gefunden hatte, war es am Strand nicht mehr so schön. Ich lief nach dem Frühstück hinunter, doch die Kinder waren nicht mehr da und auch die schönen Möwen waren fortgezogen. Am Nachmittag ging ich mit der Mama in die Stadt zum Einkaufen. Die Giebelhäuser gefielen mir und besonders das Rathaus mit dem Ritter davor. Der Weg zurück ging über die Brücke der Persante. Das Flüsschen speist das Wasser des Stadtgrabens, mündet mit einem Arm im Hafenbecken und mit dem anderen direkt ins Meer. Die Persante ist tief und ruhig, sie gleicht einem offenen Kanal wie die Grachten von Amsterdam; man merkt nicht, dass das Wasser fließt. Als wir über die Brücke kamen, sah ich, dass unten am Wasser kleine Ruderboote vermietet wurden. Es war noch früh am Nachmittag und ich fragte die Mama, ob ich ein Boot mieten und rudern dürfe. Da ich gut schwimmen konnte, war sie einverstanden und gab mir ein paar Geldscheine; ich sollte nur rechtzeitig zum Nachtessen wieder im Hotel sein.

Der Mann, der die Boote vermietete, war ein großer magerer Deutscher, der ähnlich aussah wie der Lehrer in Włoszakowice, nur sein Schnurrbart war nicht aufgespitzt, sondern hing herunter. Ich fand es fein, auf der Persante zu rudern.

Als ich das Boot abgab und zahlte, sagte ich zum Vermieter, dass ich am nächsten Nachmittag wieder rudern wollte. »Dann zahlst du am besten gleich fünf Mieten; dafür darfst du sechsmal fahren. Sag das deinen Herrn Eltern. Wie die Zeiten sind, weiß ich nie, ob ich am nächsten Tag mehr verlangen muss.«

Beim Abendessen brachte ich die Sache vor. Die Mama meinte, ein Abonnement sei sicher günstiger. Da ich nicht verstand, warum die Miete für das Boot bis zum nächsten Tag teurer werden sollte, erklärte mir der Vater, was die Inflation ist. Er nahm Banknoten aus der Brieftasche, ich lernte, wie man die Nullen zählen muss, um zu wissen, ob es Hunderttausende Mark sind oder Millionen. Von der Inflation sprach er viel. Sie ärgerte ihn, und er war wieder so schlecht gelaunt wie damals, als die Praktikanten in Trianon mit uns speisten.

Ich lief jeden Tag gleich nach dem Mittagessen zur Persante, während mein Vater seine Siesta hielt und die Mutter sich mit einer Handarbeit in einen Strandkorb setzte. Sie nähte aber nicht, sondern sah nur aufs Meer hinaus. »Das ist mir das Liebste«, sagte sie, »das schöne Meer.«

Das Rudern ging täglich besser. Ziemlich weit oben machte der Fluss eine Biegung und wurde breit wie ein See. Ein paar alte Männer saßen am Ufer und angelten mit langen Ruten, auf dem Wasser schwamm eine Familie Schwäne, es gab weiße und bunte Enten, türkische Enten, kleine schwarze Wasserhühner, und in der Luft kreisten Lachmöwen. Dem Vermieter sagte ich, dass ich bis zum See gerudert war. »Da hast du dich gut in die Riemen gelegt«, sagte er. »Das ist kein See, es heißt der Alte Hafenpohl.« Einmal stand ein Schulmädchen mit blonden Zöpfen am Bootssteg und schaute mit großen Augen zu, wie ich einstieg. »Willst du mitkommen?«, fragte ich sie. Sie nickte, stieg ein und setzte sich mir gegenüber. »Ich bin die Inge«, sagte sie. »Und ich bin der Paul. Ich zeige dir den Alten Hafenpohl. Dort gibt es Enten und Schwäne.« Wir waren noch nicht weit gerudert, da wollte sie weg. »Ich muss nach Hause«, sagte sie, »es wird zu spät.« Das war schade, ich musste zurück an den Steg, um sie abzusetzen.

Beim Nachtessen hatten beide Eltern ernste Mienen. »Wir müssen morgen abreisen. Das Geld geht aus. Das ist die Inflation«, sagte die Mutter. Das fand ich ganz schlimm. »Ich hab' doch noch zwei Mieten gut; das sind zwei Millionen und vierhunderttausend Mark. Das kann ich dem Mann nicht einfach dalassen.« (Die Zahl schreibe ich nur so hin. Ich weiß längst nicht mehr, wie viel es war, sicher waren es Millionen.) Es half alles nichts. Am nächsten Tag saßen wir im Zug nach Stettin und von da nach Fraustadt. Dort wurden wir mit dem Zweispänner abgeholt.

Wenige Tage später saß ich mit Mama im Zug nach Wien und Slowenien. Das große Gepäck hatte man aufgegeben. Der Vater blieb noch in Włoszakowice. Er wollte die zweite Spiritusbrennerei fertig in Stand setzen lassen, denn die Kartoffelernte war viel größer als man erwartet hatte. Vor dem Winter sollte auch eine zweite Sägerei den Betrieb aufnehmen.

Im Zug hatte die Mutter endlich viel Zeit, mit mir zu reden. Das war für mich schön und wahrscheinlich auch für sie. Der Vater werde auch nicht mehr lange in Polen zu tun haben, meinte sie. (Die Regierung habe ein Gesetz für Agrarreform gemacht; das hieß, dass Ausländern, die in Polen Landbesitz hatten, das Land weggenommen wird; man sagt Enteignung.)

Damit behielt meine Mutter nicht recht. Der Vater fuhr auch im nächsten Jahr mehrmals nach Włoszakowice und blieb lange fort. Die Familie nahm er nicht mehr nach Polen. Es gelang ihm, mit Hilfe eines Warschauer Advokaten, des Herrn Dr. Schmuel Levi, das Landgut mit dem Schloss Trianon dem Landwirtschaftsministerium gegen Barzahlung zu verkaufen, wenige Tage, bevor es nach dem Gesetz ohne eine nennenswerte Entschädigung enteignet worden wäre. Er erzählte gerne, dass er seine Wäsche und Hemden in Warschau lassen musste, um in den beiden Reisekoffern für die Bündel Dollarnoten Platz zu machen. An der Grenze wurde er nicht kontrolliert. In Wien fuhr er vom Nordbahnhof direkt zur Kanzlei von Camillo Castiglioni, dem Włoszakowice gehört hatte, und brachte ihm das Geld. Sein Freund Castiglioni umarmte ihn und ließ Champagner kommen. Dem Sekretär, der die Dollars zählen und quittieren sollte, sei der Mund offen geblieben, als er das viele Geld sah. Castiglioni hatte eine goldene Zigarettendose machen lassen, in die innen seine Schriftzüge eingraviert waren: »Al mio carissimo Otto.« Mein Vater benützte die Dose allerdings nie: Sie war für längere Zigaretten gemacht als die Vardar, die Vater rauchte, und so flach, dass nur wenige hineingingen, während er immer zwanzig oder mehr Zigaretten in der Tasche hatte. So blieb er bei seiner gewohnten silbernen Dose. Der Millionär Castiglioni vergaß aber, meinen Vater für fünf Jahre Arbeit zu bezahlen. Die Wiederherstellung des Gutes und der Fabriken und die Verbesserung der Landwirtschaft hatten sich beim glücklichen Verkauf bezahlt gemacht. Meine Mutter war tief verärgert, dass sich Papa von seinem Freund so hatte abfertigen lassen. Der Vater war stolz auf sein faustisches Werk. Für ihn hatte das, was er in Polen getan hatte, nichts mit Geld zu tun. Wegen dieses unabänderlichen Widerspruchs der Eltern erwähnte man zu Hause in Noviklošter das polnische Jahr fast nie.

Ich habe mich ganz auf meine eigene Erinnerung verlassen, als ich dies alles aufgeschrieben habe. Ob es wirklich so gewesen ist, weiß ich nicht. Noch heute kann ich nicht glauben, dass das preußische Hinterpommern eine Meeresküste hat, obzwar ich selber dort gewesen bin. Andererseits bin ich beinahe sicher, dass es irgendwo in Polen noch immer die Przewalski-Urpferde gibt, obwohl ich schon lange nichts von ihnen gehört oder über sie gelesen habe, außer kürzlich einige Zeilen in einer Erzählung des abchasischen Dichters Fasil Iskander. Doch bezieht sich das, was er schreibt, auf die Zeit von Stalin, und der ist schon lange tot.

Die Mailänder Vettern

Meine beiden Cousins in Milano kannten einander kaum, als sie noch dort lebten, noch lebten, gehörten auch zwei verschiedenen Zweigen meiner Familie an und sind auch durch nichts als meine Erinnerung miteinander verbunden geblieben, als »meine Mailänder Vettern«. Die stolze und lebendige Stadt hat den Krieg einigermaßen überstanden und ihren Stolz beibehalten. (Milano hat keinen Grund, auf seine Vergangenheit stolz zu sein; es ist der Hochmut bedenkenloser Überlebenskünstler, der die Milanesen auszeichnet.)

Der ältere Cousin, Ragioniere Beniamino Scandiano, war etwa 35 Jahre alt, als ich ihn zum ersten Mal besuchte, gut 15 Jahre älter als ich. Es scheint, dass er ein Neffe oder Großneffe meines Vaters ist, der von seiner Triestiner Familie nichts wissen wollte. Das hatte zur Folge, dass meine Mutter es als ihre Pflicht ansah, sich um die Familie zu kümmern, und mir riet, Beniamino zu besuchen, der vor Jahren von Triest nach Mailand gezogen war. Nach dem ersten für beide erfreulichen Besuch wurde aus meinen Reisen nach Milano eine Gewohnheit, ein Ritual, das sich mehrmals wiederholte.

Giorgio, der andere Cousin, war gleich alt wie ich und studierte Medizin wie ich. Er war der Sohn des Konsuls Enrico M. Grosz-Vendramin und seiner Gattin, einer ungarischen Baronin, die irgendwie mit meiner Mutter verwandt war. Der Konsul hatte durch seine Verbindungen in Rom den Import von Holz aus einem nordischen Land monopolisiert und war mit dem Generalkonsulat des Staates betraut worden; er wurde sehr reich und führte in Mailand ein exklusives Haus.

Meine Freundschaft mit Giorgio war kurz und regellos und kam erst zustande, als mich Giorgio, den man Gigi nannte, in Zürich besuchte; das war bereits nach dem Eintritt Italiens in den Krieg. Ein einziges Mal war ich in der luxuriös ausgestatteten Wohnung der Familie in Milano zu Gast; mein Besuch in der berühmten Villa am Lago Maggiore, der zweiten Residenz des Konsuls, ist nie zustande gekommen.

Warum mir die Mailänder Vettern immer gleichzeitig in den Sinn kommen, warum sie die gleiche Erinnerungsgegend bewohnen, war vorerst kein Rätsel: die Einheit des Ortes. Dann, als alles vorüber war, das Schicksal – die faschistische Endzeit – mit beiden grausam verfahren war, den unscheinbaren und unbeholfenen Beniamino hinaufgewirbelt, den übermütigen smarten Gigi zerschmettert hatte und sie – ganz anders als ich oder irgendwer es erwartet hätte – ausgespielt worden waren wie Spielkarten, habe ich es aufgegeben, nach einem Sinn in ihrem Schicksal zu suchen. (Von Gerechtigkeit sei nicht die Rede.) Die Verhältnisse wirken auf Menschen ein, absurd und wahllos, in jener Zeit und heute. Die Mailänder Vettern gehören nur in meiner Erinnerung zusammen und bilden dort eine Dyade. In Wirklichkeit gleichen sie Molekülen, die Kräften ausgeliefert sind und sich regellos im Raum bewegen.

Ich habe die Stadt Mailand mit meinen beiden Vettern bevölkert, weil ich eine neue Großstadt brauchte, nachdem Wien am Heldenplatz dem Hitler zugejubelt hatte und mir verlorengegangen war. Der Sog der Großstadt wirkt stark auf einen Zwanzigjährigen, der auf dem Land aufgewachsen ist, wo sich die Füchse gute Nacht sagen.

Beniamino erwartete mich am Bahnhof. Er war leicht zu erkennen, denn er trug den Spazierstock, ohne den er nie ausging. Der schwarze Stab hatte als Griff eine feine Schnitzerei aus gelblichem Elfenbein, den Kopf eines bärtigen Mannes, wahrscheinlich des Sokrates. Beniamino trug keinen Hut (der Borsalino war von der Partei verpönt), so dass ich sah, dass sein dunkles Haar bereits viel Stirne freiließ. Das wirkte solide. Gediegen war alles an ihm, der hellbraune Paletot, die Seidenkrawatte, der dunkle Anzug mit den scharf gebügelten Hosen, unter denen die fein gelochten Schuhe hervorschauten, die er ein- oder zweimal täglich von einem der erfahrensten Schuhputzer der *piazza* nachpolieren ließ. Er begleitete mich zu dem unerwartet billigen Hotel nahe dem Bahnhof, dem ich bei späteren Besuchen treu geblieben bin.

Vetter Beniamino soll ein stiller und freundlicher Knabe gewesen sein, der die Familie mit einer besonderen Begabung erst in Schrecken versetzte, dann fasziniert und schließlich nur noch belustigt hat. Meine Mutter hat gerne davon erzählt. Der Knabe wünschte sich von seiner Mama alljährlich zum Geburtstag das neue Kursbuch der Italienischen Staatsbahn und verschwand damit in seinem Schlafkämmerchen. Nach zwei oder drei Tagen tauchte er am Familientisch auf. Seine Schwestern spielten mit. Der Junge hatte in seinem kraushaarigen Köpfchen alle Tausende Daten gespeichert. »Wann kommt der letzte Bummelzug aus Neapel in Caserta an?«, konnte man ihn fragen, oder »Was sind die Ankunftszeiten der Schnellzüge aus Torino an der Gare de Lyon in Paris?« Die Daten waren jederzeit abrufbar, kein Moment des Nachdenkens, nie ein Fehler. Die Schwestern hätten es kontrollieren können. Sie gingen aber anders vor, schlugen eine Seite im Kursbuch auf, fragten den Kleinen ab, umarmten und küssten ihn dann, bis sie von dem Spiel genug hatten. Da die Familie nie gereist ist, nahm der Junge das Telefonbuch von Triest vor, so konnte er seiner Mama mit der Nummer aushelfen, wenn sie vor dem Winter eine Bestellung beim Kohlenhändler aufgeben wollte. In der Schule habe man das Talent Beniaminos nicht gefördert. Auf Rat des Großonkels Alfredo Scandiano, dem die Familie verpflichtet war, wurde er nach der Matura in der Handelsakademie eingeschrieben, die er nach zwei Jahren mit dem Diplom und Titel *Ragioniere*, eines Buchhalters und Treuhänders, verließ, um möglichst bald eine Stelle anzutreten und der Familie nicht mehr zur Last zu fallen.

Meine Mutter meinte, Beniamino habe keine schöne Kindheit gehabt als einziger Junge unter den Fittichen von vier Frauen, der Mama und seiner drei Schwestern, die jüngste fünf Jahre älter als er. Der Vater war bald nach seiner Geburt spurlos verschwunden. Beniamino war immer schwächlich gewesen, wenn auch nie ernstlich krank, und blieb deshalb vom Dienst in der Balilla, der faschistischen Jugend, verschont. Freunde hatte er keine, und als er später Studienkollegen nach Hause einladen wollte, machten sie Ausflüchte. Wahrscheinlich waren die angehenden Kaufleute auf der Hut, nicht von seiner Mama als Schwiegersohn geangelt zu werden. Die Familie lebte ärmlich, aber doch standesgemäß von einer Rente, die Onkel Alfredo ausgesetzt hatte und zu jedem Jahreswechsel revidierte. Als er den neuernannten Ragioniere in einem großen Bankhaus untergebracht hatte, in dem er Mitglied des Verwaltungsrats war, reduzierte er die Rente der Familie um ein Fünftel. Die Bank platzierte den jungen Mann in die Zentrale nach Milano, wo er in der Kassenabteilung rasch bis zur Prokura aufstieg. Die Firma war zufrieden, die Abteilung mit einem Angestellten aus guter Familie zu besetzen, mit dem keine Probleme zu erwarten waren. Allerdings hatte die »Kasse« keine eigene Direktion.

Als ich Beniamino zum ersten Mal besuchte, war er schon lange Prokurist und hatte sich damit abgefunden, nie weiter aufzusteigen. Sein Gedächtnis für Zahlen war, wie er mir versicherte, unverändert. »Doch das«, so sagte er mit dem etwas bitteren Lächeln, das ihm eigen war, »das dient mir hier nicht. Ich weiß zwar jedes Datum, an dem einer meiner Kollegen, der nach mir eingestellt wurde, zum Subdirektor oder Direktor ernannt worden ist, denn ich bin vertraglich verpflichtet, das Monatsbulletin der Firma zu lesen; doch ist mir das eher lästig. Ich habe der Bank von meiner Begabung Mitteilung gemacht, es weiß aber niemand, wozu sie zu brauchen ist, und auch ich wüsste es nicht.«

Nein, das Kursbuch studiere er nicht mehr. Nur die Telefonnummern der wichtigsten Modehäuser und Damenfrisöre von Milano habe er im Kopf, für Marianna. Sie bewundere ihn dafür. »Mein einziges Talent ist doch für etwas gut. Es bringt mir ab und zu einen Kuss von Marianna ein.«

Beniamino erwartete mich auf der Straße vor dem Hotel. Man ging zum Aperitif in eine Bar an der Piazza, dann mit einem Umweg an der Scala vorbei – um mir das berühmte Opernhaus zu zeigen – zu einem kleinen Restaurant, in dem er Stammgast war. Nach dem Essen war es Zeit für ein elegantes Nachtlokal. Am liebsten ging er in La Terrazza, einem Dancing mit »Pariser« Programm auf der Dachterrasse eines der neuen Hochhäuser. Er hatte einen Tisch reservieren lassen; die Kellner schienen ihn zu kennen. Nach Mitternacht begleitete er mich zum Hotel. Am nächsten Morgen musste er ins Büro, ich hatte Zeit, mir die Stadt anzusehen bis zur Abfahrt des Simplon-Orient-Express und später, als ich in Zürich wohnte, nach Chiasso. An diesem Ablauf war nichts zu ändern. Ich durfte nie in seine Wohnung oder gar ihn einladen: Zahlen müsse der ältere, die Wohnung sei zu klein, um Besuch zu empfangen. Die Einhaltung des Rituals war die Voraussetzung für einen gelungenen Besuch.

Marianna, um die sich Beniaminos Konversation, seine Hoffnungen und Sorgen in immer verschlungeren Spiralen drehten, bekam ich nie zu sehen.

An die Affäre mit dem Silberfuchspelz kann ich mich erinnern. Beniamino hatte seiner Geliebten eine Boa aus zwei Fellen verehrt; darauf willigte sie ein, sich an einem Treffpunkt der Großen Welt mit ihm zu zeigen. An diesem Abend erschien dort irgendeine Marchesa mit einem Cape aus zwölf Fellen, was Marianna zwang, den Abend abzubrechen. Mein Cousin war untröstlich. Zwölf Füchse, das überstieg seine finanziellen Möglichkeiten. Mariannas Andeutung, der Gatte jener Marchesa habe ihr beinahe einen Antrag gemacht, stürzte ihn in dumpfes Grübeln. Als es ihm gelang, Marianna zu überreden, doch wieder ein Wochenende mit ihm zu verbringen, mietete er einen Fiat; eine eigene *macchina* konnte er sich nicht leisten. Als er sie in ihrer Wohnung abholen wollte, war sie ausgegangen und blieb noch einige Tage unauffindbar. Einer seiner Freunde in der Bar glaubte, sie in einem Packard gesehen zu haben, der allerdings nicht dem Marchese gehörte, sondern dem Direktor einer Privatbank, dessen Gattin früher einmal Beniamino nahegestanden war oder ihn zumindest gerne sah, was Marianna ihm gelegentlich vorgehalten hatte. Und so weiter.

Bei meinem letzten Besuch zeigte er mir eine Fotografie der Geliebten. Das Paar pflegte die Sommerwochen in einer Pension am Gardasee zu verbringen. Auf der Quaimauer saß in einem duftigen Kleidchen ein ungewöhnlich schönes junges Mädchen, das dem Fotografen liebevoll zulächelte. Ich musste das Bild einer kapriziösen und hysterischen Modedame, das ich mir gemacht hatte, korrigieren.

Tief unter der Dachterrasse die Lichter von Mailand, hier oben glitzernde Paradiesvögel, pomadisierte Scheitel über den Visagen. Die elegante Welt der Stadt dreht ihre Kreise, gruppiert sich kaleidoskopartig zu immer neuen Szenen und Bildrätseln. Beniamino sitzt vorgebeugt, den Elfenbeinknauf unter dem Kinn, und gibt seine bissigen Kommentare ab. Er kennt alle die Intrigen, Liebes- und Eifersuchtsaffären der großen Welt. Sie machen das Leben interessant und spannend – auch für mich.

Ich hatte Maupassant gelesen, Claude Farrère und andere »psychologische« Romane. Im Dancing La Terrazza war ich mitten drin im Treiben der Großstadt, sah zu, wie die Herrschaften sich im Karussell ihrer Begierden bewegten; da war mein Paris der Salons und der Abende im Bois de Boulogne.

Beniamino liebte es besonders, auf die verbrecherischen Machenschaften der schönen Damen und Herrn hinzuweisen. Dass es die faschistischen Profiteure waren, die uns das boshafte Vergnügen verschafften, machte die Affären erst recht interessant. Für »mein« Milano spielten der Duce und seine Partei keine Rolle. Ich musste sie nicht einmal verleugnen. Die ironische Distanz meines Cousins, die ihn davor bewahrte, die Gefährdung seiner Existenz ernst zu nehmen, machte ich mit. So konnte ich mich leicht auf den nächsten Besuch freuen. (Meine Neugier auf Liebesintrigen hat dazu beigetragen, dass ich Psychoanalytiker geworden bin – damit ist sie auch verschwunden.)

Am späten Vormittag schlenderte ich durch die Straßen der Innenstadt, die von Menschen wimmelten. Die Galleria war mein Theater. Damen in teuren Toiletten und Pelzen, elegante Herrn mit oder ohne Aktenmappe – sie hatten das Fascio-Abzeichen am Rockaufschlag – Männer und Frauen auf dem Weg zur Arbeit ohne Abzeichen, ganz arme Männer, Frauen und Kinder, denen man ihre Lage ansah, nicht nur an der Kleidung, auch an den eingefallenen Wangen und am gierigen oder stumpfen Blick. Betteln war verboten. Manchmal schob sich ein Kindchen an mich heran und flüsterte kaum hörbar: »Una lira, ho fame«, ich habe Hunger. Man durfte nicht stehenbleiben, zu zweit patrouillierten Carabinieri und schauten misstrauisch auf den Fremden.

Es gelang mir, ein Geldstück in eine kleine Faust gleiten zu lassen. Ich blickte geradeaus und das Kindchen huschte gebückt zwischen den Leuten davon.

In Mailand fand eine Ausstellung der Werke Leonardos statt, die man zur Erhöhung des Glanzes der faschistischen Kultur zusammengetragen hatte. (Ich glaube, das war die erste Gesamtschau aller Werke des Künstlers.) Am Morgen nach unserem eleganten Abend fuhr ich mit der Straßenbahn hinaus zum Messegelände. Die faschistischen Symbole am Eingang störten mich kaum. Dann aber wurde ich im Strom der Besucher über einen mäanderartig angelegten Weg geschleust, der von den Errungenschaften des Römischen Reichs flankiert war: Marschmusik aus Lautsprechern, Fotos von marschierenden Kolonnen, Erntemaschinen, immer wieder ein Riesenporträt des Duce in wechselnder Ausstattung, dazu Fahnen, Waffen, Flugzeuge. Erst nach einer Stunde stand ich den Werken Leonardos gegenüber, konnte mich aber nicht konzentrieren. Bis heute weiß ich nicht, was für Werke ausgestellt waren.

Beim nächsten Besuch fragte ich Beniamino, wie er mit dem Faschismus leben könne. Wieder sein bitteres Lächeln: »An das Theater bin ich längst gewöhnt. Was willst du? Das ist meine geringste Sorge. Du kommst doch auch gerne in unsere elegante Stadt.«

»Mein Cousin ist ein armer Tropf«, dachte ich. »Er hat eine schöne Geliebte und würde gerne eine Familie gründen; sie wohl auch. Doch wagt er es nicht, seiner Mama in Triest, die er einmal im Jahr besucht, eine Gojte, eine christliche Schwiegertochter vorzustellen, und auf seinen kleinbürgerlichen Traum von der großen Welt kann er nicht verzichten.«

Diesmal kam ich aus Zürich nach Mailand, nicht mehr aus Slowenien. Juden durften nicht mehr durch Italien reisen. Der Bürgermeister meiner Tessiner Heimatgemeinde verschaffte mir einen seltsamen Arierpass mit dem Siegel der Kantonsregierung. Darin war mein Name, die Namen und Geburtsdaten der Geschwister und meiner Eltern zu lesen und der unserer Ahnen bis zurück ins 18. Jahrhundert, die der liebenswürdige Sindaco erfunden und mit den Namen aller Heiligen versehen hatte. Bei jedem Namen der Vermerk: Diese Gemeinde bestätigt, dass er – oder sie – arisch und katholisch ist, Stempel und Unterschrift.

Der Schnellzug hielt bald nach der Grenzstadt Chiasso auf offener Strecke. Uniformierte mit Maschinenpistolen standen paarweise vor jeder Wagentür. Zwei kleingewachsene dunkelhäutige Herrn im

Schneideranzug, den Fascio am Rockaufschlag, kontrollierten wortlos die Papiere der Reisenden. Sie vertieften sich in die Lektüre meines Arierpasses, falteten das Amtspapier sorgfältig, gaben es mir zurück, verbeugten sich und verschwanden. Ein alter Herr war weniger glücklich. Die Uniformierten holten ihn aus einem der nächsten Waggons. Ich sah nicht, wohin sie ihn führten, denn ich wagte nicht, das Fenster zu öffnen, um hinauszuschauen.

Bald würde es den Juden in Italien ergehen wie im Hitlerreich. Ich beschloss, meine beiden Vettern zur Flucht in die Schweiz zu überreden.

Beniamino hörte mich an. Er lächelte diesmal nicht. »Du bist vielleicht zu jung, um mich zu verstehen«, sagte er. »Die Faschisten können mich töten, das kann ich nicht verhindern. Sie zählen für mich einfach nicht. Was zählt, ist Marianna. Sie ist mein Schicksal und nichts anderes. Ich habe kein Recht, sie aus ihrer Stadt zu entführen. Kein Wort darüber. Wenn ich ihr erzählen würde, was du da sagst, würde sie mich verlassen, für immer und ohne Widerruf. Sie würde mich sofort freigeben. Sie liebt mich auf ihre Art. Mir ist ein Tag mit ihr mehr wert als hundert Jahre Leben.«

Am Morgen rief ich Giorgio oder Gigi Grosz-Vendramin an. Er erwarte mich zu Hause zum Kaffee nach dem Essen.

Neben dem Eingang des vornehmen Hauses, in dem meine Verwandten wohnten, war eine gravierte Messingplatte mit dem Wappen des nordischen Landes angebracht und darunter eine kleinere Platte der Firma LIGNIMPORT. Auf mein Läuten erschien ein grauhaariger Diener, der aussah wie der Butler in einem englischen Film. Er nahm meine Karte, verschwand und wurde von einem Dienstmädchen mit weißem Häubchen abgelöst, das mir den Mantel abnahm und mich in den Salon beförderte, wo meine Tante, die Konsulin, an einem Tischchen mit Kaffee und Cognac thronte. So wie die Halle war auch der Salon bis oben mit Holz getäfelt. Das Holz, mit dem sie reich geworden sind, bestimmte offenbar auch den Wohnstil der Familie.

Die Tante mimte ein Lächeln, als sie mir die Fingerspitzen zum Handkuss reichte. »Reizend«, sagte sie, die Brillanten ihrer Ringe funkelten, »reizend, dass du uns besuchst. Wie geht es Mama, wie geht es deiner reizenden Schwester, wie geht es Tante Ilma, Tante Olga?« Ich hatte von den Damen der Familie nicht viel zu erzählen. Das schien sie nicht zu stören, weitere Damen kamen ihr in den Sinn, nach denen sie fragen konnte. Mit Blicken und kleinen Bewegungen des Kopfes dirigierte sie das Dienstmädchen, das frische Schälchen Kaffee vor uns aufbaute. Das Spiel beanspruchte ihre ganze Aufmerksamkeit. Versuchsweise erzählte ich von der nächsten lieben Anverwandten wieder das gleiche. Der Strom ihrer liebenswürdigen Fragen floss ungestört. Ich ließ einfließen, ob Gigi nicht da wäre oder der Konsul. Sie plauderte unentwegt weiter. Ich sah auf die Uhr und beschloss, noch fünf Minuten auszuharren, bevor ich mein Vorhaben aufgab und ließ mir das dritte Tässchen Kaffee reichen.

Da öffnete sich die Tür in einen weiteren Salon, elastischen Schritts betrat der Hausherr die Szene. Onkel Enrico war es gelungen, sein markant jüdisches Gesicht in diplomatische Falten zu legen; mit grauen Schläfen, in Tweed gekleidet, war er ein stattliches Exemplar des *man of property*. Aus dem Antlitz der Tante schwand das angestrengte Lächeln, sie griff nach dem Täschchen, um ihre Maske auszubessern und überließ mich dem Hausherrn.

Obwohl sich Onkel Enrico behaglich neben mir niederließ und den Arm auf die Lehne meines Chippendale-Sessels legte, schien er in Eile zu sein. »Ich darf keine Zeit verlieren«, dachte ich und begann sogleich mit der Judenkontrolle im Zug. Er musste lachen, es kam ganz natürlich und herzlich heraus. Es gab also einen Riss in der Fassade der Grosz-Vendramin.

Die Schweiz biete sich geradezu an, sagte ich. Während Flüchtlinge, Juden oder andere Verfolgte an der Grenze erbarmungslos zurückgewiesen werden, würde die Eidgenossenschaft es sich zur Ehre anrechnen, den Konsul und seine Familie aufzunehmen. Im Tessin gebe es Villen in schönster Lage, die man erwerben oder mieten könne.

Der Onkel ließ mich ausreden. Die Dame des Hauses hatte sich wieder ganz dem Augenspiel mit dem Dienstmädchen überlassen, deren Häubchen ihr beflissen zunickte.

»Du bist ein lieber Junge«, begann er, »es ist schön, dass du an uns gedacht hast. Das werde ich dir nicht vergessen. Wir wussten, dass du jetzt ganz in der Nähe in der schönen Schweiz lebst, und wir haben nicht einmal daran gedacht, dich mit Gigi zusammenzubringen! Und du machst dir Sorgen um uns! Ich will dir erklären, wie es mit uns steht. Also: Wir Juden …« Wieder musste er herzlich lachen.

In einer längeren Rede ging der Onkel auf meinen Vorschlag ein, Italien fluchtartig zu verlassen. Zuerst entschuldigte er sich, dass er lachen musste, als er »Wir Juden …« gesagt hatte. Das sei einfach komisch, weil die Grosz-Vendramins sich wirklich nicht als Juden betrachteten, schon seit Jahren nicht mehr. Er wisse, was mit den Juden Europas geschehe. Entsetzlich. Als Diplomat sei er bestens informiert. »Einen Arierpass brauchen wir nicht, der Diplomatenpass eines neutralen Landes ist alles, was wir brauchen. Wenn der Duce seinem unbeschreiblichen Verbündeten nachgeben sollte, das italienische Volk würde sich zu solcher Unmenschlichkeit nie hergeben. Die kleinen Herrn im Zug, die faschistischen Geheimpolizisten, die haben keine Hemmungen, es sind Kriminelle aus Neapel oder Sizilien. Aber wir«, sein Blick glitt über die getäfelten Wände, »wir Finanzleute sind doch die Basis, ohne uns könnte der arme Duce nicht eine Woche durchhalten. Deine Sorge um die Juden ist berechtigt. Wir aber stehen abseits, besser gesagt, darüber. Moralisch ist das nicht fein. Die Gefahren, an die du denkst, existieren für uns einfach nicht. Von der Schweiz aus mag es anders aussehen. Es ist wirklich einmalig, dass du so an uns Anteil nimmst. Aber unnötig, zum Glück ganz unnötig.« Damit erhob er sich und gab mir die Hand. Es war höchste Zeit; zur Stazione Centrale war es sicher mehr als fünfzehn Minuten.

Da öffnete sich die Tür zur Halle und Gigi betrat die Szene. Mit dem gleichen federnden Gang wie sein Alter kam er auf mich zu, umarmte mich und küsste mich rechts und links auf die Wangen. Gigi war ein schöner und kräftiger Jüngling, modisch gekleidet, mit den gleichen dunklen Augen wie sein Vater. Von der stilisierten Vornehmheit des Hauses hatte er nichts an sich, kaum zu glauben, dass die starre Maske seiner Mama etwas mit ihm zu tun haben sollte. Auch wenn Gigi ruhig war, vibrierte er vor Leben.

»Bleib nicht in unserer Holzburg, bis sie dich eingesargt haben.« »Eingesargt«, sagte er wörtlich. »Ich bring dich zur Stazione.« In seinem feinen Fiat schlängelte er sich mit aufheulendem Motor zwischen Tramwagen und Autos in einem Tempo durch, dass wir zu früh am Bahnhof waren. »Weißt du«, sagte er, »ich komm' dich in Zürich besuchen. Vielleicht ist es an eurer Uni besser. Die Fakultät in Milano ist tot. Ich halte die Greise im weißen Kittel kaum mehr aus.« Ich nahm meine Reisetasche aus dem Fond. »Das mit den Juden hab' ich mitgekriegt«, sagte er noch. »In dem Fall hat der Papa einmal recht. Er ist ein Snob mit seinem Konsulat. Etwas ist aber wahr: Wir haben mit den Faschisten viel Geld gemacht, und jetzt hängen die Popanze an uns. Ohne uns sind sie erledigt. Sie wissen das. Aber wir denken nicht daran, sie fallenzulassen. Wir wären schön blöd. – Also ciao!«

Am nächsten Montag lehnte Gigi am Gitter des Vorgärtchens an der Zürcher Sonneggstraße. Ich kam nach der letzten Vorlesung in meine Bude zurück. Frau Fritschi hatte ihn nicht hereingelassen. Wer weiß, ein Fremder, der noch dazu so komisch spricht. Wie ein Vagabund sah er wirklich nicht aus in seinem *impermeabile,* mit dem schweinsledernen Köfferchen.

Ich hatte Cervelat, Käse und Brot eingekauft, eine Flasche Chianti war noch im Schrank, wir aßen alles auf und plauderten, bis der Wein zu Ende war. Da erst dachte ich daran, ein Hotelzimmer zu suchen. »Lass das sein«, sagte er und warf einen Blick auf mein Bett. »Es ist breit genug, ich bleib' da. Wo ist die Dusche?« Als ich aus dem Bad kam, war er eingeschlafen, ich musste ihn ein wenig beiseite schieben. Er roch angenehm nach bitteren Mandeln. Am nächsten Tag kam er mit mir in die klinischen Vorlesungen, obwohl er erst im dritten Semester war. Er musterte die Kolleginnen, die eifrig mitschrieben. »Nicht besser als in Milano«, seufzte er, »eine doofer als die andere.«

Wir hatten es lustig und kauften für den nächsten Abend zwei Flaschen Chianti. Auf die Judenfrage kam er von sich aus zurück. »Glaub' mir, das werden die Deutschen bezahlen, und wir Italiener auch«, meinte er, »aber wir können gar nichts tun; also abwarten.« Von meinem Antifaschismus hielt er nichts. »Die machen sich doch von selber kaputt. Der Duce zuerst. Er ist impotent, total impotent, schon jetzt. Da leb' ich lieber, wie es mir passt, bis es vorbei ist.«

Gigis Lebensphilosophie muss mir Eindruck gemacht haben. Erst war ich verlegen; dann lachten wir beide darüber. Das wichtigste ist, mit jedem schönen Mädchen zu schlafen, das auftaucht. »Dazu brauchst du einen englischen Impermeabile, wie ich ihn habe. Du lädst sie zu einem Spaziergang ein; im Wald breitest du den Mantel aus und sie legt sich hin. Das geht nicht mit jeder; nicht jede will spazieren. Besser ist mein Fiat, es kommt beinahe jede mit, im Wald hältst du dann an. Natürlich gibt es Ausnahmen. Was immer wirkt, ist ein Boot. In der Villa in Stresa haben wir eines mit 50 PS. In so ein Boot steigt jede ein, denn sie weiß, dass es niemand sieht, wir fahren weit hinaus. Dort stell' ich den Motor ab, und wir sind glücklich.«

»Nein, nach Zürich komme ich nicht. Die Professoren sind hier etwas besser. Die Mädchen sind aber weniger schön. Sie werden nicht so bewacht wie in Milano, aber mir scheint, man braucht sie nicht zu bewachen. Sobald das Semester zu Ende ist, kommst du zu uns nach Stresa. Wir werden es fein haben. Vielleicht machst du dein nächstes Semester in Milano. Auch wenn du den Duce und seine Bande nicht magst.«

Das waren seine letzten Worte, bevor er hinunter zum Bahnhof ging, elegant und elastisch »ganz wie sein Papa«.

Als Mussolini am 8. September 1943 kapitulierte, arbeitete ich als Assistenzarzt im Ospedale Civico, dem Bürgerspital von Lugano. In wenigen Tagen hatte der Sicherheitsdienst Italien auf seine Weise reorganisiert. Von den vielen Flüchtlingen, Juden und Antifaschisten, die während des monarchistischen Interregnums aus ihren Verstecken aufgetaucht waren, gelangten nur wenige in die Schweiz. Der Bundesrat hatte die Grenzen sperren lassen. Den Winter 1943/44 hindurch retteten sich einzelne oder kleine Gruppen über die verschneiten Berge ins Tessin. Einige aus Milano lagen in meiner chirurgischen Abteilung. *Il professore* nannte man den Aktivisten, Publizisten und Politiker des Partito d'Azione, der Aktionspartei. Die Zehen beider Füße waren ihm abgefroren. Der zart gebaute Herr sah mit der randlosen Brille und dem Spitzbärtchen wirklich aus wie ein Professor, war aber gescheiter und gebildeter als alle Professoren, die ich bis dahin getroffen hatte. Er würdigte mich seiner Freundschaft. Dazu kam es so bald, weil seine Lage ihn zwang, jedes Misstrauen mir gegenüber fallenzulassen.

Wegen unaufschiebbarer Arbeiten für die Widerstandsbewegung war er zu lange in Milano geblieben. Den Genossen gelang es, ihn bis in ein Grenzdorf zu schmuggeln, es fand sich aber kein freiwilliger Begleiter zum Marsch über die Grenze. Man musste einen Schlepper engagieren, der für den gefährlichen Dienst Bares verlangte, das die Genossen immerhin aufbrachten. Anstatt ihn über die Grenze zu bringen, ließ der Mann den alten Herrn, der in städtischer Kleidung mit Halbschuhen aufgebrochen war, nachts auf dem Kamm des Grenzgebirges allein. Die Tasche mit seinen Papieren unter dem Arm, rutschte und stolperte der Professor stundenlang durch Schnee und Eis hinunter ins Tal, wurde von den Grenzern aufgegriffen und direkt in meine Abteilung gebracht.

Die Gefäßkrämpfe an den erfrorenen Zehen würden wochenlang anhalten, bis es klar war, wie weit die abgestorbenen Zehenspitzen amputiert werden mussten. Die Schmerzen waren nur durch große Dosen Morphium zu stillen. Die frommen St.-Anna-Schwestern waren zwischen Barmherzigkeit und dem beruflichen Ethos hin und her gerissen und baten mich, die Injektionen selber zu verabreichen. Bevor ich in den gleichen Konflikt geriet, fragte ich meinen Patienten, ob ich versuchen sollte, ihm die Qualen zu ersparen, und dabei riskieren, ihn für immer zum Morphinisten zu machen. »Das bin ich doch längst, mein lieber Doktor, spritzen sie, soviel sie haben.« Ein schluchzendes Lachen schüttelte den alten Mann. »Seit Jahren kann ich meine Arbeit nur mit Morphium machen. Das kommt von der Angst, die mir die Polizei eingejagt hat, und davon, dass die Partei auf meine publizistische Arbeit nicht verzichten konnte. Die Angst löst sich beim Morphinisten früher auf als die Pflicht.«

Einem Morphinisten konnte ich mit Morphiuminjektionen nicht mehr schaden, der Chefarzt unterschrieb eine Spezialbewilligung, und der Professor konnte tagsüber lesen und in der Nacht schlafen. Er empfing andere Emigranten und wir hatten lange Gespräche. Wir einigten uns darauf, dass der Sieg gegen die Faschisten nicht allein von der Arbeiterklasse geleistet werden konnte. Nie wieder habe ich so viel über die italienische Kultur gelernt wie in den abendlichen Gesprächen am Krankenbett des Professors. Nach jeder Spritze nannte er mich seinen Seelenarzt.

Trotz der Verbindungen, über die mein Patient verfügte, war über das Schicksal der Mailänder Vettern nichts zu erfahren. Ich hatte sie beinahe vergessen. Nach dem Besuch von Gigi vor mehr als zwei Jahren hatte ich noch einige Male versucht, mit Beniamino zu telefonieren, ihn aber nie erreicht. Die Einladung in die Villa des Konsuls war anscheinend abgesagt. Milano entschwand mir aus dem Alltagsbewusstsein, die Stadt war abgeschrieben, Feindesland, kontaminiert mit dem Gift der Deportationen. Die Mailänder Vettern waren unter den Horizont der Endzeit getaucht. An den stillen Beniamino und an Gigi, der von Jugend und Lebenslust vibrierte, dachte ich nur noch selten; sie waren in der allzu großen Schar der verlorenen Freunde aufgegangen. Verfluchte Zeiten.

Im Spätherbst 1946 kam ich an einem kalten regnerischen Abend mit Goldy und Elio in der Stazione Centrale von Milano an. Unsere Mission bei den jugoslawischen Partisanen war zu Ende. Nach Zürich gab es an diesem Abend keinen Zug mehr. In der Stadt waren alle Hotels von den Alliierten requiriert. Bevor wir uns entschlossen, die Nacht unter den Resten der zerbrochenen Glaskuppel des Bahnhofs zu verbringen, erinnerte ich mich an den Professor. Als er damals das Spital in Lugano verließ, hatte er mich nach Milano eingeladen und ich hatte seine Adresse in mein Notizbuch geschrieben; da war sie nun.

Die glänzende Metropole, durch die ich vor sechs Jahren zum letzten Mal geschlendert war, gab es nicht mehr; die Fassaden der Häuser waren beschädigt, die Straßen schmutzig und menschenleer. Wir fanden das Haus und läuteten an der Wohnung.

Der Krieg und der Sieg über die Faschisten hatten den Glanz von Milano ausgelöscht, den Professor aber verjüngt. »Wie ein ausgelaugter Morphinist sieht er nicht aus«, war das erste, was ich dachte, als der

Professore mich in die Arme schloss. In der Wohnung sah es aus wie in einer Redaktion, es wimmelte von jungen Männern und Frauen, die an Schreibmaschinen saßen, telefonierten und diskutierten. Wir wurden vorgestellt, ich als Arzt und Freund, der ihn gerettet hatte, Goldy und Elio als antifaschistische Kämpfer. Wir mussten allen die Hand schütteln, eine üppige Blondine, die Gattin des Hausherrn, die ich für seine Tochter gehalten hatte, küsste mich auf die Wangen. Die Arbeit an den Schreibtischen hörte auf, aus der Küche brachten die Mädchen Teller mit Polenta und Kaninchenragout, junge Leute schleppten Flaschen aus dem Keller, Barbera – einen Kriegsjahrgang. Nach einem langen Abend durften wir in der überfüllten Wohnung schlafen, Elio in der Badewanne, die man mit Kissen aufgefüllt hatte, wir daneben.

Das städtische Komitee der Partei hatte angefangen, die Verbrechen der Faschisten zu registrieren. Die junge Frau, die in den Akten nachsah, erinnerte sich: »Die Grosz-Vendramin, das waren die reichsten Juden in Milano.« Das Ende der Familie war vollständig dokumentiert, denn es gab mehrere Aussagen von Zeugen. Eine Beteiligung der italienischen Polizei war nicht nachzuweisen. Der Sicherheitsdienst hatte den Konsul und seine Frau am Morgen der ersten Durchkämmungen der Stadt abgeholt. Einer der Bediensteten war bei der Aktion erschossen worden. Der Sohn Giorgio oder Gigi, ein Student, war nicht zu Hause. Er hatte die Nacht bei einer Freundin verbracht. Als er nach Hause kam, waren die Leute der Gestapo gerade dabei, das Gepäck der neuen Herrschaft aus einem Armeelaster abzuladen. Gigi verstand sofort, was passiert war und ging weiter. Der Bürgermeister von Mailand, ein Faschist der ersten Stunde, war ein Freund der Familie; er fand ihn in seiner Wohnung, beim Frühstück. Die Visitenkarte des Bürgermeisters mit einer Empfehlung an den Chef der Gestapo fand sich im Dossier. Das Protokoll der Aussage des Übersetzers, eines Deutschlehrers, der zum Dienst bei den Deutschen kommandiert worden war, gab Aufschluss über das Ende meines Vetters. An jenem Morgen war er anscheinend geradewegs ins Büro des Gestapochefs geführt worden. Ohne zu grüßen, forderte er in rüdem Ton, der Konsul und seine Gemahlin müssten sofort freigelassen werden. Für sich, Giorgio Grosz-Vendramin, und für seine Familie verlangte er freies Geleit an die Schweizer Grenze. Der Auftritt des empörten jungen Mannes war derart unerwartet, dass der Deutsche in lautes Lachen ausbrach. »Dein Papa ist nicht Konsul, er ist Jude«, brüllte er. Der Übersetzer hatte sich geweigert, die obszönen Ausdrücke wiederzugeben, mit denen der Gestapomann Gigi mitteilte, dass seine Eltern bereits im Gewahrsam des Judendezernats unterwegs nach dem Osten wären. Der Junge stürzte blitzschnell nach vorn und streckte den mächtigen Mann mit einem Boxhieb nieder. Der Wächter erledigte den gefährlichen Juden mit einer Garbe seiner Maschinenpistole. Man musste den Toten, der aus vielen Wunden blutete, wegziehen, bevor der Gestapochef, über den er gestürzt war, hervorkriechen konnte.

»Eigentlich ein schöner Tod, den sich mein Gigi geholt hat«, sagte ich. »Er war ein Held, die anderen Juden unserer Stadt waren nicht so mutig«, meinte die Genossin, während sie das Dossier Grosz-Vendramin im Aktenschrank versorgte, der im Schlafzimmer des Professors stand.

Über Beniamino gab es kein Dossier. Auch in der Gestapo-Liste der Mailänder Juden, die den Befreiern in die Hände gefallen war, gab es keinen Scandiano.

Es mag sein, dass ich damals gedacht habe: Jeder stirbt seinen eigenen Tod, der freche Gigi hat seinen letzten Auftritt inszeniert, den armen Beniamino haben nicht einmal seine Mörder zur Kenntnis genommen. Mit den Jahren habe ich es aufgegeben, in den Taten der Mörder nach einem Sinn zu suchen.

Einige unserer Verwandten in Triest hatten den Krieg überlebt. Bei ihnen hielt sich hartnäckig das Gerücht, dass sich Beniamino Scandiano gerettet habe. Er lebe wahrscheinlich in Marokko, habe aber nicht von sich hören lassen. Ich glaubte dem Gerede nicht, bis ich eines Tages, etwa zehn Jahre nach dem Ende des Krieges, einen Anruf in meiner Praxis erhielt: Der Portier des Hotels Baur au Lac, des besten Hotels unserer Stadt, richtete mir aus, Herr Generaldirektor Beniamino Scandiano erwarte mich um ein Uhr im Grillroom zum Lunch. Er bitte zu entschuldigen, dass er nicht selber anrufe, er sei nur einen Tag in Zürich und geschäftlich sehr beansprucht.

Ich hätte Beniamino auch ohne das Stöckchen mit Elfenbeinknauf erkannt. Er sah noch distinguierter aus, der Kopf war ganz kahl geworden, die blassen Wangen etwas voller, aber sonst war er unverändert. Mit dem ironischen Lächeln, mit dem er die Liebesgeschichten der reichen Milanesen kommentiert hatte, erzählte er mir seine Rettung: »Es ist ein wenig komisch, wie das gekommen ist. Du erinnerst dich an den reichen Alfredo Scandiano, den strengen Wohltäter meiner Familie. Er fand eines Tages, die Bank müsse eine Filiale in Marokko eröffnen. Man tat, was er vorschlug. Alle jüdischen Angestellten der Firma sollten dorthin. Wieso er alles voraussah, weiß niemand. Mich beorderte er nach Triest und riet mir, die

Stelle als Prokurist in der neuen Filiale Tanger anzunehmen. Wenn es mir nicht passe, sagte er, sei mein Platz in der Bank nicht zu garantieren. Ich erklärte ihm, dass ich mich von Marianna nicht trennen wolle, sie aber kaum bereit wäre, mit mir nach Marokko zu kommen. ›Gib mir die Adresse der jungen Dame‹, sagte er. Ihm gegenüber war ich so willenlos wie meine ganze Triestiner Familie. Dann ging alles rasch. Er lud Marianna nach Triest ein, sie fuhr hin, war nach zwei Tagen zurück und kam in meine Wohnung. Sie fiel mir um den Hals und zeigte mir ein amtliches Papier. Ohne mich zu fragen, hatte Onkel Alfredo uns in Triest als Brautpaar angemeldet. Die Heirat fand am folgenden Samstag statt. Marianna hatte auf ein Brautkleid verzichtet, und ich hatte kaum Zeit, die Ringe zu besorgen. Da die Kabine auf dem Dampfer nach Casablanca bereits gebucht war, hatte ich nicht einmal Zeit, die Wohnung in Milano zu liquidieren. Ja, du lachst jetzt«, fuhr er fort, »ich weiß, ich hatte nie den Mut, mit Marianna auch nur zu reden. Dem alten Alfredo hat sie folgen müssen und meine Mama litt sicherlich wegen der Gojte in der Familie, sagte aber nichts, und gab uns den Segen. Das marokkanische Königreich hatte Tanger zum Freihafen erklärt. Die Bankfiliale war nur klein, meine Kollegen waren die Juden von der Mailänder Zentrale. Ich bekam wieder die Prokura und wir fanden zwei Zimmer mit Küche, die ich mir knapp leisten konnte, obwohl alles viel billiger war als in Mailand. Marianna nahm mir das einfache Leben nicht übel. Sie ließ sich gerne Madame Scandiano nennen und nahm Französischunterricht mit den anderen Damen der Bank. Erst gab es vor allem Überweisungen aus England und Amerika, die wir an Geheimdienste in Kairo, Beirut und Teheran transferieren mussten. Mit der Landung der Alliierten in Marokko änderte sich die Lage. Wir waren die einzige Bank, die Geschäfte rund um das Mittelmeer tätigen konnte. Wir machten enorme Gewinne und mussten Neue einstellen. Weil aus Italien keine Juden mehr kamen, nahmen wir junge Marokkaner. Das Finanzministerium des Sultanats, das sich vom Frankreich des General Pétain zurückzog, war zuerst großzügig. Dann versuchte man, uns mit Steuern zu schröpfen. Unser Umsatz stieg auf Hunderte Millionen, englische Pfund natürlich. Die aufgeblähte Filiale geriet ins Wanken. Jeden Augenblick erschienen die Herrn von der Steuer bei uns, um in den Büchern zu schnüffeln. Da schlug ich der Bank vor, die Buchhaltung zu teilen: Einen bescheidenen Umsatz für das Steueramt und eine andere Bilanz für unsere Geschäfte. Das durfte man aber nicht in die Geschäftsbücher eintragen; dafür war mein Zahlenkopf ganz geeignet. Zuerst wollte man mir nicht glauben. Dann gab es einen Telegrammwechsel mit Triest. Und gleich auch meine Beförderung zum Direktor.«

»Ich weiß, dass Du Dich immer für mein Zahlengedächtnis interessiert hast«, sagte Beniamino, »ich aber war skeptisch. Ich gebe zu, dass es mich damals ein wenig gekränkt hat, dass man an der Bank kein Interesse dafür hatte. Jetzt bin ich plötzlich zum Retter und Held der Firma geworden. Aber ich bin ein Betrüger. In der ersten Zeit habe ich mich gar nicht getraut, zu denken, dass das Betrug ist. Ich habe mir gesagt, dass uns die Beamten von der Steuer nur so schröpfen, damit wir uns endlich entschließen, sie zu bestechen, und dass es den Marokkanern recht geschieht, wenn wir noch schlauer sind als sie. Das half mir noch nicht. Dann hat man mich zum Generaldirektor gemacht und die Geschäfte in Tanger sind noch umfangreicher geworden. Ich allein habe zu bestimmen und ich habe jede einzelne Zahl bis hinters Komma im Kopf. Ich bin ein Zahlengenie! Aber es stört mich gar nicht mehr. Nur manchmal wundere ich mich, dass ich mich gar nicht schäme. Es heißt ja, dass es vom Genie zum Psychopathen ein kleiner Schritt ist. Das ist es aber nicht. Allmählich habe ich eingesehen, dass es moralisch nichts Besonderes ist, wenn eine Bank die Buchhaltung fälscht. Jedes einzelne Geschäft, das uns glückt, ist ein viel größerer Betrug. Aber natürlich nicht kriminell, sondern ganz korrekt. Lassen wir das. Ich nenne es mein Bankgeheimnis.«

Beniamino lächelte freundlich, gar nicht mehr bitter wie früher. Er wechselte das Thema. »Marianna ist nicht mehr versessen auf Kleider«, sagte er, »sie könnte alles haben, aber sie denkt nur noch an unsere beiden Kleinen.« Er zeigte mir eine Fotografie, Marianna, die noch so schön war wie früher, und zwei reizende kleine Mädchen in einem tropischen Garten, dahinter die Fassade einer Villa im Kolonialstil.

Als ich mich nach dem Lunch verabschiedete, lud er mich ein, ihn in seinem neuen Heim zu besuchen. Mein Besuch auch in dieser Villa ist nicht zustande gekommen.

Yamaha 500

Ich kann niemandem die Schuld geben, ihm am allerwenigsten, und ich selber fühle keine Schuld. Am ehesten könnte man die Kirche oder die Polizei anklagen. Mir steht das jedoch nicht zu.

Ich bin vor bald dreißig Jahren aus der Kirche ausgetreten, habe aber meine beiden Kinder katholisch taufen lassen; meine Ehe und meine Moral sind von der Kirche geprägt. Ein Gemeinwesen, das meinesgleichen zu Spitzen der Gesellschaft stilisiert, ist zum Polizeistaat prädestiniert. Die Polizei ist geradezu geschaffen, reiche Nichtstuer vor Wut und Neid zu schützen. Wie sollte ich gegen law and order aufmucken!

Das Wasser des Teiches ist flaschengrün, undurchsichtig; es spiegelt wie Autolack. Drüben am Ende des Teiches, auf dem mein Ruderboot schwimmt, sind trockene Blätter von Buchen und Kastanien auf das Wasser gefallen. Die Nachmittagssonne vergoldet die gelben und braunen Blätter, ein kostbares Email. Die wenigen Boote, die der Alte heute vermietet hat, stehen still. Man genießt die Herbstsonne. Da ist ein Großvater mit der winzigen Enkelin. Sie macht große Augen, er ruht sich aus. Noch ein Großvater mit Enkel. Das Büblein mit Steirerhut hat vielleicht Angst. Mit seinen Händchen umklammert es fest ein Ruder. Nur ein Boot mit vier jungen Mädchen bewegt sich. Auch sie rudern nicht, haben viel zu erzählen, kichern und lachen, dass es wankt und Wellen gibt. Vier lustige Schülerinnen in einem so kleinen Boot sind fast zu viel, es liegt tief. Keine Sorge. Sicher haben sie Schwimmunterricht gehabt. Mir ist es wohl und ich versuche herauszufinden, wie ich hergeraten bin, in ein Vorstadtidyll. Ein sonderliches Zwischenstück meiner Existenz.

Der Tag hat nüchtern angefangen, mit einer Geschäftsreise. Seit ich mich vor mehr als zehn Jahren in München niedergelassen habe – in Rom hieß es, »er hat sich abgesetzt« – verwalte ich mein Vermögen selber. Das gibt nicht viel zu tun, und mehr will ich auch nicht tun. Damals waren meine Geschäfte in der Grauzone der Hauptstadt an einem Punkt angelangt, von dem aus es nur abwärts gehen konnte. Es sei denn, ich wäre bereit gewesen, mich einer der »ehrenwerten«

Gesellschaften anzuschließen oder in die Politik einzusteigen. Beides traute man mir zu. Ohne eine gewisse Schlauheit und Härte wäre ich trotz meines alten Namens nicht einer der reichsten Geschäftsleute der Hauptstadt geworden. Was mir für eine weitere Karriere abging, war der *thrill*, die Lust an der Intrige, am gefährlichen Spiel. Ich kam eben nicht von oben, war im Trastevere aufgewachsen, Sohn einer kaputten Frau, die sich und mich gerade noch über Wasser halten konnte. Mein Vater, ein faschistischer General, war verschwunden, gefallen, oder, wie sie argwöhnte, nach Südamerika abgetaucht.

Auch Luisella, ehemals das schönste Mädchen im Quartier, wollte fort. Die Kinder waren noch klein, und ihr ging es nach den ersten Jahren der Verliebtheit vor allem darum, sich als Dame der Gesellschaft aufzuspielen. Mit ihrem reizend gebrochenen Deutsch wäre das eher möglich, meinte sie, als da, wo sich ihre Armeleutesprache von selber verriet. Am liebsten sah sie sich als reiche Baronin aus der Fremde in einer Opernloge.

Vor wenigen Tagen bin ich bei meinem verlässlichsten Berater, dem delegierten Verwaltungsrat der CEMTECH gewesen. Er hatte mir seinerzeit die Villa am Isarufer vermittelt, die so gut für uns passt. Ein beträchtlicher Teil meines Vermögens ist in dem Zementkonzern angelegt. Ich wollte weitere Gelder platzieren, die soeben freigeworden waren.

»Baron«, sagte der Delegierte, »ich habe etwas für Sie. Eine mittelgroße Zementfabrik im Österreichischen will die Hälfte ihrer Aktien verkaufen. Ein erstklassiger Familienbetrieb, der Besitzer führt ihn selbst. Die Holding ist mit 20% hinein. Sie wissen, mehr lassen unsere Statuten nicht zu. Den Rest, 30%, können Sie sofort haben, die Papiere sind nicht kotiert, aber der Preis liegt deutlich unter der Schätzung. Sie machen dort Jahr für Jahr phantastische Gewinne. Wir haben die Bonität kürzlich geprüft: 1 A. Er wollte uns nicht sagen, wozu er das Geld braucht. Es ist das beste, was Sie heute kaufen können. Die Holding wäre ebenfalls daran interessiert, einen soliden Teilhaber zum Partner zu haben.«

»Das klingt gut; die Frage, wozu er so viel Bargeld braucht, ist allerdings offen. Was meinen Sie, soll ich mir den Betrieb ansehen? Ich reise in den nächsten Tagen ohnehin nach Süden und könnte einen Abstecher machen. Sie wissen, ich gebe etwas auf Ihren Rat. Für mich ist es aber eine große Summe.«

Er nahm das Telefon, ich zog die Agenda heraus. Als er die Verbindung hatte, konnte er für den Donnerstag abmachen. Der Direktor und

Besitzer erwarte mich um 9 Uhr in seinem Büro, und werde sich freuen, mir den Betrieb zu zeigen.

»Er hat am Telefon geradezu gestrahlt, dass so bald ein Käufer auftaucht.«

Wir würden am gleichen Tag losfahren, Luisella mit dem Volvo nach Lignano, voll beladen mit den beiden Kindern, dem Hund und allen ihren Koffern, und ich mit dem Jaguar in die Provinzhauptstadt, am nächsten Vormittag die Zementfabrik; am Abend könnte ich bei ihnen sein.

Seit Jahren besteht Luisella darauf, spät im Herbst nach Lignano zu fahren, gerade bevor das Grand Hotel zumacht. Abgesehen davon, dass ich nicht weiß, wie sie es jedes Mal anstellt, die Kinder von der Schule loszueisen, ist der Badeort an der Adria im Herbst in keiner Weise attraktiv. Die Sandküsten von Grado und Lignano, die so gut für kleine Kinder passen, sind kalt und ausgestorben und unsere Kinder sind längst aus diesem Alter heraus.

Mit der Zeit habe ich herausgefunden, warum es so sein muss. Luisella hat in Lignano eine Busenfreundin, sie hat dort eine Schneiderin gefunden, die nach den Modellen, die man in Rom gezeigt hat, in kürzester Zeit ihre Garderobe für den Winter zusammenschneidert. Ich muss zugeben: aparteste *haute couture*. Außerdem sind noch drei andere Damen da, mit denen sie abends Canasta spielt. Das liebt sie. Auch die Kinder gehen gerne. Grazia hilft im Kindergarten, weil sie die Kleinen süß findet, und geht abends zu den Kicher-Parties mit Freundinnen, die sie dort hat. Pier-Francesco, mit dem es schwieriger ist, borgt sich eine Vespa. Angeblich musiziert er mit irgendwelchen Burschen. Doch Luisella ist überzeugt, dass sie nichts Vernünftiges tun, sondern stundenlang Videos laufen lassen. Sie hat einmal welche gekauft, und ich musste mir die Horrorstreifen ansehen. Sie will, ich soll es ihm verbieten. Was würde das nützen?

Das erste Mal habe ich mich in Lignano fürchterlich gelangweilt, bis Luisella auch für mich das Richtige gefunden hat. Ich reite aus. Die Pferde sind vorzüglich, der leere Strand und die Wiesendämme an den Kanälen haben einen herbstlichen Reiz. Abends kann ich in Ruhe lesen.

Es war mir ganz recht, einen Tag für mich allein zu haben. Nicht wegen meiner Frau; zwischen uns ist schon längst Stillstand. Auch Grazia ist kein Problem. Sie ist ein liebes zwölfjähriges Mädchen, die ihren Papa verehrt, und damit zufrieden ist, ihm morgens und abends einen Kuss zu geben und zu sagen: »Du bist der schönste Papa.«

Das, was an mir nagt, ist Pierino. Bis zwölf war es einfach. Ein ausnehmend schöner, großer schlanker Bursche ist er geworden, mit dunklem Kruselhaar und glühenden schwarzen Augen. Irgendwann hat er mich abgeschrieben. Seine Fragen haben aufgehört. In der Schule soll es noch einigermaßen gehen. Aber zu mir sagt er kein Wort mehr. Wie lange schon? Ich habe es aufgeben müssen, ihm Fragen zu stellen. Seit Jahren gestattet er mir nicht mehr, seine Locken zu streicheln. Einmal, als er mit Fieber im Bett lag, bin ich in seine Bude gekommen, er hatte die Decke über's Gesicht gezogen, und ich habe ihm über die Haare gestrichen. Er ist aufgefahren, hat den Fieberthermometer zu Boden geschmettert, und ist ohne ein Wort ab. Ich darf ihn nicht einmal fragen, ob er mit mir ausreiten will.

Pier-Francesco war lange mein bestes Stück; ich war so stolz auf den Sohn. Luisella zuckt nur die Achseln. Ich weiß nicht, was ich falsch gemacht habe. Es tut mir richtig weh, wenn er mit uns im leeren Speisesaal, von den vielen Kellnern bedient, stumm die Spaghetti hineinschlürft. Letztes Jahr wollte er nicht einmal mehr sein Coki und hat Wasser getrunken.

Von München war ich wieder zu spät losgefahren. Ich schlief im Steigenberger am Flughafen der Provinzstadt und fuhr pünktlich vor dem Bürohaus der Zementfabrik vor. Der Besitzer kam heraus. Er sah genau so aus, wie ich es erwartet hatte: ein elastischer Sechziger, mit weißen Haaren, rosigem jungen Gesicht, in Tweed mit einer Spur Folklore, mit verbindlichen Manieren. Bei einem Espresso, den er selber zubereitete, vernahm ich unser Programm. Erst die Buchhaltung, dann Besichtigung des Betriebs, Rehrücken in einem Gasthof. Der Tisch sei auf 12 Uhr bestellt, denn er müsse – es täte ihm furchtbar leid – um ein Uhr losfahren, zu einem Treffen.

Das war zu spät, um noch am gleichen Tag bis Lignano zu fahren. Ich hatte das Hotelzimmer aufgegeben; da hatte ich mein herbstliches Ausrasten.

Die Buchhaltung war computerisiert, die Gewinne wie ausgewiesen, alles bereitwilligst zugänglich gemacht von der Chefbuchhalterin, einer Dame aus der Verwandtschaft des Besitzers. Dann der Betrieb: voll automatisiert und unheimlich sauber; nirgends der bekannte weißliche Staub. Das anliegende Grundstück, wo man eine Staubwüste erwartet hätte, sah aus wie ein englischer Park, darin ein Großchalet mit Wohnungen für die Ingenieure und der Kantine, dahinter der Parkplatz. Die Arbeiter, die ich zu sehen bekam, waren junge und sehr junge Burschen, in weißen Schürzen mit der Vignette der Firma, wie Sportler in einem Trainingszentrum oder Pfleger in einem Spital.

»Guten Morgen, Herr Herrlacher, guten Morgen, der Herr«, tönte es. Sie schauten kaum von den Leuchtschriften und Tastern auf, blieben entspannt bei der Sache. Das war mehr als ein gutes Arbeitsklima: der vielgerühmte patriarchale Führungsstil.

Unterwegs in seinem Mercedes ergab sich die Antwort auf die Frage, wozu er das Geld vom Verkauf seiner Aktien brauchte. Wir kamen an einer Möbelfabrik vorbei, die offensichtlich stillstand. Er entschuldigte sich für den Umweg. »Das dort ist ab morgen mein Betrieb. In einem Jahr haben wir einen Umsatz, der sich neben dem Zement sehen lässt.«

Vom Gasthof rief ich die Bank in München an, um das Geschäft perfekt zu machen; dann das Hotel in Lignano. Ja, die Signora sei angekommen, jetzt mit dem Hund ausgegangen; *bernardino*, sagte er. Ich musste lachen, weil ich Bernardo heiße. Man werde ihr ausrichten, mich nicht vor morgen Abend zu erwarten – sonst alles o. k.

Nach dem Rehrücken, auf dem Weg zurück, erfuhr ich das Geheimnis der Gewinne: die niedrigen Personalkosten. »Alle zusammengezählt, haben wir nie mehr als 120 Arbeiter und Angestellte. Wegen der Automatisierung. Den Lohn zahlen wir nur für 23; alle anderen sind Lehrlinge. Das Industrieministerium übernimmt ihre Löhne, und berechnet sie sehr anständig, weil es einer der wenigen automatisierten Betriebe im Land ist. Vorzugsausbildung.«

»Dann haben die jungen Leute auch gleich einen Arbeitsplatz?«

»Das wohl nicht.« Sein freundliches Gesicht verzog sich in traurige Falten. »Die armen Teufel müssen auf den Arbeitsmarkt und finden natürlich nichts. Das, was sie bei uns lernen, kann man in keinem anderen Betrieb brauchen. In späteren Jahren vielleicht. Vorläufig müssen sie stempeln. Manche können als Kellner oder Skilehrer unterkommen.«

Wir waren bei der Zementfabrik angekommen. Gerührt über den günstigen Abschluss konnte er meine Hand kaum loslassen. Als er schon zu seinem Wagen gegangen war, kam er nochmals zurück, suchte mit den ältlichen Kinderaugen meinen Blick und legte mir die Hand auf die Schulter. »Wir müssen vorsichtig fahren. Mit unseren schnellen Wagen können wir leicht ein Unheil anrichten, besonders jetzt, weil das abgefallene Laub feucht und glitschig ist. Es sind feine Motoren, aber fast zu stark.«

Bevor ich in den Jaguar stieg, ließ ich mir von der Buchhalterin in meine Karte einzeichnen, wo ich eine Parkanlage in Herbstfarben finden könnte, aber nicht allzu einsam. Der Nebel, der den Himmel verhüllt hatte, war aufgelöst. Die Sonne strahlte golden von den verfärbten Bäumen zurück. Ich fuhr der Linie auf der Karte nach.

Nach den Zubringerkurven – 80 km, 60, 40 – Leitplanken auf beiden Seiten; in die Autobahn eingeschleust, ist die Fahrt endlich frei. Die Leitplanken sind nur graue Striche an den Rändern, keine Gefahr, keine Versuchung auszubrechen.

Ich war rechtzeitig abgebogen, parkierte den silbergrauen Pfeil schön rückwärts in die Reihe der Volkswagen und Fiats, und nahm mir ein Ruderboot; ein Junge, der die Schule schwänzt, und dem nichts besseres einfällt.

Gerade hatte ich alles gebündelt und beiseite gelegt und war noch einmal bei Pier-Francesco gelandet, als ich merkte, dass mein Boot das letzte auf dem Teich war. Ich ruderte zurück, zahlte und wollte zum Wagen. Die Mädchen, es waren jetzt mehr als ein Dutzend, standen am Geländer. Sie waren sehr jung, richtig reizend in ihren engen Jeans und bunten Pullis, ein unschuldiges Sexualwesen neben dem anderen. Der elegante Italiener mit grauen Schläfen war ihnen keinen Blick wert. Dicht neben ihnen neigte ich mich über's Geländer. Sie hatten Brote ins Wasser geworfen, aus der Tiefe waren große Karpfen aufgetaucht, die mit rosa Mäulern versuchten, die immer feuchteren Brote einzuschlürfen; rötliche Lippensäume saugten obszön schmatzend an der Beute. Die Mädchen kicherten nicht mehr. Sie starrten mit aufgerissenen Augen auf das Lebendige, das aufgestiegen war, auf das schäumende Loch im Dunkel des Teichs.

Der Parkplatz war fast leer, die Kleinwagen rechts und links waren heimgefahren. Ich konnte jedoch nicht fort. Vorne, unmittelbar vor den Vorderrädern des Jaguar, hatte einer den Asphalt in eine Reparaturwerkstatt für sein Fahrrad verwandelt. Dort kniete er in einem glänzenden schwarzen Rennfahrerdress und hatte sein Vehikel, das ebenso silbergrau lackiert war wie mein Wagen, auseinandergeschraubt. Werkzeug und Metallteile lagen herum.

Bevor ich etwas unternehmen konnte, war der Rennfahrer aufgestanden, hielt eines der Räder vor mich hin und rief: »I hob aan Patschn!«; als ich nicht verstand, nochmals dasselbe.

Vor mir stand ein schlanker junger Mann oder Jüngling, den die Glanzmontur zu einer lebensgroßen Skulptur transformierte. Die Schenkel stiegen wie Säulen in die Wölbung der Lenden, die steil zu den Schultern aufstrebten. Die kurzgeschorenen Haare glänzten in der Abendsonne wie ein Fell. Vorne an der Brust war ein buntes Gemälde angebracht, ein abstoßender BATMAN in giftgrün, gelb und violett mit fluoreszierenden Glanzlichtern.

Er kam näher, beugte sich vor, um mir das Rad besser zu zeigen, und sagte deutlich, aber sehr leise: »Der Schlauch ist kaputt, ich kann nicht heimfahren. Würden Sie mir helfen?«

Noch halb gebückt blickte er mir lächelnd ins Gesicht. Ich blieb stumm. Unvermittelt, auf einmal, hatte ich wahrgenommen, dass er schön war, unglaublich schön.

Es gibt Gesichter, die im Alter durchgeistigt oder asketisch wirken, in der Jugend aber mit reinen Linien, keiner Wölbung zu viel, einfach schön sind. Wenn dieses Antlitz nicht gebräunt wäre, mit Sommersprossen über der Nase, rosa Lippen und dem kindlichen Blick, wäre es ein klassischer Kopf auf einem stilisierten Körper. Noch dazu waren seine Augen grün, hellgrün und leuchtend. Das habe ich bei sizilianischen Bauern gesehen, es soll auch bei Slawen vorkommen, angeblich überall, wo in grauer Vorzeit die Goten gelandet sind.

Ich hatte mich gefasst. »Tun Sie Ihr Zeug weg. Ich will wegfahren. Subito.« Er ließ die Arme mit dem Rad sinken. Mit geschlossenen Lippen murmelte er: »Bitte, bitte.« Das Lächeln war verschwunden, sein Blick war jetzt ganz kindlich. Ein ratloser kleiner Junge.

»Na ja, ich kann dich nach Hause fahren, wenn du dein Rad in den Kofferraum hineinbringst.«

Er schnellte nach vorne und setzte die Demontage des Fahrrads eilig fort.

Ich bin selber schuld. Der protzige silberne Jaguar, die Spezialkarosserie mit dunkelblauem Leder, an der Türe meine Initialen, B.P., Bernardo Pontecorvo, darüber das fünfzackige Krönchen der Baronie. Mir war das zu viel, aber Luisella hatte darauf bestanden, die Krone anbringen zu lassen, für die Abende, wenn sie an der Oper vorfuhr. Angeblich hat sie mit Pierino ausgemacht, dass er mit achtzehn, sobald er den Führerschein hätte, in Livree und Mütze als ihr Chauffeur figurieren würde. – Mit so einem Wagen muss man angebettelt werden; wie ein Erpresser sieht der junge Mann nicht aus.

Der Junge hatte sein starres Wesen abgelegt, lächelte strahlend und bat mich, den Kofferraum zu öffnen, tat die Reisetasche in den Fonds und verstaute das zerlegte Fahrrad, sorgsam, um nichts zu beschädigen.

»Ein feiner Wagen«, meinte er, als er es sich auf dem Beifahrersitz bequem machte.

Ich steckte den Schlüssel in die Zündung. »Wohnst du eigentlich weit von hier?«

Er legte eine schmale Bubenhand auf mein Handgelenk. »Wart noch, ich muss dir was zeigen«, und rollte das Batmanporträt nach oben. Am bloßen Bauch hatte er eine bunte Zeitschrift verstaut, schlug sie auf und hielt sie mir unter die Nase. Die Seite zeigte auf Glanzpapier das Porträt eines Motorrads in schwarz und Nickel in einem Strahlenkranz. Darunter stand YAMAHA 500.

Er sah zu mir auf, ob die Maschine mir auch genügend Eindruck machte. »Das ist sie. Die muss ich haben. Ich hab' eine Okkasion gefunden. Genau wie die da. Fast neu.«

»Wozu brauchst du eine schwere Maschine? Ist dir das Rad verleidet?«

Er wurde ernst. »Mit dieser Maschine kann ich durch den Wald fahren, über Wurzeln und Steine, die Vordergabel ist so lang, dass sie immer glatt rollt, im Katzengang. Auf der Autobahn macht sie über 200. Ich muss sie haben. Sonst ist es aus.«

Ich konnte nicht mehr gut zurück; so ging ich weiter: »Willst du sie kaufen? Das ist sicher ein teures Stück.«

»Nein, teuer ist sie nicht. Ich bin noch Lehrling in der Zementbude, bis ich auf Ende Jahr weg muss; da hab' ich gespart. Was noch fehlt, muss ich bis Samstag haben. Er hat einen anderen Käufer und will nicht länger warten. Das ist das Problem. Es fehlen noch 12.000 Schilling.«

»Das ist etwas zu viel für eine milde Gabe. Machst du's nicht billiger? Oder willst du lieber gleich aussteigen?«

Er richtete sich auf, blitzte mich mit seinen Augen an, die hier drinnen dunkelgrün leuchteten, griff nach meiner rechten Hand, zog sie herunter auf den nackten Bauch und hinunter zwischen seine Beine. »Ich will kein Geschenk. Ich hab' dich nicht angebettelt. Ich will einen *deal* mit dir. Du nimmst mich mit und wenn es dir gefällt, gibst du mir, was ich brauche. Wenn du nicht willst, komm' ich nur so mit. Wenn mir die Yamaha 500 wegschwimmt, ist ohnehin alles aus.«

Unter meiner Hand pulsierte es, wurde groß und hart. Er lehnte den Kopf an meine Schulter. Ich zog die Hand heraus und streichelte das Fellhaar. Er schloss die Augen und rieb sein Gesicht an meinem Hals. Beinahe war ein Schnurren zu hören.

»Du bist ein lieber Junge. Aber ich möchte dich nach Hause bringen. Sag, wo ich fahren muss.«

Er richtete sich auf, versorgte das Yamahaporträt, wo es gewesen war, und rollte den Batman herunter. »Fahr hier grad aus, bei der ersten Ampel rechts. – Jetzt wieder grad.« Eine Zigarette wollte er nicht.

»Bist du nie Motorrad gefahren? Natürlich; jetzt bist du zu alt. Du siehst so aus, dass du weißt, wie das ist, wenn man gar nicht herauskann. Du gehst kaputt. Wenn du nicht losfahren kannst, so dass dich keiner mehr erwischt. – Jetzt noch einmal rechts abbiegen.«

Wir waren in die Zufahrt zur Autobahn eingebogen. »Wohnst du nicht in der Stadt?«

»Schon irgendwo. Ich will dir bloß zeigen, wohin du musst. Fahr weiter.« Wieder rieb er Stirn und Nase an meiner Schulter. »Jetzt langsam, da bieg ein. Da bleiben wir.«

Er hatte sich für ein Motel entschieden, kleine Bungalows in weitem Bogen, dahinter Wald. Der Wirt war ein Jugoslawe: »Is gefällig. Da den Namen, bitte sehr, noch Ihre Unterschrift. Das Frühstück serviere ich von 7 bis 11. Wenn Sie im Zimmer frühstücken wollen, richte ich ein Tablett, der Herr Sohn kann es hier holen. Den Wagen parken Sie vor der Tür. Sie haben Glück, das letzte Bungalow ist frei, Nummer 12, oben am Waldrand.« Er gab mir die Plastikkarte zurück: »Der Schlüssel ist auch für den Kühlschrank. Wenn Sie konsumieren, schreibe ich es morgen dazu. Is gefällig. Gute Nacht.«

Der junge Mann hatte sein Fahrrad herausgenommen und bereits zusammengeschraubt. Er war dabei, das Vorderrad aufzupumpen: »Fahr nur hin, ich komm' gleich nach.«

Es war ein schönes Zimmer, ein breites Bett, ein großes Fenster an der Hinterwand. Draußen auf der Wiese machten zwei Amseln ihren letzten Rundgang, hüpften, pickten da und dort, und flogen dann eine nach der anderen dem Waldrand zu. Das Nachmittagslicht war erloschen; blaue Schatten verwandelten den Wald in eine Theaterkulisse.

»Ich fange noch an zu träumen. Muss sehen, was er treibt.« Er kreiste gerade heran, lehnte das Rad an die Treppe, und war schon drin, knipste die Lampe an und warf sich in den Lehnstuhl. »Fein. Da bleiben wir.« Dann beugte er sich vor, schnürte die Tennisschuhe auf und warf sie in die Ecke.

Ich sah im Eisschrank nach. Die Bar war ungewöhnlich ausgestattet. Statt der üblichen lächerlich kleinen Fläschchen zwei Literflaschen Coka, eine richtige Flasche Whisky, riesige Tüten Chips und Salznüsschen.

»Was trinkst du?« »Am liebsten Coki.« Ich nahm mir einen Scotch auf Eis, er knabberte eifrig und spielte mit den Zehen. Das war der richtige Moment:

»Mein lieber Junge …«

Er richtete sich auf und unterbrach mich: »Bipie, ich nenn' dich Bipie, das steht auf dem Jaguar. Sag nicht: Lieber Junge. Sag Bipie zu mir. Ich heiß' grad so wie du; genau wie das Benzin, B.P.«

»Also Bipie«, ich zog die Brieftasche heraus, »ich schreib' dir einen Scheck über 12.000 Schilling und leg' ihn daher. Du nimmst ihn, wann du willst und fährst mit dem Rad heim. Morgen früh kannst du kassieren und deine Yamaha abholen.«

»Gut, schreib den Scheck. Wie ich heiß'? Bichler Peter; und du?«

»Bernardo Pontecorvo.«

»Gerade umgekehrt. Ich bleib' bei Bipie. Das ist super, so ein Scheck.«

Er saß aufrecht da und kam mir nicht mehr wie ein »lieber kleiner Junge« vor; ein erwachsener junger Mann.

»Pass auf. Wir haben einen *deal* gemacht. Ein Geschenk will ich nicht. Sonst gehört mir die Yamaha 500 nicht richtig. Ich muss dann ewig denken, die Kupplung, oder das Vorderrad, oder irgendwas ist gar nicht von dir, das ist von Bipie. Sag überhaupt nicht immer: deine Yamaha. Es ist eine Yamaha 500. – Zeig her.« Er sah den Scheck aufmerksam an und legte ihn auf den Tisch.

»Gut, willst du mir den Koffer holen?« Ich gab ihm den Autoschlüssel und er verschwand.

Das ist einer meiner Tricks. Damit bin ich groß geworden. Vielleicht mag mich Pier-Francesco deshalb nicht leiden. Wenn der Junge versucht, mit dem Wagen abzuhauen, geht es nicht, wegen des Digitalcodes. Der Anlasser heult einmal auf, dann ist der Wagen blockiert und ich weiß, woran ich bin.

Als er zurückkam, war Bipie wie verwandelt. Er packte die Reisetasche aus, hängte den Reitanzug in den Schrank, legte die Wäsche ins richtige Fach und den Pyjama auf das Kopfkissen; ein perfekter Kammerdiener.

Nach einem weiteren Coki nahm er mir das Glas aus der Hand, stellte es auf den Tisch und zog mich herauf, so dass ich dicht vor ihm stand.

»Warum rührst du mich nicht an?«, sagte er leise. »Gefall' ich dir nicht? Dabei habe ich grüne Augen. Die Patres sagen, das kommt von den alten Goten; für mich muss man mehr beten als für die anderen, sonst richte ich Böses an.«

»Deine Augen sind schön. Aber der Batman ist scheußlich. Mit dem will ich mir nichts anfangen.«

»Das wird gleich anders.«

Er lachte, streifte die Bluse über den Kopf, die Glanzhose herunter und stand mit einem roten Slip bekleidet da.

Der nackte junge Gott schlang die Arme um meinen Hals und zog mich dicht an seinen Leib. Ich streichelte das Kopffell. Ein Büschel Haare war stehengeblieben, das Schwänzchen fiel ihm auf den Nacken. Meine Hand glitt herunter und setzte das Spiel an den Hinterbacken fort, die sich nach hinten wölbten wie der Kopf. Ich spürte, wie sein Glied hart wurde, löste die Umarmung und setzte mich auf den Bettrand.

Der Junge kniete nieder und fing an, mir die Schuhbändel aufzunesteln. Ganz leise sagte er etwas. Ich neigte mich vor.

»Ich habe dich angelogen, du musst mich strafen.«

»Angelogen? Das habe ich längst bemerkt. Der Schlauch war gar nicht kaputt. Du hast die Luft abgelassen. Warum, das ist klar. Die Lüge hat gewirkt. Ich bin dir nicht bös.«

Kniend richtete er sich auf und nahm noch einen Schluck. »Bipie, du musst mich strafen. Eine Lüge drückt mich zusammen. Die Patres haben für jede Sünde die richtige geistliche Sühne, drei Vaterunser, einen ganzen Rosenkranz, und so weiter. Lügen ist keine Sünde vor Gott, das geht gegen den Menschen. Dafür braucht es eine Strafe, die du spürst, dann lügst du immer weniger oder gar nicht mehr. Kleine Buben kriegen einfach einen Klaps hinten drauf. Mit der ersten Kommunion wird es anders. Der Bub muss sich bei Pater Clemens melden. Der hat einen Rohrstock. Es gibt ein paar Hiebe auf den Hosenboden. Dann ist es wieder gut. Mit dreizehn wird es wieder anders. Niemand sagt dir was, wenn du gelogen hast. Du musst dich selber beim Pater Clemens melden. Er spricht ein Gebet und du trägst ihm die Sache vor. Wenn es eine Lüge ist, sagt er: Die zwölf Apostel. Du musst dir die Hosen ausziehen und dich auf den Schragen legen. Er peitscht dich richtig aus, zwölf Hiebe mit der Lederpeitsche. Dann gibt er dir den Segen, und du fühlst dich wieder gut.«

»Ich bin nicht der Pater Clemens und ich habe nichts gegen das Lügen. Ohne Lüge kommt keiner aus.«

»Bipie; du willst nicht verstehen. Es geht nicht um dich. Ich hab' dich sogar zweimal angelogen.«

»Nicht, dass ich wüsste.«

»Für zwei Lügen gibt es zwei mal zwölf. Wenn es noch mehr sind, musst du dich am nächsten Abend wieder melden, bis alles weg ist. Das tut natürlich noch mehr weh.«

»Was ist denn die zweite Lüge. Ich hab' nichts gemerkt.«

»Du hast gesagt, dass du mich nach Hause bringen willst. Ich hab' gesagt, ich mag nicht. Das ist alles. Dabei habe ich kein Zuhause. Wenn jemand im falschen Glauben ist, und du weißt es besser und sagst nichts, ist es eine Lüge. Der Pater hat recht. Ich spüre, wie es mich drückt.«

»Ich bin gegen diese Dressur. Hör mit deinen Pfaffen auf. Ich mag sie nicht.«

Er hatte laut, im Tonfall seiner Patres gesprochen. Jetzt beugte er sich tief herunter und flüsterte: »Hau mir die zwölf Apostel drauf, bitte. Dann bin ich wieder frei.«

Ich wusste nicht, was tun. Er schnellte auf, streifte das Höschen ab, legte sich bäuchlings aufs Bett, die Beine gespreizt, den Kopf in die Arme versteckt. Vom Sommer her war sein Rücken gebräunt, nur unter der Badehose war ein Dreieck Haut weiß geblieben. Bei der blitzschnellen Aktion hatte er mir die Reitpeitsche in die Hand gedrückt, mit der ich nun dastand wie sein sadistischer Pfaffe.

Luisella hatte mir die lederne Reitpeitsche zum 40. Geburtstag geschenkt. Am Silbergriff hatte sie meine Initialen, B. P., und das Datum eingravieren lassen. Zu ihrem Leidwesen war kein Platz für das Krönchen. Der Junge hatte das Stück vorsorglich auf den Tisch gelegt.

»Pass auf, jetzt kriegst du's«, sagte ich und versetzte ihm einen leichten Schlag auf den weißen Hintern.

Er schnellte auf und blitzte mich wütend an: »Bipie, du bist blöd. Kapierst du nie was? Du machst dich lustig über mich. Hau richtig oder ich hau ab.«

Er lag wieder da. »Also los«, dachte ich, »da hast du eins, und noch eins, und noch eins.« Es klatschte laut. Bei jedem Schlag zuckte er, gab aber keinen Laut von sich. »Noch eins, noch eins.« Ich hatte vergessen zu zählen. Laut sagte ich: »Judas Ischariot. Das ist der letzte.«

Er richtete sich auf, die Augen nass von Tränen, und strahlte übers ganze Gesicht. »Jetzt noch den Segen. Sag, dass es vergeben ist.«

Er kniete wieder hin, griff nach meiner Hand und wollte sie küssen. Eine Wut stieg in mir auf.

»Hör auf mit dem Pfaffenzeug. Sonst werde ich bös.«

Mit einem Ruck machte ich meine Hand los. »Den Segen, Bipie, den Segen, Pater Bipie.«

Das war mir zu viel. »Die zweite Lüge. Es gibt noch einmal zwölf. So kommst du mir nicht davon.«

»Das war keine richtige Lüge, nur eine halbe. Bitte um Verzeihung. Bitte, Pater.«

»Hinlegen«, sagte ich scharf, »Beine auseinander, wart' nur.«

Diesmal war es mir ernst. Bei jedem Schlag gab es einen trockenen Knall. Auf dem Dreieck, das schon gerötet war, bildeten sich dunkle Striemen. Er zuckte nur; stumm. »Wart' du nur«, dachte ich, »noch einen, noch einen.«

Erst als ein Wimmern wie von einem jungen Hund zu hören war, kam ich zu mir. Ich landete noch einen besonders scharfen Schlag: »Es ist fertig, es sind zwölf.«

Er stand langsam auf und rieb sich mit den Handflächen die Hinterbacken. Sein Gesicht war nass von Tränen. Er griff sich meinen Pyjama, wischte das Gesicht ab und strahlte mich an.

»Bipie, es ist o. k., ganz o. k.«

Ich war heiß und erregt, langte mir den Whisky herüber und setzte mich auf die Bettkante. Er nahm mir sanft das Glas aus der Hand und stellte es auf den Tisch. Wieder war er der Kammerdiener, hängte meinen Rock über die Stuhllehne und knöpfte mir das Hemd auf. Um die Hose herunterzustreifen, schob er mir die Hand unter, bis ich so nackt war wie er.

Er löschte das Licht, knipste die Nachtlampe an, kniete vor mir nieder und drückte meine Knie mit den Handflächen sanft auseinander. Die weichen Lippen weit geöffnet, kam ein rötliches Mäulchen auf mich zu. Ich ließ mich zurücksinken.

Wenn die Lust abebben wollte, merkte er es vor mir. »Wir müssen es ganz gleich haben. Bipie und Bipie.« Ein neues Liebesspiel.

In einem Wellental sagte ich: »Die Patres haben meinen Bipie gut ausgebildet.«

Er lachte laut: »Bist du dumm! Die Patres können nur beten, beten und prügeln. Wie man liebt, hab' ich selber herausgefunden mit den Buben im Kollegi, und mit meinem Freund in der Zementbude. Die Buben waren zu klein dafür. Mein Freund aber geht fort; er wird Skilehrer. Ich kann nicht Skifahren; es war kein Geld dafür da. Jetzt hab' ich dich; und dann die Yamaha 500.«

Spät in der Nacht weckte er mich. Die kleine Lampe war angedreht. Er stand neben dem Bett, ließ die Reitpeitsche durch die Luft sausen und rüttelte an meiner Schulter: »Wach auf und hör zu. Du hast mich angelogen. Jetzt werde ich dich hauen.«

»Lass den Unsinn. Ich hab' dich nicht angelogen.«

»Du hast gesagt: Ich möchte dich heimfahren. Das war eine Lüge. Bei dir hast du gedacht: Ich möchte mit dem Jungen ficken. Das hast du zweimal gesagt, zwei Lügen, zweimal die Apostel.«

»Vielleicht hast du recht. Es drückt mich aber nicht. Ich bin nicht dressiert wie du. Ich brauch' deine Peitsche nicht.«

»Soo, glaubst du? Wir sind noch nicht gleich. Bipie und Bipie.«

Er stand da, ein nackter junger Gott, die Worte kamen hell und scharf heraus: »Hose runter, subito!« Er ließ die Peitsche durch die Luft sausen. Bald stand ich nackt vor ihm.

»Hinlegen. Nein, nicht so. Flach auf den Bauch. Beine auseinander. So. Heiliger Petrus, Hieb, heiliger Paulus, Hieb, …«

Bei Judas machte er eine Pause. Ich richtete mich auf.

»Leg dich. Es gibt noch einmal zwölf. Jetzt aber richtig. Die zweite Lüge ist schlimmer als die erste. Beine auseinander. Subito!«

Ich kann mich nicht erinnern, wie weh es tat. Erst am Morgen beim Rasieren merkte ich, dass ich mir auf die Lippen gebissen hatte. Das Wunder war, dass ich von seinen Schlägen erregt wurde, noch mehr als früher, wie ich ihn gehauen hatte.

Nach dem zweiten Apostel Judas setzte er sich neben mich und massierte meine Hinterbacken. Das Liebesspiel ging wieder an. Der zweite Teil der Nacht war noch besser als der erste. Endlich krochen wir beide befriedigt und müde unter die gleiche Decke.

Ich wachte auf, als er mir meinen oder unseren Namen Bipie ins Ohr flüsterte. Er war im Raddress und hatte die Haare noch nass von der Dusche. »Es ist bald acht. Ich nehm' den Scheck und radel' zur Bank. Sie machen um halb neun auf. Dann hol' ich mir die Yamaha 500. Das ist mein schönster Tag. Bipie, du bist mein Glück.« Er neigte sich herunter und küsste mich auf den Mund.

So wie er dastand, den Batman auf der Brust, ein Strahlen in den grünen Augen und ein Lachen auf den schönen Lippen, so sehe ich ihn noch immer vor mir.

»Wart hier auf mich. Ich muss dir die Yamaha 500 zeigen. Ich komm bald zurück.«

»Natürlich, Bipie. Ich warte. Komm du womöglich vor zwölf. Vorher fahre ich noch in die Stadt, etwas einkaufen für meine Kinder. Ich sag' dem Wirt, wann ich zurück bin.«

»Fein, dass du Kinder hast. Das hab' ich mir gedacht. Ich hab' einen Bruder und ein Schwesterlein, oder noch mehr. Kauf ihnen was Schönes. Ciao, Bipie.«

Ich saß allein im Frühstückszimmer. Der Jugoslawe brachte türkischen Kaffee und die Zeitung. Ich sah auf die Wiese hinaus. Die Amseln hüpften im taunassen Gras. Der Wald war eine graue Wand, der Nebel war heute noch dichter. Ich muss lange vor mich hingeträumt haben. Bis der Lärm einer Maschine zu hören war.

Von da an ging alles schnell. Ein Horror-Video.

Mit dem Motorrad war nicht der Junge gekommen, sondern ein Polizist. Er flüsterte mit dem Wirt und gab mir dann einen amtlichen Brief in die Hand. Der Polizeipräsident, Hofrat und Dr. iur., ersuchte mich, unverzüglich bei ihm vorzusprechen, um einige Fragen zu beantworten. Es handle sich um einen Unfall. Der Überbringer werde mir den Weg weisen.

Der Polizist hatte seine Maschine schon angelassen. Ich fuhr ihm nach. Im Korridor des Amtsgebäudes kam mir der Herr Hofrat entgegen, ein ebenso freundlicher älterer Herr wie der Zementfabrikant: junges Gesicht, graue Haare, Jagdkleidung, verbindliche Manieren. Er legte eine Fotokopie des Schecks auf den Tisch.

»Ist das Ihr Scheck, haben Sie ihn dem Peter Bichler gegeben? Das ist alles, was ich wissen muss.«

»Ja, das ist mein Scheck. Bipie, nein, Peter Bichler ist ein Freund von mir. Wir haben ein Geschäft abgeschlossen. Was ist mit ihm?«

»Tut mir leid. Der Peter ist tot. Mein Beileid. Ich hab' nicht gewusst, dass er Ihr Freund war.

Wie es dazu gekommen ist? Ein Unfall. Wir nennen das so. Sie wollen es genauer wissen? Selbstverständlich. Ich habe den Peter gekannt. Wir kennen alle Buben, die bei den Patres in Pension sind. Er war der vifste, die anderen sind nicht so nett. Es ist ein Glück im Unglück, dass er niemanden hat; um ihn muss niemand trauern.

Also der Unfall. Er ist mit einer schweren Maschine an der Station vorbeigefahren. Einer unserer Leute, der Meier II, hat ihn angehalten und kontrolliert. Fahrerlaubnis, Führerschein o. k. Aber der junge Mann hatte keinen Helm. Der Meier sagt ihm, er soll einen holen, dann lässt er ihn fahren. Der Peter sagt: Jetzt hat er keine Zeit und braust los. Der Meier in den Dienstporsche und hinter ihm her. Das darf er. Missachtung einer polizeilichen Anordnung. Besser wär's gewesen, er hätte ihn fahren lassen. Aber der Meier ist eben ein Scharfer, und ist ihm nach.

Auf dem Zubringer ist es passiert. Ich muss dem Meier glauben, dass er ihn nicht abgedrängt hat. Der Junge ist an die Leitplanke gekommen; es hat ihn überschlagen. Er war tot, als die Sanität gekommen ist. Unser Arzt sagt Genickbruch.«

»Die Polizei hat ihn umgebracht. Wegen seiner Yamaha 500. Sonst wäre er noch am Leben.«

»Ich verstehe Sie. Ich habe dem Meier II meine Meinung gesagt. Sie dürfen nicht sagen: umgebracht. Es heißt höchstens: Übereifer im Dienst. Das ist kein Vergehen.

Die Patres waren sofort da. In dieser Stadt spricht sich alles grad herum. Sie haben die Maschine eingezogen. In Ordnung; kein anderer Erbe. Nicht sehr fein, dass sie die Maschine sogleich versilbert haben. An wen wohl? An den Meier II. Der hat sich schon längst eine Yamaha 500 gewünscht. Ob es deshalb passiert ist? Wer weiß.

Herr Baron, was ist mit Ihnen? Soll ich einen Arzt rufen? Wollen Sie einen Cognac? Nicht nötig? Wirklich ein trauriger Fall. So ein junges Leben.«

Ich stand auf. Meine Knie wollten nicht recht. Bevor ich beim Jaguar war, hatte er mich eingeholt.

»Sie fahren weiter? Der Wirt hat uns informiert. Ich bitte Sie«, er legte mir die Hand auf die Schulter. »Fahren Sie vorsichtig. Ihnen war soeben nicht gut. Es liegt jetzt viel feuchtes Laub auf dem Zubringer. Wie nichts ist man an der Leitplanke.«

Ich fahre vorsichtig, ich habe Routine mit dem Wagen. Der junge Bipie ist tot, und der alte Bipie, der mit ihm jung gewesen ist, ist tot.

Der Nebel hat sich gehoben. Der Motor ist fast zu stark. In die Bahn eingespurt. Freie Fahrt.

Wenn ich wüsste, wem ich die Schuld geben kann, wäre es vielleicht besser. So aber: Freie Fahrt, und sonst nichts. Freie Fahrt …

Eine Sonnenuhr für beide Hemisphären

Parallele Linien treffen sich im Unendlichen

»Eigentlich treffen sich gleichlaufende Linien nicht«, dachte ich, und sagte:»Mit dieser unnötigen Komplikation haben wir – ich meinte die Europäer – ungezählte Missverständnisse angerichtet; nicht nur das, wir haben die menschlichen Verhältnisse vergiftet, die Menschheit unwiderruflich aufgespalten, ich weiß selber nicht, zu welchem Teil ich gehöre.« Ich diskutierte mit meinem Freund Abdullah Laye, einem Arzt der Psychiatrischen Universitätsklinik Fann, Dakar. »Das stimmt nicht«, erwiderte er, »erstens gibt es gleichlaufende Linien überhaupt nicht, irgendwo treffen sie wieder aufeinander, kommen zur Deckung, schneiden sich oder gehen auseinander. Das ist meine Erfahrung. Zweitens ist die Komplikation nicht eine Erfindung der Europäer. Man weiß, dass es die Araber waren, die mit der Rechnerei angefangen haben.«

Das war mir nicht neu. Wir waren vor einigen Jahren von Mokka in Nordjemen, der Küste des Roten Meeres entlang nach Norden gefahren. Kurz vor Hodeidah, wo unser Fahrer Ahmad eine Verabredung hatte, kamen wir durch ein halb zerfallenes Städtchen. In diesen Bauten aus Lehm und Hirsestroh sollen jene Abstraktionen erdacht und mit Zeichen versehen worden sein, mit denen die Algebra begründet wurde, aus der alles Weitere abgeleitet worden ist. Gleichgültig, wer das Gift zuerst gemischt hat.

Es war feucht und heiß damals, wie gewöhnlich am Roten Meer. Wir beschlossen, auf einen Besuch der uralten islamischen Universität zu verzichten und fuhren rasch weiter. Ahmad konnte seine Vettern, die bereits in ihrem Toyota saßen, gerade noch treffen.

Dr. Abdullah Laye ist bald nach unserem Gespräch in sein Land Benin zurückgekehrt. Er soll dort einen ungewöhnlich guten psychiatrischen Dienst eingerichtet haben, aber dann doch auf Schwierigkeiten gestoßen sein. Auf meine Briefe hat er nie geantwortet. Darüber wundere ich mich nicht. Die Post war wohl nicht schuld. Er hat nicht gerne Briefe geschrieben. Wozu auch. Man trifft sich doch wieder; in der Regel. Jetzt ist es zu spät. Ich werde dem klugen Kollegen Laye nie mehr begegnen. Die Linien gehen mitunter auseinander.

Haie

Der Wunsch, endlich einmal einen Hai in seinem Meer zu Gesicht zu bekommen, meldete sich jedes Mal, wenn wir wieder eine Reise in die Tropen planten. Es war keine eigentliche Obsession; nicht, dass das der Zweck der Reise gewesen wäre oder das Reiseziel bestimmt hätte. Der sonderliche Drang hat mir zu denken gegeben, weil ich keinerlei wissenschaftliches Interesse an Knorpelfischen habe und schon seit der Schulzeit immer dagegen war, Tiernamen als Metapher für menschliche Eigenheiten zu verwenden. Erbschleicher als Schakale zu bezeichnen, unglückliche Menschen als Unglücksraben oder einen gerissenen Finanzmann als schlauen Fuchs schien mir eine ungewollt bösartige Entstellung, mit der wir der Natur zu nahe treten.

Vielleicht ist es in anderen Kulturen nicht so. Als wir 1975 nach der Kulturrevolution in China waren, habe ich erfahren, dass dort die Tiere der chinesischen Symbolik schon seit Jahrhunderten ausgestorben sind. Springende Tiger, große Schlangen gibt es in den dicht besiedelten pazifischen Provinzen, die wir bereisen durften, längst nicht mehr, sie sind eher den Drachen verwandt als lebenden Tieren.

Doch musste ich feststellen, dass mir der Hai zum Stereotyp geronnen war. Vielleicht, wenn die dreieckige Rückenflosse des urzeitlichen Raubfisches vor meinen Augen das blaugrüne Wasser der Lagune durchpflügt, vielleicht werden mir Haie wieder zu Knorpelfischen und skrupellose Betrüger zu dem, was sie sind.

Als die Sache mit dem Hai angefangen hat, ist es mir darum gegangen, etwas richtigzustellen.

Ich war siebzehn und hatte das Gefühl, noch nie ein richtiges Abenteuer erlebt zu haben. Das gleiche Gefühl habe ich gelegentlich noch heute. Doch war es damals stärker und drängender. Die Geschichte mit Herrn von Schewitz (oder hieß er Scheweritz?) stimmt mich in der Erinnerung heiter: Das will ich ausprobieren; werden mal sehen, wie es wirklich ist! Mir kann man nichts weismachen.

Ich hatte in Susak den Liniendampfer genommen, der die Adriaküste entlang bis Dubrovnik fuhr, um Onkel Umberto in Zara zu besuchen, wie im letzten September und vor zwei Jahren. Da die Stadt Zara, die seit dem Ende des Krieges Zadar heißt, und ein Streifen der Küste zu Italien gehörte (Italien hatte die Enklave als Ersatz für den Besitz Dalmatiens erhalten, das Präsident Wilson 1918 dem Königreich der Jugoslawen zugeeignet hatte), landeten jugoslawische Touristenschiffe nicht im Hafen der Stadt, sondern auf Dugi otok, der Langen Insel, die der Küste vorgelagert ist.

Nachdem ich ein Wurstbrot mit einem Schoppen dalmatinischen Rotwein heruntergespült hatte, das beim Steward für drei Dinar zu haben war, schlief ich auf Deck. Am Morgen las ich den *Piccolo Triestino*, den ich in Susak gekauft hatte, und musste feststellen, dass es kein Frühstück gab. Die Türe zur Küche war nicht verriegelt, gleich beim Eingang stand ein großer Korb mit frischen Feigen, ich klaute eine Handvoll und wickelte sie in die Zeitung. Auf meinem Platz am Vorderdeck ließ ich mich von der Septembersonne bräunen, sah die Inseln langsam vorüberziehen, die immer grüner wurden, je weiter wir nach Süden kamen. Ich döste ein und wachte von der Sirene auf, wenn das Schiff anlegte und bald wieder weiterfuhr.

Am Nachmittag wurde die Sonne stechend, Meer und Himmel bedeckten sich mit einem bleigrauen Schleier. Der Mistral hatte einer Windstille Platz gemacht, es begann aus Süden zu blasen, der Scirocco, der hier Jugovina heißt, trieb rußigen Rauch über das Deck. Ich fand einen geschützten Platz bei der Stiege zum Steuerhaus. Dort saß schon einer, ein braungebrannter junger Mann. Er hatte seinen *Piccolo Triestino* aufgebreitet, um seine weiße Badehose vor dem Ruß zu schützen. Ich musste nahe an ihn heranrücken und wir kamen ins Gespräch. Er hieß Björn und hatte einen Doppelnamen, der erste Teil nordisch, der zweite kroatisch, studierte in Prag und wollte nach Zara wie ich. Auch er war mehrmals da gewesen, hatte aber keinen Onkel in der Stadt. Er fand, Zara sei der beste Ort für Ferien, wegen der Mädchen, die hier noch schöner und vor allem zugänglicher seien als in anderen dalmatinischen Städten. Darüber hatte ich mir noch keine Gedanken gemacht. Björn war besorgt, ob wir in Dugi otok ein Boot finden würden; wir beschlossen, uns zusammenzutun, wenn wir ein Boot nach Zara mieten müssten.

Als unser Schiff in die Meerenge zwischen der Enklave Zara und der Insel einfuhr, wurde es so düster, dass man das Festland nicht mehr sehen konnte. Die Jugovina drückte hohe Wellen gegen den Bug, der Sprühregen der Brecher mischte sich mit dicken Tropfen von oben. Es donnerte in der Ferne. Weil Dugi otok keinen geschützten Hafen hat, riskierte der Kapitän es nicht, an der Mole anzulegen. Man ließ die Anker herunter und setzte ein Boot aufs Wasser. Es wollten ohnehin nur wenige Passagiere an Land. Nicht ohne Mühe gelang es, einen älteren Herrn, den einzigen Passagier der Ersten Klasse, und aus der Zweiten Klasse eine dicke Kaufmannsfrau mit zwei erwachsenen Söhnen in das

Boot zu befördern, das unter Entwicklung von Öldunst und Lärm überraschend schnell hinter die Mole bog. Die Frau und einer der Söhne trugen die Packen mit ihren Waren, während sich der andere Sohn zwei schwere Reisetaschen, die offenbar dem Herrn aus der Ersten Klasse gehörten, auf die Schultern lud. Da Wellen und Wind stärker geworden waren, dauerte es geraume Zeit, bis uns das Boot mit einer zweiten Fahrt an Land bringen konnte.

Das Unwetter hatte die wenigen Zuschauer vom Hafen vertrieben. Durch den Regenschleier konnten wir die Wasserfront von Dugi otok gerade noch erkennen, im größten Haus ging das Licht an; sicherlich das Gasthaus. Ich schulterte meinen Reisesack und wir stapften durch Regen und Pfützen darauf zu. Björn hatte zwei schwere schweinslederne Koffer zu tragen. Viel Gepäck für eine Ferienreise.

Der Wirt wartete draußen vor der Tür und stellte sich so auf, dass wir nicht unter das Vordach treten konnten. »Alles vermietet, schert euch zum Teufel«, sagte er grob und machte Anstalten, im Haus zu verschwinden. »Wir wollen einen Schnaps trinken, sonst nichts«, sagte ich.

Der Wirt war ein magerer Mann mit einem Hängebauch, der nicht zu ihm passte. Er kniff die Augen zusammen, die hellblau oder grau waren, wie bei vielen Fischern auf den Inseln. »Kommt herein, aber macht schnell, ich will die Bude zumachen«, sagte er, öffnete die Türe und blickte über uns hinweg in den Regen hinaus.

In der Gaststube gab es einen einzigen langen Tisch und hinter der Theke einige bauchige Korbflaschen und alte Fässer. Der Wirt setzte sich zu uns an den Tisch; sein Benehmen hatte sich überraschend verändert. »Meine Herrn, wo werden Sie schlafen? Heute geht kein Boot mehr nach Zara, das wird niemand riskieren und ich hab' alle drei Zimmer vermietet. Wie ich euch ins Boot steigen sah, habe ich den deutschen Herrn, der das große Gastzimmer genommen hat, gleich gefragt. Er will aber allein bleiben. ›Kommt nicht in Frage‹, hat er gesagt.«

Während seiner langen Rede schaute der Wirt zum Fenster in die Dämmerung hinaus. Er sprach Italienisch, leise und freundlich, und schien auf eine Antwort zu warten. Björn war damit beschäftigt, seine Koffer mit einem seidenen Taschentüchlein abzutrocknen. Ich nahm einen Schluck und schaute dem Wirt ins Gesicht. Weil ich kein Wort sagte, musste er weiterreden und mich ansehen, wobei er die Augen zusammenkniff. »Im Dorf nimmt Sie niemand, die haben keine Konzession«, sagte er. »Ich könnte Ihnen vielleicht helfen, aber ich weiß nicht, ob Sie das wollen. Ich hab' noch ein Zimmer, sogar mit drei Betten, das ich nicht vermieten darf. Ich würde es riskieren, für heute, wenn Sie morgen ganz früh weggehen. Wenn mich wer anzeigt, verliere ich meine Konzession. Den Leuten im Dorf ist alles zuzutrauen, sie sind neidisch. Das Zimmer ist richtig groß. Es kostet 200 Dinar; weil Sie es sind.« Das war unverschämt, 10 oder 20 Dinar, wenn man die Umstände in Betracht zieht, darüber hätte man reden können. »Björn«, rief ich hinüber, »der Herr Wirt verlangt für eine Nacht 200 Dinar.« Björn wischte noch ein Tröpfchen von seinem Koffer. »Was sagst du, 200, er macht einen Witz; oder ist er verrückt?« »Für jeden von Ihnen 200, meine letzte Offerte, ich riskiere es für Sie, es ist nicht viel für Sie, meine Herrn.« Er schaute gierig auf Björns elegante Koffer. Ich stand auf. »Ich möchte den Grappa bezahlen«, sagte ich, »komm Björn, es regnet weniger, wir gehen hinauf in den Wald.« Der Wirt, der ebenfalls aufgestanden war, setzte sich wieder, blickte starr zum Fenster hinaus und wurde wieder höflich. »Ich kann gut verstehen«, sagte er, »man ist jung und braucht das Geld für was anderes. Das geht hier aber nicht, im Wald schlafen. Ich hab' Ihnen gesagt, wie die Leute im Dorf sind. Die glotzen in der Dunkelheit aus ihren Fenstern. Wenn man Sie in den Wald gehen sieht, passiert erst einmal nichts. Sobald Sie aber eingeschlafen sind, ist der Handel perfekt. Ihre Koffer sind weg. Wenn Sie sich wehren, schlägt man Sie beide tot und unsere Gendarmen machen eine Meldung: ›Zwei Touristen im Wald von Dugi otok vom Blitz erschlagen‹«.

»Björn, komm«, sagte ich, »der Regen war nur kurz, es gibt einige Pinien mit dichten Kronen, dort finden wir einen Platz, der nicht zu nass ist, es ist warm, mit den Regenmänteln wird es im Wald ganz gemütlich sein. Und Sie, Herr Wirt, wenn noch wer aus dem Dorf auf ein Glas Schnaps kommt, dürfen ruhig ein Wort fallenlassen, dass wir sofort schießen, wenn man uns in der Nacht besucht. Du hast doch auch eine Pistole, Björn?« »Natürlich, eine Parabellum 9 mm, sagen Sie das doch auch, Herr Wirt, vielleicht spricht es sich herum, das wäre besser, als dass es ein Unglück gibt.«

Wir nahmen unser Gepäck und machten uns auf den Weg. Gleich hinter den Häusern ging es steil einen Hügel hinauf. Wir konnten trotz der Dunkelheit den Waldrand erkennen, als hinter uns Schritte und ein Keuchen zu hören waren. Der Wirt war uns nachgelaufen. Björn stellte seine Koffer ab. »Meine Herrn, ich habe einen Witz gemacht, ich jag' doch niemand in die Nacht hinaus, das Zimmer ist bereit, 20 Dinar für ein Bett, das ist eine Kleinigkeit für Herrn wie Sie.« Ich zündete eine Zigarette an; wir schwiegen. Nach einer Weile sagte Björn: »Gut, Herr Wirt, 20 Dinar für das Zimmer mit zwei Betten, das lässt sich hören;

was meinst Du?« Ich nickte, Björn zündete sich ebenfalls eine Zigarette an und zeigte auf die Koffer. Der Wirt schleppte die schweren Dinger vor uns her, dann die Stiege hinauf und öffnete die Tür zu einem saalartigen Raum, in dem drei bezogene Betten und ein geräumiger Schrank standen.

»Das Nachtessen ist bald fertig, meine Herrn, Sie müssen entschuldigen, mit Fleisch steht es schlecht in Dugi otok, aber eine Minestrone und dann einen gebratenen Zubarac, ein wenig Gemüse, ein, zwei Hummern und dann eben Obst, was man hat; die Trauben sind gut süß dieses Jahr.«

Als er draußen war, lachten wir los. Das Nachtessen war ungewöhnlich gut, ebenso der Wein; das sonderbarste aber war die Gesellschaft. Herr von Schewitz (oder Scheweritz) stellte sich vor: »Kapitän der langen Fahrt i. R.« und lud uns so bestimmt und liebenswürdig zum Essen ein, dass an Widerspruch nicht zu denken war. Sein Deutsch tönte preußisch, mit dem Wirt sprach er kroatisch; überhaupt benahm er sich, als wäre er hier zu Hause. Nach Zara begab er sich im Auftrag einer Reederei, um ein Schiff zur Reparatur anzumelden und um Verträge für weitere Arbeiten auszuhandeln. Erst als er in der Küche verschwand, um die Zubereitung des Fisches zu beaufsichtigen, konnten wir uns über den Mann verständigen. Im Jahr 1933 war so ein Typ in dieser Gegend eher ein deutscher Spion als ein Geschäftsmann.

Unser Gastgeber ist leicht zu beschreiben. Er sah so aus wie Erich von Stroheim in einem der berühmten Filme, in denen er einen ehemaligen deutschen Offizier darstellt, ohne Alter, untersetzt, kahlköpfig, gewandt und energisch; das Monokel fehlte nicht.

Der gelungene Streich mit dem Wirt, das wunderbare Mahl und der Gastgeber, lauter Glücksfälle. Ich war so guter Laune, dass ich erst beim Kaffee und Grappa merkte, dass mich der Kapitän mit seinem Seemannsgarn vollständig eingewickelt hatte. Ich wollte ihn wenigstens fragen, warum er den Geschäftsmann spiele, wenn er doch im Auftrag der Reichskanzlei unterwegs sei, aber ich fand keine Gelegenheit dazu. Eine Geschichte toller als die andere. Was der Mann an Abenteuern erlebt hatte, bezauberte uns Buben. Es war schöner als der spannendste Film.

Wir waren wieder zum Wein übergegangen, während er jede seiner Geschichten mit einem Grappa begoss und gleich die nächste ankündigte. Er genoss den Erfolg als Erzähler ebenso sehr wie seine Zuhörer. Ich glaube, dass mir der Mann auch leid tat: Er muss sehr einsam sein, wenn er so einen Aufwand macht, um die fremden Jungen von sich einzunehmen. Solche Hintergedanken benebelten mich ebenso wie der Wein, bis wir nach einer letzten Story satt und müde die Treppe hinauftappten. Von den vielen Abenteuern des Kapitäns ist mir nur eines im Gedächtnis geblieben, dieses aber dauerhaft.

»Ich war noch jung, hatte noch kein Kommando. Es war meine erste lange Fahrt als Deckkapitän, das ist so etwas wie Personalchef der Crew. Wir fuhren eines der schönsten und schnellsten Schiffe der Handelsflotte, die es damals gab. Der Reeder hatte in Kiel Maschinen oder vielleicht Waffen für Persien laden lassen. Was es war, wusste niemand von der Crew, nicht einmal ich. Der Funker ließ den Leuten durchsickern, dass die Reederei einen besonderen Vertrag ausgehandelt hatte, beinahe das Doppelte des üblichen Frachtsatzes, doch mit einer massiven Straftaxe für jeden Tag bei Überschreitung der Lieferfrist. Gleich nach Port Said begannen die Leute zu murren. Sie wollten bessere Verträge. Die unten bei den Maschinen blieben ruhig, das waren ältere Seeleute, aber die Deckcrew, junge freche Burschen, darunter einige Rote aus Hamburg. Mein Standpunkt war: Kommt nicht in Frage, ihr könnt das vor der nächsten Fahrt aushandeln; jetzt Schluss. Das Rote Meer herunter kamen sie an jedem Abend wieder, zuerst eine Delegation, dann ein ganzer Haufen. Keine richtige Meuterei, sie drohten aber mit Streik. Das Schiff konnte ohne sie auskommen, mit der schnellen Fahrt wäre es aber aus gewesen. Die Teufel hatten richtig kalkuliert. Ich war jung, wollte mit der Affäre allein fertig werden und hatte nichts weitergemeldet. Eines Abends im Bab el-Mandeb, wo das Rote Meer eng wird, rotteten sie sich nach der Schicht auf Deck zusammen. Entweder ein neuer Vertrag oder Streik. Das war Erpressung, nach damaligem Seerecht Meuterei. ›Ich werde melden, dass ihr gemeutert habt. Diesmal zahlt ihr drauf, das wird man euch nicht durchgehen lassen. Marsch in die Klappe!‹

Die Burschen verschwanden, ich lehnte mich an die Reling, sah nach dem Kreuz des Südens, das über den Horizont aufstieg, zündete meine Pfeife an und war zufrieden mit mir selber. Nicht lange. Plötzlich verlor ich den Boden unter den Füßen. Drei oder vier hatten sich angeschlichen, mich von hinten gepackt, hochgehoben, und schwupp …

Das erste, was mir in den Sinn kam, als ich auftauchte, war: ›Jetzt sind sie den Zeugen der Meuterei los‹, dann aber: ›Ob sie mich wohl auflesen werden?‹ Die Lichter des Schiffes waren weit, ich schätzte eine halbe Meile, als endlich die Sirene zu hören war: das Signal Mann über Bord. Ich sah, wie das Schiff beidrehte, streifte die Kleider ab und schwamm dem Schiff nach. Sie suchten ein wenig, keine Chance für mich. Bald war nichts mehr zu sehen. ›Schöne Scheiße‹, dachte ich. Im Bab el-Mandeb gibt es immer viel Bewegung, europäische Frachter und um diese Jahreszeit indische Praus. Wenn es hell wird, gibt es eine Chance. Was aber bis dahin. Bekanntlich gibt es in keinem Südmeer so viele Haie wie im Bab el-Mandeb. Dort sollen sie besonders hungrig sein, heißt es, solange die Strömung vom Indischen Ozean heraufkommt. Der Monsun war abgeflaut, die Strömung hatte aber noch nicht gedreht. Die Viecher werden mich aufspüren, sobald es hell wird. Angeblich jagen sie in der Nacht nicht an der Oberfläche. Pinkeln muss ich, bevor einer in der Nähe ist, das wittern sie. Schwimmen muss ich ganz ruhig, keinen Wirbel machen. An Land? Keine Ahnung, wie weit das ist, wahrscheinlich zu weit, und gegen die Küste zu wimmelt es von Haien. Besser, ich bleib in der Fahrlinie.

Es war genau so, wie es die alten Seebären erzählt hatten. Ich fühlte mich nicht schlecht in dem warmen Wasser, kein Wind, leichte Dünung. Als die Sonne aufstieg, begann der Kampf. Ich hatte Glück, sah die dreieckige Rückenflosse auf mich zuschießen, hatte gerade noch Zeit, mich auf den Rücken zudrehen. Dann spürte ich etwas an der Wade. Ich stieß mit dem Fuß los, traf das Tier an der Schnauze, das Dreieck tauchte zehn, zwanzig Meter weiter auf und zog weg. Nicht schlecht, dachte ich. Natürlich kamen sie wieder. Ich hatte keine Waffe. Zum Glück. Wenn ich einen verletzt hätte, wäre das der Tod gewesen. Blut wittern sie von weitem. Der nächste Angriff kam von zwei Seiten, dann waren es noch mehr. An mir war aber nicht mehr als einer, sie versuchten es der Reihe nach. Bald hatte ich es heraus, mit dem Fuß oder der Faust direkt auf die Schnauze zu hauen – und das Vieh fährt ab; auch die ganz großen. Ein Glück, dass ich in einem Wasserballteam trainiert hatte. Da lernt man, in den Pausen Luft zu fassen und auszuruhen. Pausen gab es, aber nicht sehr lang. Ich hatte nie Zeit nachzudenken, auch die Schurken, die mir das eingebrockt hatten, ließen mich kalt. Sogar auf die Haie war ich nicht mehr böse, es war wie ein Sport. Nur die Pausen waren recht kurz, es müssen mehr als ein Dutzend gewesen sein, die es auf mich abgesehen hatten. Sie kamen immer wieder.

Einmal hielt ein griechischer Frachter direkt auf mich zu, dampfte aber dann doch vorbei. Meine Verfolger legten eine Pause ein, sie zogen dem Kielwasser nach. Gegen Abend merkte ich, dass ich es nicht mehr lange machen konnte. Als es dunkelte, hörten die Haie auf, mich anzugreifen. Ich drehte mich auf den Rücken, um auszuruhen und nachzudenken. Da stand vor dem rötlichen Himmel gegen Westen die Silhouette einer großen indischen Prau, die Segel hingen schlaff in der Abendflaute, sie wiegte auf der Dünung, ohne Fahrt.

Ich hatte wieder Kraft und legte los. Sicher machte ich einen Rekord im Freistil. Sie setzten ein Boot aus und hievten mich hinein. Bevor sie mich an Bord brachten, machte ein Matrose sein Turbantuch los, damit ich meine Blöße bedecken konnte. Als erstes gab mir ein Junge Wasser zu trinken. Ich merkte, dass ich vor Durst halb tot war, er kniete neben mich und fing an, meinen Leib mit einem trockenen Tuch zu massieren, denn ich wurde von Krämpfen geschüttelt. Der Master baute einen kleinen Altar auf und betete mit erhobenen Armen, wie sie es dort tun. Der Duft von Räucherstäbchen wehte herüber und ich schlief ein.

Die Prau segelte nach Port Sudan. Dort war der Chef der Lotsen ein Norweger, den ich vom Schulschiff her kannte. Die Inder wollten kein Geld. Im Gegenteil: Zum Abschied schenkten sie mir einen seidenen Kaftan.«

Das ist es, was mir von den Abenteuern des Kapitäns im Gedächtnis geblieben ist. Auch Björn wusste von dem Abend nur noch diese Story. Bevor er ins Bett stieg, packte er seine beiden Koffer aus und hängte seine Anzüge, es waren mindestens sechs, säuberlich auf Bügel, die er mitgebracht hatte, in den Schrank unseres Saalzimmers. Am Morgen musste er natürlich alles wieder einpacken.

Am Hafen warteten Frauen mit Kopftüchern, die Körbe mit Gemüse und Obst auf den Markt nach Zara bringen wollten. Die größte Barke nahm auch die drei Reisenden mit, für sieben Dinar die Überfahrt. Es war windstill, doch die See ging noch hoch. Darum stiegen wir hinunter in den Laderaum zu den Marktfrauen, während Herr von Schewitz, der ziemlich blass aussah, lieber an der Luft bleiben wollte und sich neben den Mast postierte. Unten roch es stark nach Fisch. Der alte Herr oben war noch schlechter dran, der erste Brecher durchnässte ihn. Er wollte trotzdem oben bleiben und ich lieh ihm meinen Regenmantel.

In Zara wurde er von einem der wenigen Taxis abgeholt, die es in der Enklave gab. Ein Offizier und ein junger Herr in Zivil warteten im Wagen. Ich ging mit Björn in eines der kleinen Kellerlokale, die es damals gegenüber der Mole gab. Wir bestellten geröstete Garnelen und Sardinen. Dazu wurde eine Literflasche Maraschino di Zara auf den Tisch gestellt, aus der man sich nach Belieben bedienen konnte, ohne zu zahlen. Der süße Likör passte nicht zu dem Fischzeug, wir tranken die Flasche trotzdem leer. Wir wollten den Wirt nicht beleidigen.

Der Abgang des Kapitäns oder Nazispions war kläglich genug gewesen. Björn war in Hochstimmung. Nach unserem Sieg über den Gastwirt von Dugi otok war auch er der Verführung erlegen, hatte sich dem Märchenerzähler ausgeliefert und hatte sich dafür geschämt. Jetzt fühlte er sich rehabilitiert. Vom Maraschino benebelt, umarmten wir uns, er lud seine Koffer in ein Taxi und ich strebte der Wohnung meines Onkels zu.

Die Freundschaft mit Björn war in ein Geleise gekommen, das sie lange weitergeführt hat. Aber ein solcher Freund, wie ich ihn damals nötig gehabt hätte, ist er nicht geworden.

Der Abend mit Herrn von Schewitz hatte mich tiefer bewegt, als ich zuerst ahnte. Ich hatte mich dem eindrucksvollen Herrn ohne Gegenwehr ausgeliefert. In jenen Jahren war ich gerade bei einer solchen Begegnung sonst auf der Hut. Ich hatte es gelernt, älteren Männern entgegenzutreten, und konnte jeder Autorität, die mich einwickeln wollte, mühelos ausweichen.

Bei jungen Leuten war es damals an der Tagesordnung, allen möglichen Lügen zu glauben, sich der Faszination der Reden irgendwelcher Führer hinzugeben. Millionen meiner Altersgenossen waren bereit, sich ohne Kritik, grenzenlos passiv, als Bleisoldaten ihrer Verführer gebrauchen zu lassen und auf Befehl die Welt zu zerstören. Ich hatte gemeint, dass ich gegen jeden derartigen Zauber immun wäre.

Um den Kapitän ging es nicht. Ganz allein musste ich für mich selber richtigstellen, was Lüge und was Wirklichkeit war. So habe ich mir erklärt, dass mir der Anblick eines Hais in seiner natürlichen Umwelt wichtig geworden ist. Das sollte mir das gute Gefühl geben, selber nachzusehen, an einem Symbol, *pars pro toto*, zu erfahren, dass ich von niemandem abhängig bin.

Wenn ich in späteren Jahren wieder in Dalmatien war, auf einem Schiff in der Adria, ja sogar vor der Ligurischen Küste, im Convoy der Royal Navy von Marseille nach Neapel, ertappte ich mich dabei, wie ich nach einer dreieckigen Rückenflosse Ausschau hielt. Obwohl ich wusste, dass es in der Adria nur ganz selten einmal einen verirrten Hai gibt, im übrigen Mittelmeer noch viel seltener. Wenn es dann eine Schar Delphine war, fühlte ich Enttäuschung, »wieder nichts«, aber auch Erleichterung.

Bab el-Mandeb

Die Gelegenheit, das Abenteuermärchen des Kapitäns wenigstens von der Hai-Seite her aufzuklären, bot sich erst 39 Jahre später. Im Jahr 1972 waren wir kreuz und quer durch Äthiopien gereist, das noch unter dem greisen Kaiser Haile Selassie, dem »Löwen von Juda«, dahindämmerte. (Die altgewohnte Tyrannei wurde zwei Jahre später von einer neuen, dem sozialistischen DERG von Gnaden der Sowjetunion abgelöst, die noch schlimmer auf dem Volk lastete, allein schon, weil diese Unterdrückung nicht den gottgewollten Traditionen entsprach.)

Mit einem gemieteten VW-Käfer fuhren wir von Dessie über die neue Asphaltstraße nach Assab, der Hafenstadt am Roten Meer. Diesmal waren wir ganz unbeschwert unterwegs. Wir hatten keinen Forschungsplan, keine andere Absicht, als das Land wiederzusehen, die tief eingeschnittenen Täler, die mächtiger als Canyons das Hochland durchziehen, oben die Dörfer im Eukalyptusduft der morgendlichen Herdfeuer, mit filigranen Kirchen und wohlbestellten Getreidefeldern im gleißenden Licht, und all die zauberhaft schönen Frauen, Männer und Kinder mit bronzenem Antlitz, gehüllt in weiße Gewänder.

Die kaiserliche Fluggesellschaft offerierte Sheba Tours, für 99 US Dollars drei Wochen lang freie Fahrt zu jedem der vierzig *domestic airports*. Von Addis Abeba flogen wir dahin und dorthin, blieben einige Tage bis zum nächsten Flug, um am gleichen Tag an einen anderen unbekannten Ort zu starten. Sheba ist die Königin von Saba, die Urmutter der Könige von Aksum. Sie hat ihren Sohn Menelik I. neun Monate nach ihrem Besuch bei König Salomon geboren. Ihre Legende ist in Äthiopien allgegenwärtig. Leicht wie im Märchen brachte uns die DC 3 nach Gore, das weit von jeder befahrbaren Straße in den Bergen von Ilubabor liegt. Auf der seitlichen Sitzbank kauerten zwanzig Passagiere, bis über den Kopf in weiße Schleier gehüllt, so dass Männer und Frauen nicht zu unterscheiden waren. Der Pilot, ein gesetzter Herr in der dunkelgrünen Uniform der Ethiopian Air Lines, war darauf bedacht, den seltenen Touristen den unmittelbarsten Einblick in die zerklüftete Berglandschaft zu verschaffen. Er tauchte über felsige Pässe in die Tiefe und zog die Maschine, die ein dumpfes Brummen hören ließ, entlang einem bewaldeten Hang wieder hoch. Die Passagiere duckten sich noch tiefer in ihre Hüllen. Auch ich konnte das Schauspiel nicht genießen. Ich hatte eine Erkältung mitgebracht. Da die alte Maschine keinen Druckausgleich hatte, gab es den bekannten stechenden Schmerz in den Ohren, bei jedem Sturz in die Tiefe und beim steilen Aufstieg schien mir der Kopf zu zerspringen. Ich war beinahe erleichtert, als ich sah, dass die Maschine gradaus auf einen steilen Berghang zuraste. Die Motoren setzten aus. Bevor wir in die Baumkronen krachten, tat sich eine Schneise auf, wir holperten über die Landepiste; magere braune Kühe, die hier geweidet hatten, flüchteten in den Wald. Im Gänsemarsch stapften wir auf den hölzernen Schuppen zu, der mit einem Brett geschmückt war, auf das man in lateinischen und amharischen Lettern »Airport Terminal« gepinselt hatte.

Der Copilot schloss die Türe zum Office auf (er war jünger als der Pilot, aber ebenso ernst und elegant), entnahm unserem Sheba Tours Billet ein Blatt, setzte Stempel und Unterschrift hinein und reichte uns die Hand: »You are welcome. Enjoy beautiful Gore«, schloss das Office und ging eilig zur Maschine zurück.

Wir standen allein am Rand des Waldes, im Schatten eines immergrünen Baumriesen, die Reisetaschen neben uns im hohen Gras. Die anderen Fluggäste waren verschwunden. Vom Dorf oder der Stadt Gore war nichts zu sehen.

Kinder, wahrscheinlich die Rinderhirten, kamen über die Wiesen, erst nur wenige, dann quoll von irgendwoher eine Schar lustiger, zwitschernder Büblein und Mädchen hervor, und zupften uns am Ärmel. Aus der Schar, die wir ebenso neugierig betrachteten, wie sie uns, löste sich ein Junge von zwölf oder dreizehn Jahren. Er war mit einem grünen Höschen bekleidet und hatte ein weißes Tuch um den Hals geschlungen. Aus dem schmalen Gesicht strahlten uns dunkle Augen an; auf dem kahlgeschorenen Schädel war ein wildes Büschel Haare stehengeblieben. Er gab mir die Hand. »My name is Johannes. Call me Johnny. I show you to the best hotel in the town. My prize is two cigarettes.« »Two cigarettes for me and two for the lady«, sagte ich. Er strahlte noch mehr, lud meine Tasche einem Büblein auf den Rücken, die von Goldy einem Mädchen, und nahm die Spitze des Zuges.

Es ging hinein in den Wald, einen schmalen Pfad bergab. Eine Lücke in den Baumkronen gab den Blick auf Gore frei. Ein ockerfarbener Weg läuft S-förmig den Hang hinunter, erst schmal und steil, wird in einem Mittelstück, dem Zentrum der Stadt, breiter, geht über in einen zweiten Bogen, wird schmaler und verliert sich in der Tiefe des Waldes. Hinter den Häusern, beidseits der Straße, haben Gärten den Rand des Waldes zurückgedrängt. Der Hügel von Gore wird von einem Flüsschen umströmt. Wir konnten das Rauschen eines Wasserfalls vernehmen.

Das »beste Hotel« war das bedeutendste der fünf *tej bets*, der Weinhäuser mit Mädchen, die es in Gore gab. Als einziges Haus der Stadt hatte es ein Dach aus Wellblech, aus schmalen Streifen gefertigt, die man über Saumpfade befördern kann. Alle übrigen Häuser, auch die breit angelegte Polizeistation, trugen die üblichen dunklen Grasdächer, auf denen hellgrüne Moospolster leuchteten.

Die Madame, eine große schlanke Frau aus Eritrea, mit grauen Haaren unter dem weißen Schleier und einem purpurroten Tuch um die Schultern, erwartete uns an der Schwelle ihres Etablissements. Sehr gerne überlasse sie uns ein Zimmer, sagte sie in ihrem rostig gewordenem Italienisch, die Herren hätten 1 Birr für jede Stunde zu zahlen, für uns demnach 24 Birr, für zwei Tage 50, inklusive Kleingeld für die Zimmermädchen. Sie schnippte mit den Fingern, ein Prinzesschen, halb noch ein Kind, führte uns durch die Bar nach hinten. Unser Zimmer war geräumig, mit einem großen Fenster hinaus in den Garten, in dem zwischen Papaya- und Citrusbäumchen Blumen blühten. Das quadratische Bett war mit glatt gebügeltem weißen Leinen bezogen.

Madame schickte sich an, uns den Willkommensdrink zu bereiten, als ein junger Mann erschien, der zum amharischen Weiß einen eleganten italienischen Filzhut trug. Er wollte uns die Stadt zeigen, bevor es dunkel wurde. Goldy ging mit ihm. Ich war matt und fiebrig, setzte mich auf die Türschwelle und ließ das Leben der Dorfstraße an mir vorüberziehn: Eselchen mit großen Reisigbündeln beladen, Frauen mit riesigen Lasten, die ein Stirnband auf den Rücken drückt, müßige junge und alte Männer in Weiß, mit langen Stäben, die sie quer über beide Schultern gelegt tragen, unzählige Kindchen, die mich belagern, sich aber bald anderen Spielen zuwenden. Madame ließ mir von dem Prinzesschen ein großes Glas frisch gepresste Papaya mit Limonensaft servieren; das werde mir gut tun. »Sie haben Fieber, ich sehe es an Ihren Augen, *povero signore*«, meinte sie. Der Trank weckte mich rechtzeitig aus meiner Lethargie.

Ein weißhaariger Herr in altmodischen Reithosen blieb vor mir stehen und hielt eine Ansprache, die ich nicht verstand. Er zog eine stattliche, weiß verschleierte Frau heran, pflanzte sie vor mir auf und schlug mit einer raschen Bewegung ihre Schleier zurück. Dunkle Augen blitzten zu mir herunter. Ich war auf der Türschwelle sitzen geblieben und blickte an dem Paar vorbei auf die Straße. Der Alte zog die Frau, die er wieder verhüllt hatte, fort. Wollte er mir die Schöne anbieten? Bald stand er wieder da, eine andere kleinere und zarter gebaute Schöne an der Hand. Als ich mich wiederum nicht rührte, wiederholte sich die

Szene. Der alte Herr hatte anscheinend noch mehr Mädchen an der Hand. Madame erschien in der Türe, wechselte einige Worte mit dem Alten, der sich in einer Ansprache erging und mit der dritten seiner Schönen verschwand. »Er bittet zu entschuldigen«, sagte Madame, »er habe nicht bemerkt, dass Sie sich nicht wohl fühlen, stehe aber jederzeit zur Verfügung.«

Das Nachtessen wurde in der Bar serviert, die vom Duft der Wachskerzen erfüllt war. Madame ließ Spaghetti mit scharfer Sauce auftragen, einen Tonkrug mit kühlem Honigwein und mit Honig gesüßten Kaffee, den sie persönlich mit einer Napolitana zubereitet hatte. Mädchen stellten sich ein, kamen an unseren Tisch, gaben uns mit einem Knicks die Hand und reihten sich wie weiße Vögelchen an die Bar. Die jungen Männer, die dann kamen, nahmen von uns keine Notiz und gingen direkt zur Theke.

Nach einer wunderbar kühlen Nacht ohne Moskitos weckte uns ein Mädchen und brachte zwei Gläser mit einem scharf gewürzten Trunk an unser breites Bett. Ich fühlte mich frisch und gesund, so dass wir beschlossen, den Weg zum Fluss, den Goldy gestern mit ihrem Begleiter gegangen war, zu nehmen. Es kam aber nicht dazu. Auf der Straße hatte sich ein Markttreiben entwickelt. Esel brachten Bündel Reisig, Lastträgerinnen Körbe mit Knollenfrüchten und Bananen, Eiern und lebenden Hühnern. Männer nahmen Waren fort, übergaben sie anderen, anscheinend ohne zu bezahlen; mit dem Rest hockten die Marktfrauen, in ihre dünnen Tücher gehüllt, fröstelnd am Wegrand. Ein kompliziertes System von Abgaben oder Tausch schien den Gang der Waren zu bestimmen. Wir konnten es nicht klären, weil uns der Junge mit dem Borsalinohut entdeckt hatte, uns seinen Freund vorstellte, der Student war, etwas Englisch sprach und ein europäisches Hemd trug. Die beiden wollten uns das Dorf zeigen. Ohne die Bewohner zu fragen, gingen sie in ein Haus, wir mussten ihnen folgen und in den Garten hinter dem Haus mitkommen, wo die beiden Kavaliere Blumen abrissen und der Lady überreichten. Es gab große Unterschiede zwischen reichen und armen Häusern. Manche Gärten waren prächtig bestellt, andere ärmlich mit halb vertrockneten Papayastämmchen, an denen gelbliche Früchte hingen. Jedes Mal, wenn wir mit einer der Frauen, die an den offenen Feuerstellen hockten, sprechen und etwas vom Leben der Bewohner erfahren wollten, fiel unseren energischen Begleitern wieder ein anderes Haus ein, das wir besichtigen mussten. Bald waren wir so müde, dass wir auf den Spaziergang verzichteten und uns auf der Schwelle des *tej bet* niederließen.

Unser Zimmer war aufgeräumt, ein Strauß roter und blauer Blumen stand in einem Tonkrug neben dem Bett, mein Hemd von gestern flatterte gewaschen an einer Leine im Garten. Madame breitete für uns gestickte Matten auf die Schwelle und ließ uns zwei Tässchen ihres duftenden Kaffees von einem Mädchen servieren, das wir noch nicht kannten. Offensichtlich war das Haus mit einem Strauß reizender Mädchenblüten versehen.

Auf der Straße ging etwas vor. Die Frauen packten eilig ihre Waren zusammen und machten sich davon, einige Alte kamen damit nur langsam zurecht und rannten stolpernd den anderen nach, die Männer, die bisher gelassen daher spaziert waren, verschwanden urplötzlich. Von unten her näherte sich ein Zug und steuerte auf das Hotel zu. Johnny vom Flugplatz tauchte auf: »This is the Imperial Police«, sagte er und verschwand.

An der Spitze des Zuges gingen zwei Uniformierte in Khaki, Lederkoppeln über der Brust, an denen Pistolentaschen baumelten. Es war ein ungleiches Paar, der eine, ein langer hagerer Amhare mit gefurchtem Gesicht und dünnem grauen Kinnbart, der andere, vom Typ der Oromo, rundlich, mit heller Haut und einem Gesicht, in dem die fetten Wangen die Augen zu Schlitzen zusammendrückten. Mit langen Stöcken teilten sie unter den Kindern und jungen Leuten, die ihnen zu dicht auf den Fersen folgten, heftige Hiebe aus.

Der Dicke befahl uns barsch, unsere Pässe vorzuweisen. Ich ging ins Zimmer, um die Papiere zu holen. In der Bar stand Madame, hielt mir die Hand mit gespreizten Fingern vor das Gesicht und zählte: »uno, due, tre ...« bis fünf, lachte und ließ mich gehen. Der dicke Polizist nahm die Pässe und reichte sie seinem Vorgesetzten. Die Schar der Begleiter hatte sich im Halbkreis postiert, um sich nichts von der Szene entgehen zu lassen. Zwischen den Beinen der Stehenden guckten kleine Buben hervor, andere kauerten vorne wie für ein Gruppenbild.

Der Polizist blätterte in den Pässen, bis er den Visumstempel mit dem Löwen von Juda fand, hielt den Pass aber verkehrt in der Hand. Er ließ uns von seinem Kumpanen ausrichten: »Sie haben keine Erlaubnis, nach Gore zu kommen. Das ist eine schlimme Sache. Sie müssen in die Station kommen. Dort werden wir sie verhören.« Ich zog das Flugbillett heraus und erklärte, dass wir mit der Imperial Air Line regulär als Touristen nach Gore gekommen seien. Der Dicke tauschte einige Worte mit dem anderen: »In Gore gibt es keine Touristen. Sie müssen mitkommen.« Ich zog die Geldbörse heraus, zählte fünf Birr und reichte sie dem Dicken, der gierig danach griff. Da hatte ich schon weitere fünf

Birr herausgesucht für den anderen. Der musste erst unsere Papiere, die er mit beiden Händen vor der Brust gehalten hatte, in eine Hand nehmen. Während er die Rechte nach dem Geld ausstreckte, schnappte ich ihm mit einem schnellen Griff die Papiere weg und steckte sie mir in Ermangelung einer Tasche unter das Hemd. »You are welcome«, sagte der Dicke, drehte sich um und ging mit seinem Chef dorthin, woher sie gekommen waren. Die Zuschauerschar löste sich auf, etwas enttäuscht, wie mir schien. – Als wir in unser Zimmer gingen, war im Garten Madame dabei, mein Hemd mit einem Bügeleisen, in dem Holzkohlen glühten, zu glätten. »Sie haben ihnen zu viel gegeben, *troppi denari per i ladri*.« Sie meinte, fünf für beide wäre reichlich genug gewesen.

Am nächsten Morgen war unser Johnny rechtzeitig zur Stelle. Wir mussten früh aufbrechen, da es nicht klar war, wann die Imperial Air Line landen würde. Ich versprach ihm zwei mal drei Zigaretten; weil es bergauf ging. »You are my friend«, sagte er und verteilte unsere Säcke an die kleine Trägerin und den Träger.

Die braunen Kühe weideten friedlich auf der Landebahn. Erst als der Motorlärm zu hören war, liefen Kinder hin, um sie zu vertreiben. Die Kühe rupften noch rasch ein Büschel Gras, bevor sie im Wald verschwanden. Diesmal waren nicht nur die Kinder versammelt, um dem Ereignis der Landung beizuwohnen. Halb Gore war heraufgekommen. Da waren zwei oder drei Mädchen aus dem *best hotel*, der junge Mann mit dem italienischen Filzhut mit seinem Freund, aber auch Marktfrauen, würdige alte Männer und die zwei Polizisten mit ihren Stöcken. Die Menge war um das Holzhaus mit dem *office* versammelt, andere standen mitten auf der Piste und traten, erst als die Maschine zu sehen war, gemächlich unter die Bäume. Die wenigen Passagiere, die angekommen waren, luden ihre Bündel auf Kinderrücken und -köpfe.

Der Copilot war bereits auf dem Weg zurück zur Maschine, als heisere Schreie und metallische Schläge vom Wald her tönten. Die Leute stoben auseinander. Läufer mit langen Stecken, andere mit Metallstücken, die sie aneinander schlugen, stürmten in die Lichtung und stießen heisere Schreie aus. Hinter ihnen im Laufschritt vier Träger mit einer Sänfte. Hoch über den Köpfen der Menge kauerte ein magerer Greis in einem Lehnstuhl. Sein Haupt, mager wie ein Totenkopf, war nach vorne gesunken und wackelte bedenklich. Hinter dem Tragstuhl quoll die Menge nach, Bewaffnete, weitere Läufer mit Stäben, Frauen, Kinder, Hunde und am Ende des Zuges zwei Reiter mit Flinten. Die wilde Prozession stürmte über die Landebahn bis an die Maschine. Dort wurde der Lehnstuhl mit dem Greis auf den Boden gesetzt. Plötzlich richtete er sich auf und kletterte hastig die Treppe hoch; an der Bordtüre standen Pilot und Copilot und grüßten militärisch. Der Greis, der den Leuten bisher keinen Blick gegönnt hatte, richtete sich, oben angekommen, kerzengrad auf. Es sah aus, als würde er eine Ansprache halten. Er blieb aber stumm, griff in die Tasche seines Mantels und streute wie ein Sämann, dreimal ausholend, einen Regen von Geldmünzen ins Gras, drehte sich um und verschwand in der Maschine. Jung und alt stürzten herbei und suchten im hohen Gras etwas vom Geldsegen des hohen Herrn für sich zu erhaschen. Das Gefolge zog sich lautlos zurück. Als die Propeller angeworfen wurden, stob die Menge auseinander. Endlich durften wir in die Maschine. Gleich hinter dem Cockpit war ein Lehnstuhl festgezurrt, zur Bequemlichkeit des hohen Gastes mit gestickten Matten und Kissen versehen.

Als die drei Wochen Sheba tours zu Ende waren, mieteten wir in Addis einen Volkswagen. Unsere Lust an der Reise war nicht gestillt. Bevor sie im Jahr 1943 vertrieben wurden, hatten die Italiener Straßen gebaut, die von Addis Abeba, der »Neuen Blume«, sternförmig auseinanderlaufen. Nach Südwesten, in die Kaffaprovinz, kamen wir nur bis Djima. Im Norden mussten wir hundert Kilometer vor Asmara umkehren. Dort – so hieß es – bereite sich die 5. Kaiserliche Armee gerade für den großen Angriff vor, um die rebellischen Guerilla der Eritreer endgültig zu vernichten.

Es war Frühling, die kleine Regenzeit, stechende Sonne wechselte mit düsteren Wolken und sintflutartigen Güssen. Oft mussten wir einige Stunden im Käfer sitzend warten, bis Sturzbäche, die über den Weg strömten, wieder abschwollen. Wenn der Regen aufhörte, war das Hochland von Regenbogen überwölbt. Von Norden begleitete uns ein Gewittersturm bis nach Dessie. Rollender Donner, von krachenden Explosionen zerrissen, betäubte uns, die Düsternis war unausgesetzt von Blitzen durchzuckt. Da es Abend wurde und wir von einem Hotel an der Wegkreuzung südlich von Dessie gehört hatten, fuhren wir durch die Stadt, ohne anzuhalten. Im Licht der Schweinwerfer stahlen sich zwei große Hyänen in das offene Tor einer Garage.

Am nächsten Tag strahlte die Sonne. Nach der Abzweigung ist die Straße bis Assab asphaltiert. Durch das glitzernde Hochland gleitend, nach Wochen löchriger Schotterstraßen, gerieten wir in Ferienstimmung. Sobald sich das Land abdacht, wird das Grün der Felder und Eukalyptushaine vom verbrannten Grau des Buschlands abgelöst. Unweit der Straße sind Dörfer entstanden, Hütten, elender als in den

Slums der Großstädte. Hier hatten sich Landarbeiter angesiedelt, die nach der Arbeit eines Jahres vom Grundbesitzer verjagt worden sind. Die Verträge sehen vor, dass der Lohn erst nach der Ernte bezahlt wird. Darum entlassen die meisten Herrn ihre Arbeiter vor der Ernte. Die kaiserliche Polizei ist bereit, bei diesen »legalen« Vertreibungen mitzuhelfen. Hier, wo es kaum Wasser gibt und keinen Boden, auf dem etwas anderes wächst als Dornbüsche, dürfen sie bleiben.

Wir hielten in einem Dorf, Bettler umringten den Wagen so dicht, dass wir die Türen nicht öffnen und aussteigen konnten, auch wenn wir es gewollt hätten. Später, in Assab hat uns ein Ingenieur erzählt, man schätze die Zahl der Siedler auf hunderttausend. Obwohl jedes Jahr neue aus dem Hochland hinzukommen, werden es nicht mehr, weil viele an Hunger und Malaria sterben. Nur kräftigen Männern gelinge es, allein, ohne ihre Familien, bis an die Küste zu kommen, um Arbeit in den Fabriken von Assab zu suchen.

Der Ingenieur gehörte zu jenen jungen Männern aus dem Norden Italiens – er stammte aus der Gegend von Genua –, die nach dem Krieg nicht in Italien bleiben wollten. Nach dem Examen ging er nach Texas und ließ sich als Fachmann für Erdöl ausbilden. Jetzt hatte er einen Vertrag mit einer amerikanischen Ölfirma, mit einem Salär, das fünfmal so hoch war wie das seines Vaters, der bei der ENI, der staatlichen italienischen Ölgesellschaft, arbeitete. Wir trafen Ingenieur Alfredo Albertini, einen großgewachsenen, dunkelhaarigen Herrn, im Speisesaal unseres Hotels, wo er mit seiner Gattin und zwei ungezogenen Kindern zu Abend aß; es war Sonntag, und die Köchin hatte Ausgang.

»Ich baue eine zweite Raffinerie. Das Technische bestimme ich allein; mein Chef sitzt in Atlanta. Das Klima ist erträglich, ich habe dreimal im Jahr Urlaub, und kann mir nächstes Jahr eine Villa an der ligurischen Küste kaufen; für später, wenn die Kinder zur Schule müssen. Ich könnte zufrieden sein. Aber ich weiß nicht ein und aus. Mein Kündigungsbrief liegt seit Monaten fertig in der Lade. Sie sind die ersten Fremden, die in dem verfluchten Nest hier auftauchen. Sie müssen mir raten.«

Alberto Albertini schob den halbvollen Teller Spaghetti fort und legte die Hand auf die Schulter seiner Frau, die zu ihm aufschaute. Trotz der Kühlanlage standen ihm Schweißtröpfchen auf der Stirn. »Wenn es nicht um meine Arbeiter ginge, hätte ich längst Schluss gemacht. Bei mir ist es kein moralisches Problem. Es sind die Nerven. Ich bin verantwortlich und vollständig machtlos. Das halte ich nicht aus.«

Für den Bau hatte die Firma Männer aus den Dörfern der vertriebenen Landarbeiter angestellt. Das taten auch andere Unternehmer, die am Rand der Stadt bauen ließen. Vor einem Jahr hatte die Ölfirma einen Direktor aus Texas geschickt, der die Arbeiter entlassen hatte und andere aus Jemen einstellte, die ebenso billig waren wie die äthiopischen Landarbeiter. Der Direktor meinte, dass es in Äthiopien bald Unruhen geben werde und man den Betrieb zeitweise schließen oder ganz liquidieren müsste. Es wäre dann leichter, fremde Arbeiter loszuwerden als äthiopische. Die Arbeiter des Ingenieurs Albertinis konnten sich nicht gegen die Entlassung wehren. »Die meisten, die wir entlassen haben, sind zurück in ihre Siedlungen gegangen. Dort verhungern sie. Jeden Sonntag bin ich hinaufgefahren. Sie haben sich über meinen Besuch gefreut und erzählt, was mit ihren Kollegen passiert. Viele werden Straßenräuber. Weil ich auch nachts unterwegs bin, habe ich mir eine Pistole anschaffen müssen!«

Albertini hatte an die Firma geschrieben und mit dem Direktor gesprochen. »Er ist cool geblieben. Ich soll mich um den Bau kümmern, hat er gesagt. Die Entlassungen sind für die Firma vorteilhaft. Das mag sein. Ich habe bemerkt, dass ich den Mann hasse. Ich habe geträumt, dass ich einen Hai mit der Harpune aufspieße. Das ist er. Alles war voll Blut. Wenn ich zur Besprechung mit dem Direktor gehe, lasse ich die Pistole im Wagen. Ich fürchte, ich könnte ihn einmal totschießen. Dabei ist er nicht schlechter als andere Manager.«

Albertini fuhr nicht mehr zu den Siedlungen hinauf. Am Sonntag, wenn er die Kinder in den Wagen packte, um sie zum Strand zu fahren, standen zerlumpte Gestalten vor seiner Haustür und starrten ihn aus hohlen Augen an. Sie sagten nichts, bettelten auch nicht. Nacheinander gaben sie dem Ingenieur die Hand, verbeugten sich tief und schwankten davon. Einmal kam die Polizei dazu und vertrieb die Männer, die auf ihren ehemaligen Chef warteten. Die Stadtverwaltung riet ihm, sich nicht mehr mit den Banditen einzulassen und die Kaiserliche Polizei zu holen. »Wenn ich von hier weggehe, ändert das nichts. Die Leute hungern weiter, und ich würde jede Nacht von ihren hungrigen Augen träumen.«

Ich wusste keinen Rat und sagte nur, dass es wohl nicht allein die gute Bezahlung und die interessante Arbeit sei, die ihn hier festhalte. »Das weiß ich ja«, er schlug beide Hände vor das Gesicht. »Mein letzter Anker war, dass ich mir einrede, es wäre blöd, die Stelle aufzugeben, dass ich es meinen Kindern schuldig bin. Das war noch eine Spur von Vernunft, hat aber nicht gehalten.« Er sprang auf und lief hinaus. Als er zurückkam hatte er Gesicht und Kopf mit Wasser gekühlt, plauderte unbefangen und gab uns Ratschläge, wie wir den Aufenthalt in Assab am angenehmsten organisieren könnten.

Kurz vor unserer Abreise haben wir Ingenieur Albertini wieder getroffen. Er kam gerade aus dem Postamt und war bester Laune. »Ich habe einen Flug nach Atlanta gebucht«, sagte er. »Ich will erreichen, dass mir die Firma auch die kommerzielle Leitung gibt. Mitten in den Bauarbeiten können sie mich nicht fortschicken. Wenn sie einverstanden sind, habe ich noch mehr Arbeit. Dann kann ich irgend etwas versuchen. Sie beide waren sehr nett zu mir, *molto gentili*«, sagte er, gab uns die Hand und fuhr davon.

Wir fuhren durch die Stadt, die nicht afrikanisch aussah, eher amerikanisch, und hinaus, die Küste entlang zum Badestrand, den man natürlich Lido nannte. An Tischen mit gelben und roten Sonnenschirmen saßen Damen im Bikini. Kinder mit schwarzen Bonnen spielten im Sand, andere tollten im flachen Wasser. Weit außerhalb der Tiefwasserbojen trainierten junge Leute Wasserball. Nach Haien sah das nicht aus. Der Bootsvermieter bot uns ein *moscone*, ein zweikufiges Ruderboot mit Sitzbank, an. Er trug arabische Tracht und schien uns der richtige Experte zu sein.

Ob es hier Haie gibt, wollte ich wissen. Erst verstand er nicht. Dann verzog sich sein Gesicht. Er lächelte: »Ich verstehe; das kann ich arrangieren. Sie mieten die Jacht dort für eine Woche, mit einer tüchtigen Crew, wir führen Sie zu einer Insel draußen, wir arrangieren ein Zeltlager, ein Koch fährt mit, Sie können täglich hinausfahren. Wir nehmen Blut aus dem Schlachthof mit. Das lockt die Biester an. Es würde mich wundern, wenn Sie Ihren Hai nicht zu Gesicht bekämen.« Er hatte noch nie einen Hai gesehen. »Sehen Sie«, sagte er, »ich muss immer am Lido sein, das Bad ist das ganze Jahr in Betrieb.« Als wir zögerten, fügte er hinzu: »Sie müssen sich nicht sofort entscheiden. Ich lasse Ihnen das Vertragsformular ins Hotel bringen. Dann können Sie buchen. Schon morgen können Sie aufbrechen, wenn Sie wollen.«

Während er sprach, segelte eine dichte Wolke großer Vögel den Strand entlang. Ein Flug Pelikane zog in ruhigem Rhythmus dahin. Sie hielten die Köpfe schief und äugten hinunter ins Wasser und auf die spielenden Kinder. Dort, wo der Frachthafen anfängt, machten sie kehrt und zogen in gleicher Formation an uns vorbei nach Norden.

An einem Schirmchentisch bestellten wir einen Espresso. Es war klar, dass es hier keine Haie gab. Wir lachten über unseren Spleen und beschlossen, auf den Ausflug zu verzichten. Gerade, als wir zahlen wollten, kamen die Pelikane wieder vorbei, als müssten sie das Lidobad inspizieren. An den silbernen Fischchen, die sich im klaren Wasser tummelten, hatten sie kein Interesse.

Kurzer Besuch bei nahen Verwandten

Im September 1993 habe ich in einem Saal des halbzerfallenen Schlosses Noviklošter in Slowenien, in dem ich aufgewachsen bin, eine literarische Lesung gehalten. Unser Speisezimmer war renoviert und als Kulturzentrum eingerichtet worden. Ich las aus dem Buch *Es ist Krieg und wir gehen hin*, Erinnerungen aus der Zeit bei den jugoslawischen Partisanen 1944/45.

In der Diskussion fragte man mich, welchen Beruf ich mir wünschen würde, wenn ich mit meinen Lebenserfahrungen heute wieder 25 wäre. Eine gewisse Skepsis über mein Leben als Arzt, Psychoanalytiker und Ethnologe hatte Anlass zu der Frage gegeben. »Ich wäre Tierpsychologe, Verhaltensforscher, Ethologe geworden, wenn ich gewusst hätte, dass diese Wissenschaft existiert.« Als Student hatte ich tatsächlich nichts davon gewusst, obwohl die Schriften von Niko Tinbergen bereits vorlagen.

Das Publikum verstand meine Antwort so, wie sie gemeint war: als bitteren Scherz über meine Erfahrungen mit der Spezies Mensch. Afrika versinkt immer mehr im Elend. Im zerfallenen Jugoslawien tobt ein grausamer Vertreibungs- und Vernichtungskrieg, heimtückisch geschürt von den »zivilisierten« Nationen.

Die Neugier zu forschen hat mich seit früher Jugend nie verlassen und mein Leben mitbestimmt. Dass meine ironische Antwort einen konkreten Hintergrund hatte, konnte niemand ahnen. Wir hatten die Arbeit des Verhaltensforschers bei den Hamadryas-Pavianen[1] von Erer in Äthiopien kennengelernt.

Hans Kummer, Professor an der Universität Zürich, hat uns einen Blick auf seine ethologische Forschungsarbeit werfen lassen; wir sind ihm dafür dankbar. Ich würde es nicht wagen, über unseren Besuch bei seinen Hamadryas zu berichten, wenn er nicht kürzlich sein Lebenswerk in einem ebenso spannenden wie wissenschaftlich fundiertem Buch dargestellt hätte: *Weiße Affen am Roten Meer. Das soziale Leben der Wüstenpaviane.*

In einem Tag fuhren wir von Assab nach Dire Dawa, das an der Bahnlinie von Dschibuti nach Addis liegt. Hans Kummer hatte uns

---

1   Anm. Hrsg.: Papio hamadryas, Mantelpavian.

erzählt, dass er etwa zur gleichen Zeit wie wir nach Äthiopien reisen würde, um die beiden Studenten zu besuchen, die am Projekt der Hamadryas-Beobachtung in Erer, das die Universität Zürich seit langer Zeit laufen hatte, arbeiteten. Wie es vor großen Reisen geht, hatten wir nichts Genaueres abgemacht. Am Weg von Assab zurück, durch die trockenen Hügel hinauf in das Bergland, wieder die Hungerdörfer. Sollten wir mit dem schalen Gefühl vom unendlichen Elend in unserem Märchenland Äthiopien heimreisen? Wir beschlossen, am nächsten Morgen Freund Kummer in Erer zu besuchen. Wenn wir ihn stören sollten, könnten wir ja wieder wegfahren.

Auf einer breiten Schotterstraße rollten wir durch die Vorstadt von Dire Dawa nach Westen. Das Land war rot von den Strahlen der aufgehenden Sonne. Vor uns stieg eine dunkle Wolkenwand in den Himmel. Ein alter Mann stand vor seiner Hütte; sah uns nach und legte bedeutungsvoll den Zeigefinger an die Stirn. Das hieß wohl, die sind verrückt. Wir waren erst wenige Meilen gefahren, als wir begriffen, was der Mann gemeint hatte: Ein unglaublicher Wolkenbruch prasselte herunter. Augenblicklich wurde die lehmige Straße glatt wie Eis. Der Wagen schlitterte und drehte sich, blieb aber dann doch am Straßenrand stehen. Es wurde dunkel wie in der Dämmerung, ein dichter Regenvorhang. Wir zündeten Zigaretten an und holten die englische Zeitung aus Addis heraus, die wir in Dire Dawa gekauft hatten.

Als es nach einer Stunde heller wurde, konnten wir sehen, wo wir angehalten hatten. Zwanzig Meter vor uns stürzte ein wilder Fluss quer über die Straße zu Tal.

Der Wolkenbruch hörte so plötzlich auf, wie er gekommen war, der Sturzbach versiegte, als habe man einen Wasserhahn abgedreht. Ich wollte gerade aussteigen, um den Zustand der Straße zu prüfen, da trat eine große Kudu-Antilope vorsichtig aus den Büschen, hob den Kopf mit den gedrehten Hörnern, schnupperte am Boden, machte einige Schritte in dem dünnen Bächlein, das noch über die Straße floss, und riss am Rand des Grabens einige Gräschen ab; das schöngezeichnete Fell glänzte, die großen dunklen Augen blickten zu uns herauf, ohne Hast verschwand das wunderbare Tier in den Büschen. Wir ließen den Motor an und fuhren weiter.

Erer Gota ist ein Thermalbad, das vor dem Ersten Weltkrieg Treffpunkt der Hofgesellschaft gewesen war. Hoch über dem Dorf steht das alte Badehotel. Es ist mit wildem Wein überwachsen, zwei Säulchen zieren den Eingang. Ein verschlafener Kellner drückte uns einen Schlüssel in die Hand: »Der Bungalow dort unten ist für Sie. Sie können über den Rasen bis an die Türe fahren.«

Da stand auf der Wiese des Kurparks ein zauberhaftes Wesen, eine zahme Kudu-Antilope. Das Tier warf den Kopf auf, stellte die Ohren, schnupperte in unsere Richtung und graste friedlich weiter.

Der Bungalow war ein gemauerter Rundbau mit Strohdach; neben der Eingangstür ein alter Rosenstock mit roten Blüten. Der kreisrunde Innenraum von einer niedrigen Mauer in zwei Hälften geteilt: im Schlafraum Louis-XV-Möbel mit vergilbter zerrissener Seide bezogen, ein erblindeter Spiegel, die andere Hälfte im Halbkreis eine riesige Wanne, mit weißem Marmor gekachelt. Ob das Wasser darin halten würde? Vom Wasserhahn aus massivem Messing ergoss sich ein armdicker Strahl, das Becken füllte sich mit heißem hellgrünen Wasser; ein leiser Geruch von Schwefel und würzigem Harz füllte den Raum. Das köstlichste Bad.

Dann hieß es, unsere Tierforscher suchen. Eine grüne Ebene breitet sich zwischen trockenen Hügeln weit nach Norden aus. Das Dorf Erer soll vom König der Könige bald nach der Befreiung seines Landes von den Italienern gegründet worden sein, um Landarbeiter für seine ausgedehnten Citrus-Plantagen anzusiedeln. Ein riesiges Rechteck wird von parallelen Straßen und Querwegen in gleich große Parzellen geteilt, jede mit einer Hütte, die von einem üppigen Garten umgeben ist. Wir fuhren der Siedlung entlang, wieder quer; es sind sicherlich zehntausend Anwesen, vielleicht mehr, die meisten bewohnt. Auf den Wegen hie und da spielende Kinder, mit denen keine Verständigung möglich war. Endlich fanden wir die Sanitätsstation. Doch auch hier war niemand, der wusste, wo Professor Kummer und seine Studenten wohnten. Ohne viel Hoffnung fuhren wir längs und quer und wieder längs durch die Straßen des äthiopischen Manhattan. Da stand im Vorgarten einer Hütte ein Verschlag aus Hühnerdraht, in dem zwei junge Paviane saßen; daneben anderes Getier, auf dem Dachfirst ein Geier. Das Tor war verschlossen. Wir ließen eine Karte da, dass wir die Forscher im Erer Gota Hotel erwarteten.

Wir hatten bereits zu Nacht gegessen, als Kummer und das Studentenpaar im Hotel erschienen. Das Hotelpersonal belebte sich merklich, in der Küche wurde man geschäftig; es wurde ein fröhlicher Abend. Lang nach Mitternacht fuhren unsere Besucher ins Dorf. Wir waren eingeladen, mit ihnen zusammen ihre Affen zu beobachten.

Die Pavianherde verbringt die Nacht auf einem zerklüfteten Felssporn, der wie ein Turm aus dem Gelände emporragt, das mit dornenreichen Akazien bewachsen ist. An der Westseite ein weniger steiler, etwas niedrigerer Hügel. Hier ließen wir uns gegen vier Uhr Nachmittag nieder, in Erwartung der Hamadryas, die alsbald in kleinen Gruppen von ihrer täglichen Wanderung heimkehrten, um sich nach ihrer Gewohnheit auf den Terrassen und steilen Schründen ihres Schlaffelsens bis zur Dunkelheit ihrem gesellschaftlichen, sozialen und sexuellen Leben zu widmen. Mit Feldstechern ausgerüstet, saßen wir da wie im Theater. Schauspieler waren über hundert Tiere, mächtige mähnentragende Männchen, schlanke Jünglinge und Weibchen, spielende Kinder, und ganz kleine, die kühn auf dem Rücken der Mutter reiten und andere, die sich am Bauchfell anklammern.

Wahrscheinlich haben es Amateure der Ethologie noch nie so leicht gehabt. Die gleiche Herde wird seit vielen Jahren von Studenten aus Zürich beobachtet, allein das Studentenpaar A. war bereits seit eininhalb Jahren täglich auf dem Posten. Sie hatten den Tieren Namen gegeben, er diktierte in den Recorder, was er beobachtete, sie skizzierte und notierte die Gruppierungen, die sich ständig änderten. Neben uns saß Professor Kummer, der uns darauf hinwies, von welchem Tier gerade die Rede war. Der mächtige Anführer der Herde heißt so wie der verehrte Doyen der Zoologieprofessoren. Die jüngsten Kindchen haben noch keine Namen.

Die Hamadryas haben eine hellrosa Gesichtshaut, während andere Paviane schwarze Gesichter haben. Deshalb ist ihr Mienenspiel gut wahrnehmbar. Das Interesse der Wissenschaft haben die Hamadryas jedoch aus einem anderen Grund auf sich gezogen. Alle anderen Paviane, die Steppengebiete Afrikas bevölkern, leben in Herden von 80 bis 120 Tieren. Es sind geschlossene Rudel, Anführer und Herr über alle Weibchen ist das stärkste Männchen, das alle Nachkommen zeugt, bis es alt wird und von einem Rivalen im Kampf besiegt, meist jedoch nicht getötet, sondern aus seiner Stellung verdrängt und vertrieben wird. Das ist das Muster der Urhorde, von dem Sigmund Freud seine Phantasie über den Ursprung menschlicher Gesittung abgeleitet hat. Bei den Hamadryas, die im trockenen Bergland östlich und westlich vom Roten Meer leben, hat die Natur einen Sprung gemacht. Die Dominanzregel ist bei ihnen durch eine angeborene Hemmung gebrochen. Wenn ein männlicher Affe Zeuge wird, wie sich ein Paar zärtlich der gegenseitigen Hautpflege hingibt, kann er sich nicht mehr um die Gunst des Weibchens bemühen, auch wenn er einen höheren Rang hätte als ihr Liebster. Bereits nach zehn Minuten ist er von seiner Natur gezwungen, das Paar zu respektieren. Diese und einige ergänzende Anlagen haben für die Organisation der Herde weitreichende Folgen. Innerhalb der großen Schar entstehen stabile Kleinfamilien, von den Forschern nüchtern *one-male-units* genannt. Eine solche Familie mit ihren Jungen ist bestens geeignet, die Blättchen des Dornakazienbaumes, die einzige Nahrung, die es hier gibt, abzuweiden. Nahe am Stamm fressen Papa und Mama, die größten Tiere, die Blättchen ab, auf die dünnen Äste können sich die jungen Leichtgewichte hinauswagen. Auf der täglichen Wanderung wird ein Baum nach dem anderen abgeweidet, jede Familie respektiert den Bereich ihrer Nachbarn. Gegen Abend finden sich alle am Schlaffelsen zusammen, wo wir sie belauschen und bewundern.

Von dieser gleichsam individualisierten Form der Paarbildung (eine in der Entwicklung der Arten neuerworbene Form der Lebensgemeinschaft) leiten sich weitere soziale Gruppierungen ab, die innerhalb der Herde eine differenzierte Gesellschaftsstruktur hervorrufen. Wer das näher verstehen will, muss im Buch von Hans Kummer nachlesen. Hier nur ein Beispiel. Für die geschlechtsreifen jungen Männchen ist es unmöglich, ein Weibchen zu finden. Alle Muttertiere sind bereits gebunden, in festen Händen. Die Jünglinge haben einen Ausweg gefunden, trotz ihrer Hemmung doch noch eine Familie zu gründen. Sie stehlen ein weibliches Kindchen der Mutter weg, pflegen, bewachen und führen es mit sich, wahrhaft mütterlich (der Jungaffe, ein Pygmalion), bis das Mädchen herangewachsen ist und reif zur Mutterschaft. Sie ist in eine neue Kleinfamilie hineingewachsen. Allerdings darf das zärtliche Interesse des jungen Mannes, der Familienvater werden will, nie erlahmen und auch nicht seine Wachsamkeit über die zukünftige Braut.

Von unserem Lagerplatz aus können wir bald selber sehen, welche Paare zusammengehören. Wir lernen, ihre Zärtlichkeiten von jenen Gesten und Zeichen zu unterscheiden, die größere Gruppen zu nachbarschaftlichen Kreisen zusammenschließen und endlich den Zusammenhalt und gemeinsamen Schutz des ganzen Trupps vor Feinden gewährleisten.

Es war uns sogar vergönnt, dabei zu sein, wie sich eine Vermutung der Forscher erstmals bestätigte. Zwei ältliche Junggesellen – ihre Namen müsste ich verschweigen, auch wenn ich sie nicht vergessen hätte – lebten seit langem zusammen und schliefen eng aneinander in einer Felsspalte. An jenem Abend jedoch, in der Stunde der Geselligkeit, näherte sich ein schlanker Jüngling dem einen der gesetzten Herrn, kraulte ihm verstohlen das Fell und bot ihm, wenn der Freund des Alten nicht hinsah, sein hellrotes Hinterteil. Der Strichjunge, wie wir ihn nannten, hatte Erfolg. Dem Freund des Verführten waren die Zärtlichkeiten der beiden nicht entgangen. Jetzt war es zu spät. Aus den Augenwinkeln schielte er hinüber, wie sich sein Freund mit dem Gespielen einließ. Verlegen blickte er zu Boden. Seine angeborene Hemmung war zum Zug gekommen. Traurig – das sah man an seinen müden Bewegungen – turnte er schließlich den Felsen hinauf und fand einen Platz für seine einsame Nacht. Als es dunkelte, hatte auch das ungleiche Paar genug vom sinnlichen Spiel. Die beiden satzten elastisch hinauf zum gewohnten Schlafplatz der Freunde.

Vor Morgengrauen waren wir auf dem Beobachtungsposten, diesmal östlich vom Schlaffelsen. Es war noch dunkel, als die Spottvögel mit ihrem Morgenrufen anfingen. Dazwischen schon das vertraute Bellen. Man sah unsere Affen einzeln und in kleinen Gruppen herunterklettern, sobald es hell wurde. Die Spottvögel wurden still, dafür begann das Lied der Zikaden, das den ganzen Tag anhält, und das Gurren der Turteltauben in den Akazien.

Auf der Plattform, auf die wir hinüberschauen, versammelt sich die Herde, bis sie die Pflicht ruft, zum gemeinsamen Aufbruch. Da finden sich die beiden Alten wieder zusammen. Der Junge spielt – wie die Jugend eben ist – mit seinesgleichen herum. Die beiden Freunde halten sich umschlungen, kraulen einander das Fell, tauschen weitere, den Forschern gut bekannte Zärtlichkeiten aus, so versunken, dass sie den allgemeinen Aufbruch beinahe versäumen. Als Nachzügler folgen sie der Herde.

Es hat sich erwiesen, dass der Hemmreflex bei gleichgeschlechtlichen Paaren ebenso eintritt wie zwischen Männchen und Weibchen. Der Hamadryas-Eros ist nicht geschlechtsgebunden.

Bevor sich der ganze Trupp auf den Weg macht, sitzen die alten Tiere, auch viele Mütter mit Jungen, in der Mitte der Plattform, halbwüchsige und reifere Jünglinge und Mädchen spielen und tollen mehr am Rand. Von Tatendurst und vom Hunger getrieben, fängt da und dort ein Grüppchen an, aufzubrechen. Unternehmungslust der Jugend. Etwas unbedacht, wie es scheint. Die Alten werfen Blicke hinüber, scheinen sich zu verständigen, bis einer der jungen Trupps jene Richtung einschlägt, die den Alten, die über lange Erfahrung verfügen, einen Impuls gibt, wir würden sagen: einleuchtet. Der Patriarch erhebt sich, würdevoll schreitet er daher, die unternehmende Jungmannschaft macht ihm respektvoll Platz, er nimmt die Spitze, bald ist die ganze Bande zwischen den Bäumen verschwunden.

Unsere Freunde konnten auch diesen Vorgang erklären. Es ist für das Überleben wichtig, dass die Herde auf ihrem Marsch von täglich 25 und 30 km auf genügend Nahrung und Wasser trifft. Bei der Entscheidung, welcher Weg an diesem Tag der richtige wäre, wirkt die Erfahrung der Alten als Kompass. Der nötige Entschluss kommt so zustande, dass sich die Unruhe und gespannte Energie der Jungen unkontrolliert entfaltet, bis die erinnerungsschweren und allein darum weniger entschlussfreudigen Alten mit eindeutigen Zeichen dem spielerischen Versuch ihre Zustimmung geben, der den Aufbruch in Gang bringt.

(Damals, im Jahr 1972, war bei uns der Generationenkonflikt der 68er-Bewegung ein unerschöpfliches Thema für Diskussionen; er schien unlösbar. Die Zoologen hatten uns gewarnt, und wir waren ohnehin auf der Hut davor, unbedacht ethologische Erfahrungen auf menschliche Verhältnisse anzuwenden. Doch konnten wir nicht umhin zu spekulieren: Wie wäre es, wenn die Proteste, die revolutionären und utopischen Phantasien, die unsere Jugend so reichlich, vielfältig und oft widersprüchlich hervorbringt, ernst genommen würden, als das, was sie sind, als spielerisch-ungeordnete Versuche, die Gesellschaft zu verbessern, als *bricolage*, nach dem Ausdruck von Claude Lévi-Strauss, und sich dann das Establishment mit seinen Mitteln und seiner historischen Erfahrung jenen Impulsen der jungen Generation anschließen und ihrer Neugier und Phantasie folgen würde; wenn sich das Gewicht des Bestehenden von der Energie der Jungen in Bewegung setzen ließe?)

Kein Zweifel, dass die Primaten, auch die Hamadryas-Paviane, unsere nahen Verwandten sind. Seit diese Einsicht sich durchgesetzt hat, ist das Problem da: Was unterscheidet den Menschen vom Affen? Anders gefragt: Was hat den Ausschlag gegeben, dass aus dem Affen der Mensch entstanden ist? Eine einfache Antwort gibt es nicht und wird es niemals geben; und doch wird immer wieder gefragt.

Wir wünschen Ordnung in unsere Vorgeschichte zu bringen, letzten Endes, um uns selber besser zu verstehen. Doch wirkt Ideologisches untergründig mit bei der Suche nach der richtigen Antwort auf diese Frage.

Die einen wünschen, den Unterschied zwischen Mensch und Natur klein zu halten, für den Menschen einen Platz nahe bei seinen tierischen Verwandten zu bestimmen; andere möchten grundlegende Unterschiede feststellen, eine unüberbrückbare Kluft zwischen Mensch und Tier ausmachen.

Der Mensch ist entstanden, hieß es, als der Affe von den Bäumen auf den Erdboden herunterkam. Es gibt aber Affen, die nicht auf den Bäumen leben. Dann: der aufrechte Gang mache den Unterschied. Auch das ließ sich nicht halten. Dann die Erfindung von Werkzeug.

Seit wir gesehen haben, dass Schimpansen Werkzeuge benützen, war auch *homo faber*, der die Technik entwickelt hat, nicht mehr exklusiv menschlich. Dann die Sprache. Doch was ist von den mehr als hundert Zeichen zu halten, mit denen sich Paviane untereinander verständigen? Gelingt ihnen Verständigung durch reine Zeichen, oder sind es bereits Symbole, haben sie eine Sprache, die einen reiz-unabhängigen Inhalt vermittelt? Paviane können manche Zeichen erlernen; das wissen wir heute. Kennen Tiere Symbole?

Nach dem Besuch in Erer schien es uns gewiss: Den Sprung zu einer differenzierten Sozialordnung haben die Hamadryas ohne den Menschen getan. Allein die Fähigkeit, eine Gemeinschaft zweckmäßig zu organisieren, habe es dem Menschen ermöglicht, seine Herrschaft über Tiere, Menschen, ja über die Natur und über die Welt zu errichten. Weg von der Urhorde, hin zur Familie, zur Arbeitsteilung, zum Gesellschaftsvertrag und zum Staat. Eine Spekulation?

Heute, wo der *homo faber* die Technik zu beinahe unbegrenzter Potenz entwickelt hat, die Kommunikation alle Schranken überwunden, Denk- und Symbolsysteme kaum mehr auf Tabus und andere Hindernisse stoßen, droht die Welt dennoch zugrunde zu gehen. Die Vernunft ist der Menschheit vorbehalten. Vernünftig lässt sich die Ordnung der Welt jedoch nicht mehr planen und lenken. Ist unsere gesellschaftliche Organisation, die wir aus Anfängen entwickelt haben, die sich von jenen der Hamadryas kaum unterscheiden, an eine Grenze gekommen? Ist dies ein quantitatives Problem, weil es zu viele Menschen gibt, oder ist die Welt zu klein? Ist die Fähigkeit, soziale Strukturen aufzubauen und in einem zweckmäßigen Gesellschaftsgefüge zu leben, die jede Hamadryas-Herde ständig neu entwickelt und aufrechterhält, ist dieses Erbe unserer nahen Verwandten aufgebraucht? Es scheint so.

Real existierender Tourismus.
Bericht von einer kapriziösen Ferienreise

Wie man als Tourist gefragt wird, »Waren Sie schon auf dem Jungfraujoch?« Nein. »Das müssen Sie gesehen haben«, so heißt es in Addis Abeba: »Have you seen the hyena-man? You should visit Harrar!«

Im Tourismus-Prospekt »Überreicht durch Ethiopian Airlines« lesen wir: »Bevor Sie Harrar wohl oder übel verlassen müssen, dürfen Sie die Fütterung der wilden Hyänen nicht verpassen. Einem einzigen Menschen, dem »Hyänenmann«, ist es gelungen, die Tiere so weit zu bringen. Jeden Abend setzt er sich außerhalb der Stadt auf den Boden und ruft seine scheuen Freunde herbei. Auf seine Lockrufe hin wird

bald das erste Tier im Bereich Ihrer Scheinwerfer auftauchen, sich vorwärts stürzen und sich gleich darauf wieder zurückziehen. Bis es dann
mit einigen verwegenen Sprüngen den Meister erreicht und ihm das
begehrte Stück Fleisch geradewegs aus dem Mund reißt.« Daneben ein
Farbfoto 6 mal 4 cm, eine fressende gefleckte Hyäne, der *hyena-man*
und neben ihm ein Plastiksack mit dem begehrten Fleisch, und dem
Aufdruck »Gordon's Dry Gin«.

Wir waren in Harrar, haben ihn aber nicht gesehen. Wenn man in
unserem Alter auf 2.000 Meter über dem Meer stundenlang durch die
steilen Sträßchen geschlendert ist, bis hinauf zum Haus, in dem Arthur
Rimbaud lebte, zwischen Marktfrauen, beladenen Eselchen, begleitet
von zweihundert zerlumpten Kindern, über die Beine von Krüppeln,
Leprösen, Blinden und Amputierten, über Steine, Geröll und stinkende
Rinnsale, zwischen ausgestreckten Bettlerhänden – die einen zu Kno-
chenkrallen ausgedörrt, die anderen von Elephantiasis zu schenkeldi-
cken Fleischklöppeln aufgetrieben –, dann trinkt man abends lieber ein
Bier in der Halle des alten Ras-Hotel, als draußen den Hyänen nachzugehen.

Nachts hört man sie ohnehin heulen, sogar vom Fenster des Hilton Hotels in Addis Abeba, langgezogen und traurig. Ein Hund bellt
wütend, hundert weitere, die struppigen, schrecklich schmutzigen
Hunde, die nur da sind, um nachts die Hyänen anzubellen, bis sie sich
endlich beruhigen, und die nächste Hyäne aufheult, die in einem der
tiefen Gräben wohnt, die jede äthiopische Stadt durchziehen.

Viele Fragen: Warum lebte Arthur Rimbaud in Harrar? Wer ist
der *hyena-man*? Was sollen all die Hyänen? Und vor allem: Was um des
Himmels willen bringt zwei Mitteleuropäer dazu, im Februar 1982 eine
Ferienreise in die Sozialistische Republik Äthiopien zu unternehmen,
die bekanntlich von einer Provisorischen Militärregierung unter dem all-
mächtigen »Oberst« *Comrade* Haile Mengistu Mariam beherrscht wird,
der nach dem Sturz und Tod des Kaisers Haile Selassie im Jahre 1974 als
Sieger aus den Machtkämpfen verschiedener Juntas hervorgegangen war
und der mit seinen Freunden und Beratern aus der UdSSR, den Helfern
aus Kuba, und einiger Entwicklungshilfe der DDR zum Aufbau einer
Staatspolizei, gegenwärtig drei Kriege führt: einen gegen die Invasoren
aus Somalia, nach Aussiedelung von Zehntausenden Nomaden, Vertreibung von Hunderttausenden über die Grenze, wo sie in Lagern durch
UNO-Gelder durchgefrettet, dem besiegten Gastland Devisen besche-
ren; einen zweiten Krieg, eigentlich Bürgerkrieg, gegen die eritreischen
»Separatisten«, verschiedene Fronten, von denen zumindest die eine,

EPLF, die fortschrittlichste und legitimste Volksbefreiungsbewegung ist, die es in Afrika je gegeben hat, heute fast über die Grenze in den Sudan gedrängt, im Kampf, seit der Kaiser ihr Land, das sein UNO-Mandat war, usurpiert hat; und einen Bürgerkrieg gegen die Tigre-Provinzen im Norden, die vom selben Herrenvolk der Amharen bewohnt werden, in denen sich uralte feudale Fehden mit der moderneren Opposition gegen die Sozialisten und ihre Helfer zu verbinden scheinen.

Der Gründe für die Ferienreise gibt es mehrere. Man denke an den Werbeslogan: »13 Monate Sonne«. Kein Druckfehler. Der Kalender der koptischen Kirche Äthiopiens hat dreizehn Monate, Neujahr am 11. September, und wenn im fruchtbaren Hochland ein Regenschauer niedergeht, heißt es *holy water*, das heilige Wasser, das die Felder grünen lässt, den harten Boden zum Pflügen aufweicht. Bald wieder wölben sich prächtige Regenbogen, und die Sonne scheint, mit viel Ultraviolett. Zweitens: Dort gibt es nicht allzu viele Touristen, man denke, eine recht neue Volksdemokratie und drei Kriege. Drittens – dies ganz persönlich – waren wir vor 20 Jahren da, vor 10 Jahren, dachten schon, die wunderschönen Menschen, die Liebenden in Pasolinis 1001-Nacht-Film, nie wieder zu sehn; und natürlich Neugier. Wie lebt das älteste Kaiserreich, seit 8 Jahren schon sozialistisch, ohne den uralten Löwen von Juda, den Usurpator und absoluten Herrscher.

Eine Ferienreise muss man vernünftigerweise so planen, dass man nicht anstößt, sozialistische Erwartungen und nationale Gefühle nicht verletzt, keine Schwierigkeiten hat. Darum hatten wir für zwei Tage Zimmer im Hilton reserviert (sind also erwünschte Devisenbringer), haben den Gutschein für einen Avis-Mietwagen in der Tasche (sind keine Tippler mit langen Haaren) und deklarieren brav unsere Dollardevisen vor dem Zoll, gleich nach Verlassen der Boeing, die mit dem Löwen, jetzt ohne Krönlein und Szepter, geschmückt ist. Da nimmt sich ein Herr in Nadelstreifen-Sakko unser an. Die Zöllner verneigen sich nach landesüblicher Art bis zum Boden vor ihm, machen ihr Zeichen auf unsere Taschen, ohne Kontrolle. Der Herr fragt uns in seinem Oxford-Englisch streng, wo denn unser Reiseagent bleibt. Wir haben keinen; den Avis-Wagen wollen wir erst nachmittags in der Stadt abholen. Der Herr beherrscht nur mühsam seinen Ärger, zupft an der Seidenkrawatte, spricht Französisch, Italienisch, Deutsch, da wir nicht zu verstehen scheinen, was so schief gegangen ist. Er winkt zwei Träger heran.

Die bringen unser Gepäck zu seinem Wagen, einem weißen Fiat. Als wir einen Dollarschein zücken, dem die Burschen in ihren zerfetzten grünen Blusen sehnsüchtig nachschauen, steckt er ihnen zwei grüne Birrscheine zu und bemerkt: »In diesem Land ist es unzulässig, Devisen in Verkehr zu bringen. Bitte steigen Sie ein.« Um herauszufinden, wer er ist, stelle ich mich formell vor. Er gibt uns flüchtig die Hand, murmelt etwas Unverständliches. Die zahlreichen Zuschauer sind zurückgewichen, stehen in einem weiten Kreis, starren uns an. Die Chauffeure der wartenden Taxis sind verschwunden. Wir steigen ein und wissen nicht, ob es ins Hilton geht oder ins Gefängnis. Es geht ins Hilton, wo sich wieder alle tief vor dem Herrn verbeugen und wo er sogleich ein wütendes Telefongespräch mit dem unschuldigen Avis-Vertreter loslässt, der unverantwortlicher Weise zwei Ausländer ohne Aufsicht ankommen ließ. Die Fahrt lässt er sich selbstverständlich nicht bezahlen.

Während der weiteren Reise hat sich die Erzählung von unserer Ankunft in Addis ausnahmslos bewährt, wenn wir mit irgendwelchen Äthiopiern ins Gespräch kommen wollten. Spätestens an der Stelle, wo wir nicht wussten, ob ins Gefängnis oder ins Hilton, mussten alle lachen. Aus dem Signalement, das wir geben konnten, ging klar hervor, wer der energische Gentleman ist. Den Namen verschweige ich: ein hoher Beamter, früher im Verkehrswesen des Kaisers, sieben Jahre im Gefängnis, seit kurzem wieder Beauftragter des Ministeriums für Tourismus.

Mit dem Tourismus hat es so seine Schwierigkeit. Vor allem darf sich der Fremde außerhalb der Hauptstadt unter keinen Umständen allein bewegen. Ein amtlicher Guide, der auch das sechsseitige, gestempelte Dokument mit der Reiseroute und allen nötigen Angaben in der Tasche trägt, ist sein ständiger Begleiter, verantwortlich für Wohlergehen und Wohlverhalten. Wir wollten gerne alleine reisen, fragten uns durch bis zum Kabinettsdirektor des Ministeriums für Tourismus, der gerade damit beschäftigt war, farbige Fotos auf einen großen Papierbogen zu kleben, wohl für einen weiteren prächtigen Reiseprospekt. Nein, er bedaure, das Ministerium fühle sich derart verantwortlich für unser Wohlergehen, es gäbe ausgezeichnete Guides, jeder Kontrollposten außerhalb der Stadt würde uns sogleich zurückschicken, wenn kein bestellter Reiseführer dabei wäre. So ernst nimmt das Ministerium seine Verantwortung für unser Wohl.

Da der alte VW, der beste Wagen von Avis, schon auf der Fahrt vom Hotel in die innere Stadt beinahe zusammenbrach, landeten wir schließlich im staatlichen Reisebüro NTO, das zwar kein eigentliches Monopol hat, aber seit 8 Jahren das einzige ist, das Devisen für den Import von Autos erhält. Wir wollen gar nicht nach Lalibela, mit seinen elf aus dem rohen Fels herausgemeißelten Kirchen aus dem 12. Jahrhundert, wohin man nur mit dem Flugzeug kann, und weil es eher nördlich liegt, wo ja noch zwei Kriege schwelen. »Der Flugplatz von Lalibela ist wegen Regen gesperrt«, sagt man schon lange, sagt es auch einem deutschen Pastor, der mit seiner Gattin nach Äthiopien gekommen ist, ausschließlich um diese Kirchen zu bewundern, und als er nicht verstehen will: »Für den Regen, wissen Sie, ist nur Gott verantwortlich«, so dass er in empörter Rede zu wissen gibt: »Ich kenne ihn, diesen Gott: Es ist der Gott des Krieges.« Das war ein Verstoß gegen die Sprachregelung. Dem klugen und eleganten Manager des NTO war die pfarrherrliche Direktheit überaus peinlich. Auch er war angeblich lange im Gefängnis gewesen und sitzt jetzt wieder in der oberen Etage. Das ist jedoch nicht der einzige Grund für sein Unbehagen. Die amharische Sprache hat sich dem Gebrauch des Volkes angepasst, das seit fast zweitausend Jahren nichts gegen die drückende Feudalherrschaft unternehmen, die Unteren nichts gegen die Oberen ausrichten konnten. So hat sich ihre Sprache zu dem entwickelt, was man »Wachs und Gold« genannt hat. In der Technik »Verlorenes Wachs« formt man ein Figürchen aus Bienenwachs, presst die Tonform drum herum, gießt das flüssige Gold durch eine Öffnung hinein. Das schmelzende Wachs verliert sich, wird vom Ton aufgesogen, an seiner Stelle entsteht die Figur aus reinem Gold. Die gewöhnliche Rede ist Wachs. Jeder kann die Figur sehen, verstehen. Die kluge Rede jedoch enthält Gold, den wahren Sinn, den Hintersinn, der aber erst entsteht, wenn sich das Wort in ein kluges Ohr ergossen hat. Lobgesänge, gedichtet zu Ehren der äthiopischen Herrscher im 15. Jahrhundert, kann man so lesen, dass im goldenen Hintersinn bitterer Hohn über die Sittenlosigkeit und Unfähigkeit greifbar wird, wie eine Figur aus purem Gold. Bis heute gab die sozialistische Ordnung keinen Anlass, solche Sprachgewohnheiten zu ändern.

Man gewöhnt sich auch leicht daran. Auf der Reise aus dem Osten zurück, bevor die Asphaltstraße nach Assab, dem südlicheren Hafen am Roten Meer, abzweigt, begegnen wir etwa fünfzig Lastkraftwagen mit Anhängern, alle schwer beladen mit den gleichen flachen Kisten. Ich sage zu unserem Begleiter: »Es ist gut, dass die Regierung Ballast für die Schiffe schickt.« »Ja natürlich. Bis Massawa kann es gefährliche Stürme geben.« Das heißt, dass ein Angriff von Süden her gegen die um Massawa verschanzten Eritreer geplant ist und Munition für die Zangenbewegung übers Meer herangeschafft werden muss, weil die Straßen blockiert sind.

Oder wir kommen wieder einmal an einer politischen Versammlung vorbei. Etwa hundert Bauern sitzen im Schatten unter einem weitausladenden Baum, gehüllt in weiße Baumwolltücher. Ihr Werkzeug haben sie abgelegt, die Ochsen, Pferde und Esel weiden in der Nähe. In der Mitte steht ein junger Mann in städtischer Kleidung und spricht und spricht. Neben ihm ein ländlicher Würdenträger, der zuhört. Die anderen starren gelangweilt vor sich hin. Viele sind eingenickt. Ich sage: »Wie froh ist das arbeitende Volk, einmal ruhen zu dürfen.« »Ja, sogar täglich. Die Leute, die mit Pflügen und Jäten nie genug kriegen konnten, bis sie ganz erschöpft waren, dürfen heute lernen, wie gut es im Sozialismus sein wird, wenn der Tef auch ohne Mühe reif wird. Bis unser Getreide, das ohnehin nur eine Art Gras ist, sich daran gewöhnt hat, wird uns die befreundete Sowjetunion Futtermais schicken, gegen ein wenig Kaffee, ein wenig Zucker, ein wenig Baumwolle. Das alles lernen sie, darum sitzen sie da. Nur, weil sie es schon ganz gut wissen, weil wir ja bereits viel gelernt haben, hören nicht alle zu und ruhen dafür aus.«

Man wird ungerecht, wenn man so reist. Wir haben doch einige wunderbare lange Fahrten gemacht, in den Süden an die großen Seen mit ihren Flamingos, Pelikanen und anderen Vögeln, in den Südosten in die Bale Berge, in denen alles auf Pferdchen reitet und viele Zehntausende in großen Dörfern angesiedelt wurden, sehr zweckmäßig, wenn es schon nötig war, sie irgendwo auszusiedeln. In den Osten, bis Harrar, über den großen Awash-Nationalpark mit seinen Oryx, Kudu, Löwen und Straußen, wo wir im Lodge die einzigen Gäste waren, und sogar im Südwesten, bis Wusch-wusch, in der Kaffa-Provinz. Von da kam ursprünglich aller Kaffee, daher sein Name. Die islamischen Oromo haben ihn gepflanzt. Früher nannte man sie mit dem Ausdruck ihrer amharischen Herrn Galla. Das darf natürlich nicht mehr sein. Kaiser Menelik I. hatte die Provinz gegen Ende des 19. Jahrhunderts erobert, weshalb sein Nachfolger, der Mörder seines ihm anvertrauten Enkels, Ras Tafari, der spätere Kaiser Haile Selassie I., von der ganzen Provinz nichts wissen wollte und dort nicht eine einzige Straße, nicht ein einziges Spital bauen ließ. Das ist heute vorbei. Eine Straße geht, über Jimma hinaus, fast bis Mizan Teferi. Der Kaffee, Sorte »Arabica«, ist so aromatisch und teuer, wie schon von jeher, so dass man ihn auf dem Weltmarkt nur als Zusatz für gewöhnlichen Kaffee, zum Beispiel »Robusta« aus Brasilien oder Westafrika verwendet. Natürlich werden wir an der Straßenkontrolle von Jimma, auf dem Weg zurück gegen Addis, genau kontrolliert, ob wir nicht wo ein Säcklein Kaffee versteckt haben und damit das Ein- und Verkaufsmonopol des Staates brechen. Schon weniger leuchtet ein, dass den tüchtigen Oromo-Pflanzern, bei denen sogar die Kinder sauber sind und nicht zerlumpte Kleider haben, befohlen wurde, ihre Kaffeeplantagen herauszureißen. Sie dürfen noch ein paar Bäumchen für den Eigenbedarf im Garten um die Hütte pflegen. Die Produktion für den Markt bleibt den Kollektiven und Staatsdomänen vorbehalten, die leider bisher noch nicht dazu gekommen sind, Pflanzungen anzulegen. Da aber die Waffen, Kampfjets und die freundschaftlichen Berater bezahlt werden müssen und der gute Arabica-Kaffee das beste ist, was es zu exportieren gibt, sind die braven Oromos wieder zu Sammlern geworden und ernten den wilden Kaffee in den Berg-Urwäldern, beobachtet von den prächtigen Colobus guereza-Affen mit ihren wehenden weißschwarzen Schwänzen und Mähnen, die sich erfreulicherweise riesig vermehrt haben, seit der Handel mit ihren Fellen verboten ist und die umsichtige Partei alle Feuerwaffen beschlagnahmt hat.

Überhaupt gestaltet sich das Handelsgeschäft mit den Genossen etwas mühsam. Da hat das Landwirtschaftsministerium zwanzig Lada-Vierrad-Wagen bestellt. Kaum ein paar Monate, und das Schiff mit den Wagen landet in Asab. Zum Schrecken des landwirtschaftlichen Beamten sind es aber hundertundzwanzig. »Die haben wir nicht bestellt. Das können wir niemals bezahlen, dafür ist kein Geld da« soll er gesagt haben. »Regen Sie sich nicht auf, Brüderchen Genosse Beamter. Die Papiere haben wir leider zu Hause vergessen. Das kann vorkommen. Wenn wir sie da hätten, könnten Sie sehen, dass sie die hundertzwanzig Wagen bestellt haben.« Sie laden alle hundertundzwanzig Lada aus. Das Ministerium bleibt diesmal hart. Seit einem Jahr stehen die Wagen am Quai und rosten. Man wird sie wohl einmal bezahlen müssen.

Vielleicht wird es besser gehen, wenn einmal die Kollektivierung läuft. Mit den wenigen Großfarmen, der ehemals holländischen Zuckerfarm und -fabrik zum Beispiel, hat es ordentlich geklappt. Sonst bauen die Leute halt noch mit zwei Ochsen im Joch und dem urzeitlichen Spitzpflug ohne Räder ihren Tef. Das scheint nicht schlecht zu gehen. Nur Bettler und Arbeitslose in den Städten sehen verhungert aus, draußen auf dem Land eigentlich niemand. Wo große Landgüter waren, gibt es sogar ein paar Fiat Traktoren. Aber natürlich sollte man im Sozialismus einsehen, dass die kollektive Arbeit das richtige für die breiten Massen ist.

Die Kommissare und Instruktoren aus der Stadt geben sich alle Mühe. Doch haben da die Amharen, fast alle Frauen und alle Männer, schon Kinder ab fünf oder sechs Jahren, so ein paar schwere krampfige senkrechte Falten zwischen den Brauen. Jahrhunderte Sorgen lasten da, wie man den Zehnten zusammenbringt, abliefert, was die Obrigkeit verlangt, schwere Gedanken, wie man die Seinen durchbringt, und Stolz, der misstrauische Stolz von Bauern, die niemandem vertrauen können, für die es nie Recht gegeben hat, denen kein Nachbar hilft, weil das bereits nach Verschwörung und Revolte riecht, früher gegen den feudalen Grundbesitzer, heute gegen Partei und Staat. Hinter dieser gefurchten Stirne denkt jeder nur für sich allein und begreift gar nicht, wie gut es ist, mit den Genossen zusammen zu werken. Wir haben es gesehen, das neue kollektive Pflügen, bei Shashamane im Süden, nahe der Brücke über den Fluss Gibe, und anderswo: Auf einem eher kleinen Feld, vielleicht ein Drittel Hektar, pflügen sie im Kollektiv. Einer, mit einem tüchtigen Ochsenpaar, der langen Leitpeitsche und noch einem Büblein voraus, käme mit der Arbeit an einem Morgen zurande. Zwei Gespanne wären vielleicht besser. Da aber drehen sich im engen Raum dreißig oder vierzig pflügende Gespanne gleichzeitig in Kreisen und Kurven, einem gespenstischen Durcheinander, geraten sich in die Quere, verfangen sich ineinander, zerzausen sich gegenseitig, zerfurchen das Gelände und verhaken ihre Pflüge. Der Genosse Kommissar kann melden, dass – Fortschritt muss sein – alle gleichzeitig die gleiche Arbeit tun.

Das Volk ist nicht nur auf dem Weg zum Sozialismus. Es soll sich auch zu nationaler Größe erheben. Am 2. März ist Jahrestag der Schlacht von Adua. Wir sind unterwegs, kommen morgens um neun in die mittelgroße Stadt Debre Zeyt. Dichte Mengen, Männer und Frauen getrennt in Kompanien, mit roten Fahnen und den grüngelbroten Äthiopiens, Sichel-und-Hammer oder den Spitzpflug im Wappen, mit Spruchbändern und Parolen, sind im Anmarsch auf den Fußballplatz, wo die Rednertribüne steht und bereits Lautsprecher montiert sind. Unser Fahrer flucht leise, weil wir uns nur langsam durch die schweigende Menge schieben können. Es sind sicher 50.000 auf der Straße, die Frauen schön gekleidet, in frischen weißen Baumwolltüchern mit bunten Borten, begleitet von Ordnern der Partei in neuen silbergrauen oder grasgrünen Uniformen. Das ist eine sonderbare Feier. Kein einziges fröhliches Gesicht, kein Lächeln, nirgends ein Gespräch. Die Männer blicken unter der gefurchten Stirne gradaus, die Frauen zu Boden. Wie ein stummer Zug zu einer unheilvollen Hochzeit, zu bunt und zu geordnet für ein Begräbnis. Ich sage zu unserem Begleiter: »Sie sehen nicht sehr fröhlich drein, an diesem Feiertag.« Er, mit grimmiger

Miene: »Wahrscheinlich betrauern sie die Gefallenen von Adua.« Wachs und Gold. Vor 86 Jahren, am 2. März 1896, haben die äthiopischen Truppen unter dem Feldherrn Ras Makonnen, dem Vater des späteren Kaisers Haile Selassie, bei Adua eine italienische Armee besiegt, das einzige Mal, dass eine europäische Kolonialmacht von einem afrikanischen Heer geschlagen wurde, worauf Kaiser Menelik II. den geschlagenen Eindringlingen freiwillig die Provinz von Eritrea überließ und seinem Feldherrn das einträgliche Gouvernement Harrar. Beides wirkt bis heute. Eritrea will weg von seinen amharischen Herrschern und seinen Weg zum Sozialismus selbständig gehen, und von der Offiziersschule in Harrar, die der Sohn des Siegers dort gegründet hat, nahm die siegreiche Militärrevolte gegen ihn, den letzten Kaiser, ihren Ausgang.

Ich sollte nicht länger um das herumreden, was jeder im Land zu wissen scheint. Genosse Mengistu kann nicht anders. Der Krieg kostet jeden Tag zwei Millionen Birr (1 Birr = 1 Schweizer Franken), sagt man. So erklärt man die furchtbare Teuerung, »die uns alles vom Mund frisst«. Wir sind an die Tierchen des Hyänenmannes erinnert. Der Krieg, den niemand will, den nur die Russen wollen, vor allem das eritreische Massawa, den Hafen am Roten Meer. Wenn aber die Russen fortgehen, jagt man Mengistu und seinen Sozialismus zum Teufel. Darum braucht er seinen Krieg. Und für seine Russen und seinen Krieg zahlen wir mit Sozialismus, der kostet uns genau so viel, wie uns der Kaiser mit den korrupten Prinzen, Ministern und schönen verruchten Prinzessinnen mit ihren Gütern und Bankkonten in der Schweiz gekostet hat. »Sie sehen. *Comrade* Mengistu ist in der Zange und wir alle dazu und können nie heraus. Man kann uns nicht helfen. Sonst kommen einfach die Amerikaner. Die waren ohnehin schon da, und die kosten uns grad so viel.« Mag sein, dass nicht alle es so sehen. Wir konnten ohnehin nur mit Leuten reden, die Englisch sprechen, oder italienisch, wie die meisten Eritreer. Wenn wir aber versuchten, vom Tag zu reden, an dem die Russen wieder abziehen würden, lachte man uns nur aus: »Da kommt keiner lebend weg, die bringen wir alle um.«

Unter diesen Umständen ist es kein Wunder, dass man die sozialistischen Freunde nicht zu sehen bekommt. Sind wohl in den Kasernen und Militärlagern, alle recht weit weg von der Straße, wie auch die großen Gefangenenlager irgendwo in der unendlichen Landschaft. Kubaner sieht man schon eher, zwei oder drei in einem kleinen Panzerwagen, gelangweilt, dösend, irgendwo parkiert auf Wache. Wenn wir uns durch ein Marktgewühl drängten oder in den Straßen von Harrar, fragte man uns manchmal: »Seid ihr Kubaner?« Als wir lachend verneinten, sagten sie: »Schon gut. Man sieht es ja. Wenn ihr Kubaner wärt, würden wir euch anspucken.« Man hat keine Angst vor ihnen. Es sind arme Teufel, kein Geld, keine Frauen, leben in Kasernen, nicht besser als unsere Hütten.

In die alte arabische Stadt Harrar gelangt man wie nach Siena über einen fruchtbaren Bergkamm, der noch von zwei spiegelnden Seen geschmückt ist, dann durch lila und rot blühende Alleen mit vornehmen Amtsgebäuden im italienischen Stil. Die Stadt ist berühmt aus mehreren Gründen: ein alter Handelsplatz zwischen dem Innern Afrikas und der arabischen Welt. Das soll der erste Grund für Arthur Rimbaud gewesen sein, sich dort niederzulassen. Statt subversiver Dichtung widmete er sich nach seinem zwanzigsten Lebensjahr dem Waffenhandel. Er hatte noch weiteren Anlass. In Harrar lebt das bunteste Völkergemisch, und schon damals bis zum heutigen Tag gibt es dort die schönsten Knaben, willig und sehr sehr billig. Schließlich das Khat. Auf allen Hängen, weit um die Stadt in der rotbraunen Erde, wächst der kaffeeähnliche Strauch in gepflegten Pflanzungen. Die grünen Zweiglein werden mit Bananenblättern umhüllt, zu länglichen Paketen verpackt und exportiert. Wenn man um die Mittagszeit beginnt, sich ein frisches Blättchen nach dem anderen in den Mund zu schieben, gründlich dran kaut, ein zweites nachschiebt, alles im Mund zu einer Kugel formt, die endlich die Wange wölbt, wie ein Pingpongball, kommt Wohlbefinden daraus. Ein Landarbeiter sagt: »Das ist mein Benzin, das treibt mich und gibt mir Kraft zur Arbeit.« Die meisten aber ziehen Muße vor; im trauten Kreis aneinander gelehnt, im Schatten alter Bäume, im kühlen Gemäuer einer Bar, kauen und saugen sie an ihrer Kugel, »bis dass ihr Geist in holden Wahn entgleitet …« Ich kann nicht umhin, mir auszumalen, dass der zum Waffenhändler aufgestiegene Dichter des *Trunkenen Schiffs* hinter den Harems-Gittern seines stattlichen Hauses den süßen Khatrausch genossen hat.

Jedenfalls, im Somaliland und unten in der feuchten, heißen Küstenstadt Djibouti, Hauptstadt der »Afars und Issas«, die von 4.000 Fremdenlegionären ihrer französischen Freunde und ehemaligen Kolonialherren bewacht wird, hat man sich so an Khat gewöhnt, dass man es nicht mehr missen kann. Als kürzlich im Somalikrieg die Bahn Addis–Djibouti nicht mehr fuhr, wurde täglich frisches Khat mit einer Transportmaschine von Dire Dawa unten in Djibouti eingeflogen. Jetzt fährt die Bahn wieder, ein Zug täglich, und in Dire Dawa, das auf einer Terrasse tief unter Harrar liegt, ist der größte schwarze Markt des Landes entstanden.

In Äthiopien sind Textilien Mangelware, von schlechter Qualität und teuer. Unten, wo Khat nicht gedeiht, gibt es Jeans und Sarongs, billige Hemden aus China, Stoffe aus Singapur, Seiden, Nylon und Digitaluhren aus Hongkong oder Manila. Während sonst nur an einem Tag der Woche Markt ist, ist die Budenstadt in Dire Dawa immer lebendig. Wiederverkäufer und Kunden aus allen fünfzig (oder sind es neunzig?) Völkerschaften des Reiches wimmeln zwischen den Ständen, Schneider treiben emsig ihre Singermaschinen, während sich in den größeren Buden üppige Mädchen in golddurchwirkten Schleiern auf maschinengewobenen Bettdecken aus Thailand räkeln, genüsslich an ihrem Khatball saugend und auf Käufer wartend. Die ökonomische Basis ist einfach. Unten an der Küste gibt es billige Waren, aber kein Khat, hier gibt es Khat, aber keine Waren. Da, im Gedränge, bekamen wir endlich die brüderlichen Helfer zu sehen, oder wenigstens ihre Ehehälften. Zu zweit und zu dritt, mit gut gewellten blonden Haaren, die kräftigen Glieder in bunte Seiden gehüllt, obliegen Russinnen tüchtig und zielbewusst ihrer Leidenschaft, dem billigen Shopping. Sie sind von ihrem dunkelhäutigen Diener begleitet, tragen aber demokratisch und vorsichtig die umfangreiche Einkaufstasche selber. Sie prüfen die Ware, schreiten, nein stürmen von Stand zu Stand, begleitet von einer Traube junger und alter Händler, die ihnen die verlockendsten Gewebe vors schweißgerötete Antlitz breiten. Hier endlich sind die Freunde aus dem nördlichen Bruderland beliebt, als Käufer.

Wir wissen nicht, ob es diese glückliche geschäftliche Verbindung ist, die den schönen Schmuggelwarenmarkt bisher vor einem Verbot bewahrt hat. Wohl eher der Respekt vor dem ehrwürdigen Khat. Die Partei scheint zu wissen, dass die arbeitenden Massen sich die lieblichen Träume und die lukrativen grünblättrigen Büsche nicht würden rauben lassen, zumindest nicht ohne Groll. Und vor allem: Khat ist anders als jede andere Droge, der Gesundheit in keiner Weise abträglich; es stimmt den Menschen milde und friedlich.

Man bekommt die Herrschenden einfach nicht zu sehen. Die braven russischen Hausfrauen sind ein schwacher Ersatz. Die Kluft zwischen den Militärs, den Parteileuten und ihren importierten Helfern ist zumindest räumlich unüberbrückbar. Die niedrigen Chargen, die sorgenvoll dreinblickenden Soldaten und Polizisten, die uns an Checkpoints kontrollieren, gehören eindeutig zum Volk. Ihre Kalaschnikows lassen sie im gebrechlichen Wächterhäuschen liegen, wenn sie die Lastwagen durchwühlen und die Nase in die armseligen Plastiktaschen der Reisenden stecken. Die Mächtigen sind so fern wie seinerzeit die Prinzen und Prinzessinnen der Hofgesellschaft. Kaum erhascht in Addis ein Blick die Glücklichen hinter den Vorhängen der schwarzen Mercedes-Limousinen. Wie weiß man überhaupt, wer sie sind, wie sie aussehen, wem man alles verdankt, vor wem man sich – landesüblicherweise bis zum Boden – verneigen muss?

Äthiopien war immer ein Land der Ikonographie. Schon die Pergamentrollen der ältesten frommen Schriften sind mit prächtigen Bildchen geschmückt. Unter dem Kaiser gab es viel Bildliches. Ihn, den Löwen von Juda, in jederlei Kleid und Uniform, auf dem Thron und im leutseligen Gespräch, in der Uniform eines Generals, eines Fliegers, eines Admirals oder im eleganten Sakko, im traditionellen Gewand mit Szepter und Schwert oder ohne. Und dann die mythischen Ahnen, König Salomon und sein Gespons, die Königin von Saba, die ihn besucht hat und neun Monate darauf Menelik I. gebar, den Gründer der Dynastie. Diese Legende, flankiert von den Erzengeln, überdacht von Jesus und Marijam, sinnvoll verknüpft mit dem Bild des Herrschers, war überall. Auf den naiven Pergamentmalereien für die Touristen, in den Büros, Kirchen, Hotels und Bordellen, auf Triumphbögen, außen und innen an Amtsgebäuden, Banken, Tankstellen und Bierbrauereien. Man muss wissen, dass allein die salomonisch-sabaische Legende des Kaisers Macht und Heiligkeit legitimieren konnte, so dass Haile Selassie erst zwei Patriarchen absetzen musste, bis ihm der dritte mittels der Salbung die erlauchte Ahnenschaft vermittelt hat.

Da dies nun alles anders ist, sieht man natürlich das magere Männlein mit Bart und Krone nirgends mehr und ebenso wenig die Königin von Saba und ihren Gespons. Als hätte sie ihm nie die Hand gereicht, als sei sie nie in sein Zelt getreten, als hätten sie nie Indjerafladen und den würzigen Tedj, den Honigwein genossen. Dafür ist ER da, in seiner grünen Uniform, mit Käppchen, rotem Stern, im offenen Kragen ein kokettes rotes T-Shirt. Dass das Bild des Genossen überall auf uns blickt, hat nichts spezifisch Äthiopisches an sich. Er blickt übrigens nicht sehr äthiopisch drein, hat keine Falten zwischen den Brauen, sieht eher etwas hochmütig-dümmlich aus.

Über das Volk sind die sozialistischen Herrn oben an der Macht ebensoweit erhaben, wie es die Kaiser waren. Sie bemerken nicht, dass »Wachs und Gold« der Rede auch in ihre neue Ikonographie eingedrungen ist. In Stadt und Land ist ein buntes Plakat an die Wände geklebt. Der Text in amharischer Schrift: »Wirtschaftliche Hilfe / Ewige Freundschaft / Sozialistische Republik Äthiopien – UdSSR«. Das Bild zeigt den brüderlichen Handschlag einer schwarzen und einer weißen Hand, an dem Unterarm ein stählerner Reif, von dem stählerne Ketten herunterhängen, die mit einem Vorhängeschloss aneinander gesperrt sind; das Schloss ist mit Sichel und Hammer verziert. Die Fessel soll die feste Verbundenheit mit dem großen Bruder symbolisieren, in dem Land, in dem Zehntausende Gegner des Regimes als Gefangene in Lagern schmachten.

Der wichtigste Platz in Jimma, der Hauptstadt von Kaffa, war mit einem Standbild des Eroberers der Provinz geschmückt; der Sockel wird von vier liegenden »Löwen von Juda« bewacht. Die sozialistische Revolution hat den Herrscher vom Sockel gestürzt, die Löwen durften liegenbleiben; sie schauen weiterhin in die vier Himmelsrichtungen. Dort, wo der große Kaiser aus Bronze stand, ist eine riesige Zementplatte aufgerichtet, auf der ein Künstler mit Ölfarbe den Marsch in die sozialistische Zukunft dargestellt hat. Fünf Gestalten, zwei in Uniform, drei in amharischer Volkstracht, schreiten über ein weites Feld dem Beschauer entgegen; sie halten Sichel, Hammer, Pflug, Kalaschnikow und Bombe, die Symbole der amharischen Revolution, triumphal hoch über den Häuptern erhoben. Im Kreisel um das Monument herum fahrend, dachte ich sogleich: »Aha, die Revolution marschiert vorwärts.« Doch war irgend etwas verdächtig. Ich ließ den Wagen stehen und ging zu Fuß an das Denkmal heran. Da hatte der Künstler den fünf marschierenden Revolutionären das Antlitz als Totenkopf gemalt, unter den Mützen und Hüten leere Augenhöhlen, bleckende Zähne. Die Revolution – ein Totentanz.

Doch gibt es auch die typisch äthiopische Legitimation der Macht. Statt der unsichtbar gewordenen Erzengel wird *Comrade* Mengistu von zweimal drei Heiligen begleitet und überhöht: die alten, Marx, Engels, Lenin, unverkennbar, neben- und halb übereinander geschichtet, kenntlich an den grellgelb bemalten Gesichtern, was zum Ausdruck bringt, dass sie Weiße waren. Die Heiligen, mit denen *Comrade* Mengistu brüderlich als die neue Dreieinigkeit gemalt ist, Fidel Castro und Genosse Breschnew, sind im Gesicht niemals gelb, weil sie der dritten Welt angehören.

Wir können nicht behaupten, dass wir sie nicht gesehen haben, die Macht. Was in diesem ältesten Land christlicher Mystik wirklich ist, das sind nicht die Personen, es sind die Bilder, die Unantastbarkeit, Legitimität und Würde verleihen. Als die Italiener nach der Niederlage Mussolinis abgezogen waren, musste man viele Kirchenkrypten neu ausmalen. Die Engel waren dunkel im Gesicht, die Teufel gelb und trugen italienische Uniformen.

Wir Touristen versuchen, uns eine Meinung über das sozialistische Äthiopien zu bilden. Wir denken: Die alten und die neuen drei Erzengel sind besser als die faschistischen Kolonialherren. Sie sind vielleicht auch nicht ganz so weit vom Volk entfernt, wie es die früheren Erzengel, das salomonische Gründerpaar und der gottesgesalbte Kaiser, waren. Wenn wir sie nicht gesehen haben, so wenig wie den berühmten Hyänenmann, stört das bloß unseren touristischen Perfektionismus.

Unsere äthiopischen Gastgeber stört es nicht. Sie haben andere Sorgen. Wenn die Bilder der neuen Heiligen von Wänden und Triumphbögen auf sie herunterblicken, brauchen sie nicht hinauf zu schauen. Sie wissen, wer die Hyänen sind, und was der Hyänenmann mit ihnen macht. Die im Scheinwerferlicht verschreckten Bestien reißen ihm schnell ein Stückchen Fleisch, das er zwischen seinen Zähnen hält, aus dem Mund. Er hat die Hyänen so weit gezähmt, damit er sein Geschäft mit ihnen machen kann. Wenn die brüderlichen Helfer es einmal müde wären, wie wir Touristen, und vom Hyänenmann gar nichts mehr wissen wollten, wäre es aus mit ihm. Er wäre erledigt.

Im Westen der nördlichen Hemisphäre

Es war im Februar 1947, ich weiß es noch genau, als Freund Antoine uns wissen ließ: Wir müssen uns treffen, zum Abschied, er emigriere zum dritten Mal, diesmal endgültig. Von der Zonenverwaltung der Besatzungsmächte konnte er keine Bewilligung zur Ausreise in die Schweiz kriegen, wir keine Einreiseerlaubnis in eine Zone. Wir trafen uns mitten auf einer Brücke über den Rhein, im kalten Februarwind.

Antoine war groß und kräftig, hatte wehende blass blonde Haare und strahlende graue Augen. Sein Übername war »der Säbeltiger«, weil seine Bewegungen langsam und elastisch waren und er immer aus einer sehr alten Epoche aufzutauchen schien. Jetzt trug er einen Lodenmantel und war von einem großen Schäferhund begleitet. Er war mit 32 Jahren zum ordentlichen Professor für Allgemeine Biologie an die Alexander von Humboldt-Universität in Ostberlin berufen worden. Wie ein Professor sah er mit dem hängenden blonden Schnurrbart nicht aus, auch nicht wie ein Deutscher, eher wie ein Russe.

Das erste, was er sagte, nachdem wir uns umarmt hatten, war: »Ich habe gesehen, dass es keine Ehre ist, Professor der Humboldt-Universität zu sein. Ich gehe nach Kanada.« Viel mehr hat er uns über seine Erfahrungen in Berlin nicht erzählt.

Gleich nach Abschluss seiner Dissertation war er berufen worden. Wir fanden das in Ordnung und waren stolz auf unseren Freund. Er war schon vor uns, im Jahr 1933, als politischer Emigrant nach Zürich gekommen, direkt von der Karl-Marx-Mittelschule in Berlin, hatte seine Dissertation über Experimentalgenetik mit der Fliege Drosophila melanogaster zu einem Riesenwerk erweitert und war ein marxistischer Denker, der den Dialektischen Materialismus und seine Anwendung auf alle menschlichen Tätigkeiten und Verhältnisse so beherrschte, dass kein Widerspruch möglich war. Ich musste mich für viele Stunden in die Bibliothek zurückziehen, um bei den »Klassikern« Hilfe zu suchen, damit ich bei Diskussionen mithalten konnte.

Der deutschen Studentenbewegung der späten sechziger Jahre hätte man einen so kompetenten und engagierten Marxisten gegönnt. Doch Antoine war nicht verfügbar. Als wissenschaftlicher Mitarbeiter des kanadischen Forstministeriums leitete er ein Forschungslabor in Sault St. Marie. Gegenstand seiner Forschung war eine Motte, der Fichtenspinner, dessen Chromosomen ebenso übersichtlich sind wie die der Drosophila, und der in den kanadischen Wäldern unter verschiedenen klimatischen und ökologischen Bedingungen unterschiedliche Erscheinungsformen (Phänotypen) aufweist. Ein ideales Objekt für die experimentelle Genforschung. Trotz der kurzen Generationszyklen des Fichtenspinners beansprucht ein genetisches Experiment oft mehr als ein Dutzend Jahre.

Der Höhepunkt seiner Laufbahn war, dass die UdSSR die Kanadische Regierung ersuchte, den leitenden Professor der Abteilung für Genetik der Sowjet-Akademie als Assistent im Institut des Forstministeriums in Sault St. Marie arbeiten zu lassen. Antoine verstand sich gut mit dem viel älteren Kollegen. Die Anerkennung der Sowjets bedeutete ihm mehr als ein Nobelpreis.

Im September 1969 reisten wir nach Kanada, um Antoine zu besuchen und mit ihm den neuen undogmatischen Marxismus zu diskutieren. Anschließend wollten wir den Kongress der Amerikanischen Afrikanisten besuchen, der Anfang Oktober, diesmal in Montreal, stattfand.

Es sollte ein Abschiedsbesuch werden. Lange haben wir nicht begriffen, dass damals auch unser langer Abschied von Afrika angefangen hat.

Herbstreise
Als sich die Maschine zur Landung senkte, waren die Wälder unten von einem purpurnen Schleier überzogen, in der Ferne glänzte der Lake Superior, von der Stadt war nichts zu sehen. »Wahrscheinlich liegt der

Flugplatz weitab«, dachten wir. Auf der Landkarte ist Sault St. Marie die größte Stadt an der Südroute zwischen Atlantik- und Pazifikküste. Tatsächlich sind es nur wenige im Wald verstreute Häuser, einige Verwaltungsgebäude, ein Supermarkt, verschiedene Kleinindustrien und Garagen. Das Biolabor der Forstverwaltung ist ein stattlicher Neubau und sieht aus wie eines jener Schulhäuser, die man in den Jahren des wirtschaftlichen Aufschwungs bei uns gebaut hat. Antoine wollte uns seinen Arbeitsplatz nicht zeigen. »Nichts zu sehen«, meinte er, »oben stehen die Kästen mit den Lochkarten, unten im Keller sind die Raupen auf den Fichtenzweigen, die sie fressen und fleißig verspinnen, bis sie wieder zu Motten werden.«

Antoine stand allein da, ohne seine Frau Hella. Er hatte geheiratet, als wir bereits in Jugoslawien bei der Befreiungsarmee waren. Sie kam vom Theater. Wir hatten sie nur einmal im Tessin besucht, wo sie wohnten, bevor die Berufung nach Berlin gekommen war. In dem Dorf am Lago Maggiore wirkte sie ziemlich verloren. Kaum vorstellbar, was sie ohne Theater und Kaffeehaus anfangen sollte. »Antoine züchtet Würmer«, sagte sie und schüttelte sich, um zu zeigen, wie eklig das ist.

Kaum hatten wir uns umarmt, als uns Antoine drängte, den Wagen sofort zu mieten, bevor Hertzcar den Schalter wieder schließt. »Unseren Wagen braucht Hella, wir wohnen ziemlich weit weg. Sie lässt sich entschuldigen, auf unsere Reise kann sie nicht mitkommen. Ihr werdet sehen, wieso.« Goldy stieg zu ihm in den Dodge, und ich fuhr mit dem gemieteten Ford nach. Vor der Stadt war noch eine Wiese, auf der Pferde weideten. Dann ging es in den Wald, zwanzig Meilen über einen weichen Pfad.

Endlich auf einer Lichtung das Haus, aus hellem Holz, das schindelgedeckte Dach weit hinuntergezogen; vor den hohen Fichten sieht es klein und romantisch aus. Antoine ist es gelungen, dem Ideal vieler Architekten nahezukommen: ein Haus zu bauen, das von außen klein, innen groß ist. Er hatte den Bau gezeichnet und die Konstruktion überwacht, geleitet ausschließlich von der dialektisch-materialistischen Analyse der Gegebenheiten – des hier produzierten Materials, Holz – der lokalen handwerklichen Traditionen, Zimmerleute – und des Zwecks, einer dauerhaften, dem Klima angepassten Wohnstätte, Moskitoschutz für den Sommer und eine energiesparende Holzfeuerung für Heizung und Warmwasser. Wenn sich der Sozialismus einmal realisiert hat, wird es jedem Mann und jeder Frau möglich sein, ebenso zweckmäßig und schön zu bauen.

Über drei bequeme Stufen geht es durch die verglaste Türe in einen großen, lichten Raum. Da sitzen vor uns um einen niedrigen runden Tisch hochragende pelzige Gestalten, eine bizarre Ratsversammlung. Erst nach einer Weile können wir die Herrschaften richtig anschauen. Es sind Barsois, russische Windhunde. Sie thronen auf niedrigen Schemeln, die Hinterpfoten eingezogen, steil auf die Vorderpfoten gestützt; die seidigen Schwänze hängen hinten herunter. Nur kurz drehen sie die langen Schnauzen zu uns herüber, bleiben unbeweglich aufrecht sitzen, bis Hella hereinkommt, umspielt von zwei zarten glatthaarigen Windspielen, die sie Whippets nennt. Zu ihr blicken die edlen Tiere etwas länger hin. Als die Hausfrau Tee und Sandwiche auf den Tisch stellt, erhebt sich ein Tier nach dem andern vom Podest. Das erste begibt sich zur Türe, drückt die Klinke herunter, die für Hundepfoten zweckmäßig geformt ist, in weichen Sprüngen satzen sie ins Freie und jagen in Kreisen um die Wiese. Mit einem weiten Satz überspringt ein Hund unseren Ford, der ihm im Weg steht.

Wir kannten Hella als typische »Schöne aus dem Romanischen Kaffee« in Berlin, die roten Haare in wilden Locken, die Lippen breitgeschminkt, die Klamotten elegant und vergammelt. Sie hatte sich sehr verändert; wir hätten sie kaum wiedererkannt. Sie trug die silbergrauen Haare glatt nach hinten gekämmt, das feine Gesicht gebräunt, die Lippen blassrosa nachgezogen, zu grauen Flanellhosen ein diskret kariertes Tweedjacket; eine perfekte *landed lady*. Vom Theater war ihr einzig die Kunst, sich zu verwandeln geblieben. Mit Antoine sprach sie Oxfordenglisch, er nannte sie Jacky und sprach deutsch oder in seinem kanadischen Idiom.

Während wir Tee tranken, lagen die beiden Whippets rechts und links neben ihr auf dem Teppich. Sie hatten sich nicht am Auszug der Barsois beteiligt. »Ihr versteht, dass ich meine Schönen nicht allein lassen kann. Antoine freut sich unbändig auf die Reise. Es wird ihm guttun. Hier kann er nie Pause machen. Er ist jeden Tag 14 Stunden im Labor oder länger.«

Hella, oder vielmehr Mrs. Jacky Stehr, ist die einzige Züchterin der edlen Barsois im Land. Käufer sind reiche Leute aus Montreal, Toronto oder aus Vancouver an der Pazifikküste. Wer einen Welpen will, muss das lange vorher anmelden und einmal einen Besuch bei Jacky machen. Sie studiert die Herrschaften, denn sie wird entscheiden, welcher Hund zum Käufer passt. »Sobald das Tier aufgewachsen und erzogen ist, schicke ich ein Telegramm, dass man es holen kann. Wenn eines fort muss, sind wir alle traurig. Darum mache ich einen sehr hohen Preis. Ich hoffe immer, dass man den Hund nicht mehr will und er bei uns bleibt. Den Käufern, die so lange gewartet haben, macht es aber nichts aus, sie nehmen das Tier mit und schicken mir später Fotos.«

Nach dem Tee zeigte uns Antoine sein Werk, das Haus. Die quadratischen Betten in den Schlafzimmern waren riesig, damit die Tiere nach Laune bei Herrchen oder Frauchen schlafen konnten. Im Untergeschoß gab es einen großen, als Massenlager eingerichteten Raum mit eigenem Eingang, Duschen und einer zweiten Küche. Seit einigen Jahren war den Sommer über ein Zug von Blumenkindern und Trampern von den Städten im Osten an die wärmere Atlantikküste unterwegs. Sie kamen mit der Bahn, mit Autostopp, mit Fahrrädern oder zu Fuß, allein oder zu zweien und dreien. Es hatte sich herumgesprochen, dass man bei Antoine und Mrs. Jacky haltmachen und sich erholen konnte. Manchen gefiel es so gut, dass sie länger blieben; sie gingen mit den Hunden spazieren, machten sich nützlich und rauchten abends ihren Stoff. Jetzt, Ende September, waren alle fortgezogen. Die Blumenkinder waren sehr jung, die Mädchen vielleicht etwas älter. Antoine versuchte, ihnen die Grundzüge marxistischen Denkens beizubringen. Sie waren – abgesehen von den Barsoi-Käufern – die einzigen Besucher im Holzhaus. Von Antoines Forschungskollegen aus Europa war in all den Jahren niemand zu Besuch gekommen.

Die Krönung des Hauses war das Atelier unter dem Dachgiebel. Die Arbeit am Selbstporträt, das auf der Staffelei stand, hatte er begonnen, lange bevor er nach Berlin gegangen war. Mit der richtigen Anwendung dialektischen Denkens hätten jeder Mann und jede Frau die Fähigkeit, ein vollkommenes Kunstwerk zu schaffen. Das Gemälde war nicht viel weiter gediehen als vor 25 Jahren, die Ähnlichkeit unverkennbar, die Züge jedoch ohne Leben. »Ihr seht, dass ich nicht viel daran gearbeitet habe. Nur die Haare habe ich grau werden lassen. Eigentlich bin ich ständig an der Arbeit. Einmal wöchentlich erweitere ich meine Grundlagen, lese und schreibe hier im Atelier. Ich musste feststellen, dass dem ›subjektiven Faktor‹ eine Unterlassung anzulasten ist. Es muss eine materialistische Theorie der Psyche entwickelt werden. Bei Antonio Gramsci und sogar bei Georg Lukács habe ich einen Ansatz gefunden. Rasch komme ich damit nicht voran; wegen meiner Fichtenspinner. Ihr Psychoanalytiker habt das schon längst gefordert. Erst wenn das bewusste und unbewusste Seelenleben dialektisch mit dem subjektiven Faktor von Marx zu einem dritten Begriff zusammengebracht ist, werde ich weiter malen. Dann wird mehr Leben in mein Bild kommen.«

»Recht hast du«, sagte Goldy, »wie bist du darauf gekommen?«
Doch Antoine ließ sich nicht zu einer Diskussion verlocken. Wir sollten
den Rundgang fortsetzen, solange es noch hell war. Von der Lichtung
war ein Streifen als Baumschule abgegrenzt. Jacky hatte von einem Bar-
soi-Fan in British Columbia Schösslinge eines Weichselbaums bekommen, der auch in diesem rauen Klima Früchte bringt. Die Bäumchen
sollten im Frühjahr auf die Wiese versetzt werden.

Schon vor dem Frühstück trainierte Jacky ihre Schönen. Mit lei-
sen Signalen und Handzeichen jagte sie die Barsoi-Meute in ellipti-
scher Bahn über die Wiese. Es sah aus wie ein lockeres Spiel, folgte
jedoch bewährten Regeln. Die Whippets machten mit, ließen sich von
den mächtigen Vettern jagen, die sich im Galopp streckten. Bevor die
Meute sie einholte, krümmten sich die zarten Tiere und ließen sich
aus der Bahn treiben, während die Großen weiterzogen und erst allmählich langsamer wurden. Nach dem Frühstück brach Jacky mit allen
zusammen zum langen Marsch in den Wald auf. (Obwohl es in dieser Gegend viele Hirsche – deers – gibt, verlieren sich Barsois nie, wie
andere Hunde, indem sie einer Wildspur folgen. Sie jagen nur, solange
sie das Wild sehen.)

Wir hatten vor, die Küste des Lake Superior entlangzufahren, dann
nach Nordosten in Richtung auf die Hudson Bay, so weit es eine Straße
gibt, von dort wieder südlich in die Provinz Québec, um rechtzeitig
zum Kongress in Montreal anzukommen. Dort wollte Antoine seinen Arzt konsultieren und wir nach Ende des Kongresses nach Europa
zurückfliegen.

Ich versage es mir, die Pracht der Ahornwälder im Herbst zu
beschreiben. Die purpurroten Maples drängen ohnehin in vielen meiner Erzählungen an die Oberfläche. Als wir den See entlangfuhren, fing
die Verfärbung erst an den Nordhängen an. Es mussten noch einige
Frostnächte kommen, bis es überall so weit war. Auch auf die Beschreibung der strahlenden Herbsttage am Wasser will ich verzichten.

Am Lake Superior gibt es die Steinschleifer. Sie leben meilenweit
voneinander entfernt in Holzhütten, wo ein Bach in den See fließt, der
die Schleifmaschine antreibt. Die meisten waren alt und schon lange
da. Einige junge waren mit den Hippies in die Gegend gekommen und
hatten sich eine Hütte gebaut. Sie waren fasziniert von den unscheinbaren Kieseln, die beim Zerschneiden und Schleifen die wunderbars-
ten Farben und Muster enthüllten. Als Antoine – damals noch allein –
nach Sault St. Marie kam, hatte er die Geologie des Landes studiert,

insbesondere die ungewöhnliche Vielfalt von Urgestein, das in der Eiszeit dort abgelagert worden ist. Er war bei den Schleifern gerne gesehen. Sie pflegten ihre Steine »nach Gefühl« zu wählen und mussten oft nach dem Zersägen und Schleifen feststellen, dass der Kiesel eine banale oder eintönige Schnittfläche bot. Einmal im Jahr kamen Pelzhändler und kauften geschliffene Steine als Briefbeschwerer für den Export. Dieser Handel brach Mitte der sechziger Jahre zusammen. Viele Steinschleifer konnten nicht aufhören, aus den unscheinbaren grauen Klumpen immer neue märchenhafte Muster herauszuschleifen. Sie gerieten ins Elend. Wieder war Antoine hilfreich. Er fand einen neuen Markt bei den Blumenkindern. Die Schleifer mussten sich auf kleinere Kiesel umstellen und die bunten Dünnschliffe mit einem Loch versehen. Zu Beginn des Sommers transportierte der Professor die Steine im Kofferraum seines Wagens nach Sault St. Marie. Die Hippies waren glücklich, sich die bloßgelegten Wunder der Natur an Riemchen um den Hals zu hängen, und wir brachten eine Kassette mit dem Erlös des Sommers im Kofferraum des Ford. Die Schleifer luden uns zu Whisky und Tee ein und setzten ihre Unterschrift oder ein Kreuzchen ins Heft mit der Buchhaltung.

Während der Fahrt nach Norden und an den langen Abenden war Kanada ein unerschöpfliches Thema, seine Geschichte, die soziale und politische Struktur, die Einwanderung. Für uns war alles neu. Jene Diskussionen über Prinzipielles, in die jedes Gespräch mit Antoine gemündet war, kamen nicht zustande. Wir versuchten, von der Protestbewegung in Frankreich und in der Bundesrepublik, und vom Backlash dagegen zu erzählen. Antoine war nicht begierig, mehr zu erfahren, als er ohnehin wusste. Er hatte nichts von alledem gelesen, was die »Linke« Europas damals bewegte, nichts von der Kritischen Theorie, nichts von Jean Paul Sartre. In Kanada hatte ihn immerhin »Eros und Kultur« von Herbert Marcuse erreicht. Erst als wir die Schriften des »jungen« Marx erwähnten, die kürzlich wiederentdeckt worden waren, wurde er neugierig. Einmal sagte ich: »Es hat keinen Sinn, die Gesellschaft dem Individuum gegenüberzustellen. Das Individuum ist das gesellschaftliche Wesen.« »Das stimmt, das hast du schön gesagt«, meinte Antoine. »Es ist nicht von mir, das ist Karl Marx 1844, sofern ich richtig zitiert habe.« Wir lachten alle drei und mussten ihm versprechen, die wichtigsten Bücher der letzten Jahre aus Europa zu schicken.

Seit Antoine die realexistierende DDR freiwillig verlassen musste, hatte er »dialektisch« weiter gedacht. Weil er »richtig« zu denken wusste, das heißt, so wie auch wir es für richtig hielten, war er gleich weit gekommen wie wir. Oder eben nicht weit genug. Es war fein, nicht mehr streiten zu müssen.

Doch wurde unsere gute Laune von einer Besorgnis getrübt. Antoine musste in Montreal zum Arzt, weil seine Herzkranzgefäße in schlechtem Zustand waren. Übermütig kletterte er im Sturmschritt auf jeden steilen Hügel, um das Gestein zu prüfen und um Ausschau zu halten. »Das ist der bare Unverstand«, mahnte ich ihn ärztlich. »Recht hast du, auch das hast du gut gesagt«, meinte er und ließ mich beim nächsten Hügel wieder anhalten. Von oben machte er uns Zeichen. Wir kletterten langsam nach. Zwischen den dünn stehenden arktischen Fichten zog eine Herde Karibu, wilde Rentiere, mit weitausladenden Geweihen, nach Süden.

Den nördlichsten Halt machten wir in einer Siedlung mit einem primitiven Motel. Der Caretaker sprach kein Wort englisch. »Er spricht ukrainisch«, sagte Antoine und versuchte es mit russisch. Der Mann umarmte ihn und küsste ihn auf die Wangen. Die Siedlung bestand aus hölzernen Hütten, die mit seltsamen Schnitzereien verziert waren. Die Bewohner hatten Gärten oder kleine Felder angelegt, mit Kohl, Kartoffeln, die man noch nicht geerntet hatte, und Hafer, der noch nicht reif war. Der Mann sperrte die größte Blockhütte auf, die als Kneipe diente, und machte Feuer im Kamin. Er versprach, mit Brandy – das war sein einziges englisches Wort – wiederzukommen. Er kam nicht allein. Die Stube füllte sich mit bärtigen Männern, Frauen mit Kopftüchern und vielen in Mäntelchen gehüllten Kindern. Der Dorfvorsteher, ein Muschik mit Bart, Stiefeln und Pelzmütze, brachte eine große Flasche mit einem glasklaren Wodka-ähnlichen Getränk, das in der Kehle brannte, dem selbstgebrannten Brandy. Wir waren Mittelpunkt einer ukrainischen Dorfversammlung. Alle sprachen russisch, einige lachten, eine alte Frau weinte, die Kinder bekamen einen Schluck und wurden noch übermütiger.

Diese Leute hatten nichts zu lachen. Eine Bergbaufirma hatte sie hergebracht und ihnen Arbeit in einem Silberbergwerk versprochen, das sie betreiben wollte. Doch das Projekt hatte sich zerschlagen, die Ingenieure zogen fort, und die Zahlungen an die Ukrainer hörten auf. Seit einigen Jahren versuchten sie sich durchzubringen, fingen Fische und Hasen, pflanzten Kohl und Kartoffeln, die nicht reif werden wollten, und hungerten. Man hatte sie vergessen. Der Dorfvorsteher schickte seinen Sohn, der mit einer Tasche aus ungegerbter Karibuhaut zurückkam. Sie enthielt eine Menge Papiere, eine Sammlung von Briefen, Dokumenten und Formularen, die man ungelesen aufbewahrt hatte.

Die Leute ließen die Strommaschine an, damit der freundliche russische Besucher Licht hatte, die Papiere in Ruhe zu studieren. In den Hütten behalf man sich mit harzigen Spänen als Fackeln. Das Dieselöl für elektrisches Licht wurde für besondere Gelegenheiten aufgespart. In der Tat war dieser Abend außergewöhnlich. In Ruhe konnte Antoine die Akten allerdings nicht studieren. Weniger vom Brandy als von einer plötzlichen Hoffnung erregt, sprachen die Männer auf ihn ein, versuchten, ihm weitere Gläser Brandy einzuflößen, während die Frauen laut beteten, sich bekreuzigten und herandrängten, um sein Kleid zu berühren, wie bei einem Heiligen.

Trotzdem war es bald so weit, dass ich die Schreibmaschine aus dem Wagen holen und Antoine den – vielleicht rettenden – Brief aufsetzen konnte. Der Kollektivvertrag befand sich bei den Papieren. Die Bergwerk-Gesellschaft war verpflichtet, drei Jahre lang Minimallöhne zu zahlen und die Arbeiter bei der staatlichen Versicherung anzumelden. Die Bergarbeitergewerkschaft hatte dreimal geschrieben und von den Ukrainern die Vollmacht verlangt, ihre Interessen zu vertreten. Dieses Dokument setzte Antoine auf und übersetzte es für die Zuhörer. Das löste ein lautes Palaver aus, bis der Dorfvorsteher aufstand, sich bekreuzigte und unterschrieb. Sofort waren sie still. Ein Mann nach dem anderen unterschrieb in kyrillischer Schrift oder machte sein Kreuzchen. Antoine faltete das Papier, steckte es ein und versprach, selber mit der Gewerkschaft zu sprechen. Ein Mütterchen segnete ihn. Spät am Abend wurden Speisen aufgetragen und eine weitere Flasche Brandy gebracht.

(In einem seiner letzten Briefe hat uns Antoine geschrieben, dass eine andere Firma das Silberbergwerk übernommen habe und die Arbeiter wieder beschäftigte. Die Gewerkschaft hatte eine Lehrerin gefunden, die bereit war, in die Siedlung zu ziehen, um die Ukrainer Englisch zu lehren. Damals förderte Kanada die Einwanderung. Heute herrscht auch dort Arbeitslosigkeit und das entsprechend schlechte Klima für Immigranten.)

Am letzten Tag der Reise nach Montreal schlug das Wetter um. Ein kalter Nordwind jagte Regenböen über das Land. Die herbstliche Pracht der Ahornwälder war über Nacht verschwunden.

Sind Black Panthers Afrikaner?

Wir saßen mit Antoine in unserem Zimmer im 11. Stock des Queen Elisabeth in Montreal und studierten das Programm des Afrikanisten-Kongresses. Antoine beschloss sofort, sich einzuschreiben. Über 1.500 Teilnehmer waren angemeldet, die meisten aus den Vereinigten Staaten, viele aus Kanada und Westeuropa. Der Kongress war in der Lage gewesen, alle Ethnologen aus den afrikanischen Ländern einzuladen und ihnen die Reise zu bezahlen. Endlich konnten sie die Kollegen in der westlichen Welt kennenlernen und vor einem internationalen Forum sprechen. Der bedeutende Ethnologe Yomo Kenyatta war Präsident von Kenia geworden und war unabkömmlich; auch andere waren in ihren Ländern auf hohe Posten gerückt. Im Gefängnis, das beinahe alle vor der Unabhängigkeit kennengelernt hatten, saß keiner mehr.

Die Veranstalter hatten fünfzehn Räume für Fachsektionen vorgesehen, in denen gleichzeitig vorgetragen und diskutiert werden konnte. Mein Vortrag war am Abend des zweiten Kongresstags unter dem Stichwort »Psychologie und Sozialpsychologie« angeführt. Die Eröffnung und die Schlussdiskussion sollten im großen Ballsaal des Hotels stattfinden.

Hier traf man sich um vier Uhr. Auf dem Podium saß das internationale Komitee, ältere Herren, mehrheitlich Weiße, aber auch einige Schwarze und ein Inder. In Japan gab es damals keine bedeutenden Afrikanisten, und es gab anscheinend auch keine Afrikanistinnen.

Nach der Begrüßung durch den Bürgermeister der Stadt wollte der Präsident der einladenden kanadischen Afrikanisten seinem Kollegen aus den Vereinigten Staaten das Wort erteilen, um den Ablauf des Kongresses zu erläutern. Da stürmten in wiegenden Sprüngen junge Schwarze auf das Podium, zwei oder drei Dutzend Jünglinge und Mädchen, in Afrolook, mit Zottelhaar oder Zöpfchen, halbnackt oder in bunten Tüchern, mit Amuletten behangen, Fetischwedel in der Hand. In dichter Reihe stellten sie sich an die Rampe des Podiums und wiegten sich im Rhythmus unhörbarer Trommeln. Ein leises Zischen ertönt, wie von einem Vogelschwarm, wird lauter, bis wir es verstehen: *brothers-sisters-brothers-sisters ...* Wir unten im Saal können die Herrn vom Komitee nicht mehr sehen.

Nach wenigen Minuten öffnete sich die Reihe, der kanadische Präsident trat vor und erklärte, der Kongress erteile einem Sprecher der Black Panthers das Wort. Damit reichte er das Mikrophon einem schwarzen Herrn, der über den dunkeln Anzug einen weiten Radmantel trug. Das zischende *brothers-sisters* versiegte. Als es still war, begann der Gast zu sprechen.

Leider kann ich den Text nicht wörtlich wiedergeben, auch den Namen des Redners, eines bekannten Schriftstellers, weiß ich nicht. Er begann mit einem Shakespeare-Zitat, erklärte, dass es Kolonialisten und weißen Rassisten nicht erlaubt werden könne, über Afrikaner und Afrikanerinnen zu verhandeln. Zum Schluss rief er in den Saal: *This meeting is adjourned*, dieser Kongress ist vertagt.

Es war eine eindrückliche Rede und ein vollendeter Auftritt. Einige Hörer applaudierten, als erster Antoine, während der Redner sich verbeugte, den Radmantel über die Schulter schlug und mit seinem Gefolge den Saal verließ. (Es hieß, er spreche täglich in irgendeiner Stadt der Vereinigten Staaten für die Sache der Afroamerikaner.)

Die übrigen Panthers standen jetzt seitlich vom Tisch des Komitees. Der Präsident griff zum Mikrophon und wünschte den Teilnehmern eine erfolgreiche Tagung; die Sitzungen würden, wie im Programmheft vermerkt, morgen um 9 Uhr 30 vormittags beginnen. Als wir den Saal verließen, sprach mich ein Kollege an, den ich bei einem Empfang in Dakar kennengelernt hatte. Er war jetzt Gesandter der Republik Senegal in Bonn. Er schien der einzige zu sein, der sich über die Störung aufregte. »Sie denken nicht daran, die Polizei zu rufen, unglaublich, *ces Anglosaxons*, diese Angelsachsen«, rief er aus, »so etwas würden wir in Afrika niemals dulden.«

Der Kongress fand statt und fand nicht statt. Die erste Sitzung, an der wir teilnehmen wollten, war gut besucht. Als der Redner Platz genommen hatte, fuhren »sie« ein, etwa ein Dutzend. Die jungen schönen Menschen sahen angstvoll oder erschrocken drein; nur die bunte Ausstattung wirkte lustig. Mit *brothers-sisters* stürmten sie zum Pult des Redners, einer trat vor, nahm das Glas Wasser vom Tisch und trank es aus. Ein Mädchen löste die Feder der Projektionswand, die in die Rolle hinaufschnellte. Der Redner und sein Begleiter verließen den Raum unbehelligt, die Hörer zerstreuten sich.

Wir versuchten es im nächsten Sitzungszimmer. Das gleiche Ritual. Hier wollte der Redner trotz der Störung lesen. Da nahm ihm einer blitzschnell das Manuskript weg und ging damit zur Türe; dort gab er dem verblüfften Afrikanisten sein Papier zurück. Beim dritten oder vierten Vortrag ging es anders aus. Der Redner war ein kräftig gebauter junger Franzose, der sich während des Algerienkriegs für die FLN eingesetzt hatte. Er ging nicht an das Pult, sondern fragte die jungen Leute, was ihnen denn an ihm nicht passe. Ohne ihren Sprecher wussten sie nicht, was sie sagen sollten. Er stopfte seine Pfeife und fragte immer wieder. »Es geht nicht«, sagte schließlich ein Mädchen, »dass du da oben sitzt, und wir hocken unten und müssen zuhören.« »Ihr habt recht«, sagte der Mann. »Wir müssen die Stühle anders stellen.« Ein Podium, ein Oben und Unten, gab es in dem Raum zwar nicht. Er schleppte das Rednerpult in die andere Ecke des Raumes und begann die Stühle in den Sitzreihen umzudrehen. »Helft mir, was steht ihr herum. Wir haben nicht viel Zeit«, feuerte er sie an. Bald waren alle Stühle umgedreht. »Ist es recht so?«, fragte er, bevor er sich an das Pult setzte. Einer sagte noch: »Wir nehmen dir das Manuskript weg.« »Das kannst du haben. Glaubst du, ich kann nicht ohne Manuskript reden? Das kann ich. Natürlich wird es dann nicht ganz so gut. Dann hört ihr eben einen schlechteren Vortrag.« Man ließ ihm das Manuskript. Nach dem Vortrag fragte einer der Panther. »Erklär' doch, was das ist, ›Berber‹. Du sprichst immer davon. Sind das Schwarze oder Weiße?« »Berber sind weiße Nordafrikaner, so wie ihr schwarze Nordamerikaner seid.« »Nein«, rief ein Mädchen, »das bin ich nicht. *I am an African girl, no American in my skin.*«

Wir fanden immerhin einen Vortrag, der ohne Störung verlief. Ein Wirtschaftsfachmann aus Algerien sprach über die Zerstörung der Wirtschaft seines Landes. Er wies nach, dass die neue FLN-Regierung die Reichtümer Algeriens an Frankreich verkaufe. Der Sieg im Freiheitskampf sei nach dem Sturz Ben Bellas rückgängig gemacht, das Volk verraten worden. (Heute ist es der ganzen Welt klar, dass diese Analyse gestimmt hat.)

Der Redner ging nach dem Vortrag eilig fort. Ich fragte seinen Begleiter, einen langhaarigen jungen Kanadier, ob ich ihn treffen könne, um den Vortrag zu diskutieren. Das war nicht möglich. Der Algerier werde von der Junta seines Landes bedroht, man wolle ihn umbringen, er sei nach Kanada geflohen und unter falschem Namen aufgetreten. »Das habe ich den Panthers erzählt«, sagte der junge Mann, »da haben sie ihn reden lassen. Ich will ausrichten, dass Ihnen der Vortrag gefallen hat.«

Ich war neugierig, wie es mir ergehen würde. Die Panther hatten nicht genug Leute, um alle Sitzungen, die gleichzeitig in 15 Räumen stattfanden, zu stoppen. Manchmal kamen sie zu spät oder gar nicht. Ich wollte es wenigstens versuchen. Tatsächlich wurde mein Vortrag nicht gestört; der Saal No 15 des Queen Elisabeth lag einen Stock höher als die anderen und war nicht leicht zu finden. Mein Thema »Persönlichkeitszüge unter dem Druck des Kulturwandels – nach Beobachtungen bei den Dogon (Mali) und den Agni (Elfenbeinküste)«[2] verschaffte mir ein ausgezeichnetes Publikum. Die Westafrikaner, die meine früheren Publikationen kannten, waren da, endlich die Kollegen, die zu treffen ich gehofft hatte. Die Diskussion war so lebhaft, dass wir sie in der Brasserie in der Tunnelstadt unter dem Hilton fortsetzten. Was die Afri-

2 Anm. Hrsg.: Parin 1970a. PPW, Bd. 5, 457–465.

kaner so erregte, war keineswegs mein Vortrag, den fanden sie »interessant«. Doch sollte ich ihnen erklären, was mit den sogenannten Black Panthers los sei. Ein Skandal, ihren Kongress zu sprengen. Kein Respekt vor Gästen. Gemeine Diskriminierung afrikanischer Forscher.

Den Psychiater K. aus Nigeria kannte ich seit langem als einen stets lächelnden und etwas skeptischen Mann. Er war so wütend, dass er kaum sprechen konnte. »Ich werde die Lausbuben verhauen, damit sie wissen, was sich gehört. Lauter ungebildete verwöhnte Yankees. Keine Haltung, keine Erziehung, keine Spur von politischem Bewusstsein. Heute Abend noch knöpfe ich mir ein paar vor. Die nennen sich Afrikaner! Solche Lausbuben gibt es in Afrika nicht!«

Es gelang mir, allmählich ein wenig Verständnis und sogar Sympathie für die jungen Protestierer zu erwecken. Man hatte vom Studentenprotest in Berkeley und in Paris gelesen. Dass ein Establishment gestürzt werden sollte, war nicht ganz unverständlich. Unter dem kolonialen Establishment hatten sie lange genug gelitten. Keiner der Afrikanisten, die mit uns bei kanadischem Bier saßen, der nicht Freiheitskämpfer gewesen war.

Ein Psychiater aus dem Sudan ging mit Antoine beiseite. Sie schienen sich sehr gut zu verstehen. Dann stand er auf, schlug an sein Glas, um endlich Klarheit zu schaffen.

»Wir sind für die Wissenschaft hergekommen. Die ist für uns das Mittel, mit dem wir die alten Zwänge ganz überwinden wollen, damit wir endlich völlig unabhängig werden. Hier, im Zentrum des Kapitalismus, müssen wir begreifen, dass Wissen Besitz ist. Die Panthers sind davon ausgeschlossen. Sie können nicht einmal lesen und schreiben. Sie wollen uns zum Schweigen bringen, weil wir das Kapital haben, das sie unterdrückt. Die Schwarzen in Amerika sind kolonisiert. Was sie mit uns machen, das ist ihr antikolonialer Kampf. Afrika ist ihr Symbol. Wir Afrikanisten haben schwarze Haut, aber wir sind die Gäste des Klassenfeindes.«

Für Antoine gab es viel Neues zu durchdenken. Es war nötig, die Imperialismuskritik auf eine breitere Basis zu stellen.

Am Abend, als wir in unser Zimmer gingen, stellte ich fest, dass die Black Panthers neben uns wohnten. Die Türen standen offen, sie hockten und lagen draußen auf dem Korridor und tranken Coca-Cola und Bier aus Dosen. Ich setzte mich zu ihnen. Sofort boten sie mir Coca-Cola und einen Joint an. Beinahe wurden sie sauer, weil ich meine eigenen Zigaretten rauchen wollte. Dann aber waren sie froh, einen echten Europäer zu sehen. Sie hätten gemeint, dass man Europäer nicht verstehen kann, weil sie schwedisch sprechen. Die meisten kamen aus Chicago.

Ich wunderte mich, dass sie im teuren Hilton Quartier genommen hatten. »Wo sollen wir sonst wohnen. Wir sind zum ersten Mal in Montreal.« Ich erzählte, wie sich unsere Achtundsechziger durchfretten, in WGs Unterschlupf finden, kein Geld nirgends. Sie mussten herzlich lachen. »Das zahlen doch nicht wir. Das zahlen die B. P., Black Panthers. Den Stoff auch. Sonst kommen wir gar nicht. Scheißlangweilig so ein Kongress.« Sie wollten es aber durchziehen. Zwei Mädchen, die auf mich neugieriger waren als die anderen, klagten dann doch, dass sie nicht wüssten, was sagen, warum eigentlich das *meeting* gesprengt wird. Schade, dass ER abfahren musste. »Er jettet von einem *meeting* zum anderen. Uns hat er gesagt, seid frech und gebt nicht nach, aber werdet nicht grob. Wenn ihr wen verprügeln wollt, ist es eure Sache. Wir holen euch nicht raus. Mit der kanadischen Polizei wollen wir uns nicht auch noch anlegen.«

Auf die afrikanischen Gäste waren sie wütend. Die sagen ständig, dass wir keine Afrikaner sind. Was sollen wir sonst sein? Proletarier? Ist man da schwarz oder weiß? Das sind Affen, dumme Affen. Die reden wie die Weißen. Sie sind gar nicht aus Afrika, wahrscheinlich sind es verkleidete Weiße.

Für Ethnologen war es die seltene Gelegenheit, gleichzeitig zwei »afrikanische« Subkulturen in einem einheitlichen sozialen Rahmen, dem Kongress, zu studieren. Darum wollten wir weitere Vorträge besuchen.

Stereotype nennt man in einem Kollektiv vorhandene Meinungen, Einstellungen, Haltungen, die ihren Trägern nicht bewusst sind, aber leicht abgerufen werden können, ohne dass Widerstände zu überwinden sind. Auf Stereotypen fußend, können Ethnopsychoanalytiker ihre Vermutungen und Arbeitshypothesen für eine vertiefte Aufklärung formulieren. Die Konfrontation der Afrikanisten aus Afrika bei ihrer wissenschaftlichen Exhibition mit der Protestbewegung der Black Panthers hatte einige vergleichbare und gegensätzliche Stereotype hervortreten lassen. Es sollte noch besser kommen.

In einem der größeren Räume fanden wir uns zum Beginn eines Podiumsgesprächs ein, das völlig ungestört verlaufen durfte, sei es, weil die Sitzung der Aufmerksamkeit der Panthers entgangen war oder weil sie bereits abgereist waren. Fünf Afrikanisten, drei Amerikaner, ein Engländer und ein Kanadier, sprachen zum gleichen Thema: »Korruption in afrikanischen Staaten südlich der Sahara«. Ausgehend von volkswirtschaftlichen und juridischen Untersuchungen, entwickelte jeder der fünf Redner seine These. Im Publikum saßen jüngere Afrikanisten aus Afrika, die am Thema sehr interessiert zu sein schienen. Die nüchterne Atmosphäre war auffallend. Es waren ausschließlich Vertreter juridischer und volkswirtschaftlicher Disziplinen da. Wir waren die einzigen von einer anderen Disziplin; immerhin hat das Phänomen der Korruption etwas mit den Sitten, den Wertsystemen und der Psychologie zu tun.

Alle Vortragenden fingen damit an, »Korruption« zu definieren. Vier zitierten das *Oxford Dictionary*; einer hatte seine eigene Festlegung des Begriffs gebastelt. Alle fanden eine unerschütterliche Basis in der besten Tradition angelsächsischer Staatsverwaltung und Rechtspflege: Korruption ist das Übel, vielleicht nur eine Kinderkrankheit, junger und notgedrungen unentwickelter Staatswesen. Über Ursache, Wirkung und die bitter nötige Abhilfe hatte jeder Redner ein eigenes Konzept. Wirtschaftlich: bestechliche Beamte sind zu wenig bezahlt – bessere Finanzierung der Verwaltung tut not; organisatorisch: Institutionen funktionieren ohne permanente Kontrolle; Kontrollinstanzen auf jeder Ebene müssen eingerichtet werden, in zwei Varianten, demokratisch-parlamentarische und autoritär-hierarchische Kontrollen; juristisch: rudimentäre oder widersprüchliche Werte und Rechtsbegriffe, deshalb besser definierte Rechtsnormen und strengere Strafen.

Auch eine vollständigere Wiedergabe der Reden, die mir heute nicht mehr zugänglich ist, wäre unzureichend. Die sorgfältigen Untersuchungen, die Statistiken und die ins einzelne gehenden Argumentationen waren beeindruckend. Allen Rednern gemeinsam war ein Stereotyp: Korruption ist schädlich, darf nicht sein, muss so bald als möglich ausgemerzt werden. Damit die Afrikaner schrittweise den richtigen Standard – den der Redner – erreichen.

Die Redner diskutierten untereinander. Sie verstrickten sich bald in spitzfindige, geradezu scholastisch anmutende Argumente über Budgetgestaltung, Finanzwirtschaft, Verfassungs- und Rechtsartikel und ähnliches. Die Afrikaner im Raum blieben stumm. Um ihre Stereotype kennenzulernen, meldete ich mich zu Wort.

»Ich bin weder Jurist noch Ökonom«, sagte ich, »sondern Psychoanalytiker und Ethnologe. Darum kommt mir diese Sitzung trotz der interessanten Einzelheiten zu theoretisch, ein wenig blass vor. Um konkreter zu werden, will ich drei Fälle von Korruption schildern, die ich selber beobachtet habe. Alle drei Beobachtungen haben wir im Jahr

1955 in Ghana gemacht, damals noch die britische Kolonie Gold Coast. Schauplatz ist zweifellos Afrika. Wer die korrupten Institutionen beziehungsweise Funktionäre waren, wird sich hoffentlich in der Diskussion zeigen.

Die Basler Mission, *Basel Mission*, arbeitet in Ghana schon beinahe so lange, wie die Kolonie Gold Coast besteht. Als wir dort waren, hatte die United Trading Company, UTC, die Handelsgesellschaft der Mission, fast alle gewinnbringenden Handels-, Produktions- und Dienstleistungsbetriebe an sich gebracht: Import und Export, Brauereien, Baugewerbe usw. Der Generalinspekteur der Mission, der gerade im Land war, gewährte mir ein Interview. Der ungewöhnliche Erfolg ihrer Unternehmungen komme vom Segen Gottes. Die Mission habe kleine Kaufläden gründen müssen, damit die Missionare Zahnbürsten, Seife und dergleichen kaufen konnten. Dieses Gärtlein hat Früchte getragen. Unternehmungen der Afrikaner haben ohne christliche Werte gehandelt und mussten, eine nach der anderen, der UTC weichen oder verkaufen. Das Wunder klärte sich noch anderweitig auf. Die Kolonie der Krone gewährte wohltätigen Institutionen Steuerfreiheit, während andere Firmen 25% ihres Gewinns an den Steuereinnehmer abführen mussten. Wegen der volkswirtschaftlichen Bedeutung der UTC habe Ghana das Steuersystem beibehalten.

Der zweite Fall betrifft ebenfalls die *Basel Mission*. Sie hatte Schulen eingerichtet. Seit langem wurden die öffentlichen Schulen und der Sold der Lehrkräfte vom Staat bezahlt, doch werden sie von der Mission »geführt«. Der Herr Generalinspekteur wusste nicht, wie viele Schulen, wie viele Lehrer, geschweige denn wie viele Schüler von seiner Mission betreut wurden. Ich hatte im Städtchen Akim Oda festgestellt, dass mehr als die Hälfte der Kinder keinen Platz in einer Primarschule fanden. Nun ja, meinte der fromme Herr, wir werden uns der Sache annehmen. Der Staat hat es uns überlassen. Wir wissen, dass keine Schule für Kinder immer noch besser ist als eine Schule ohne christliche Lehre.

Für den dritten auf Korruption verdächtigen Fall der Basel Mission fühle ich mich zuständig. Die Mission führt in Ghana ein Spital, ausschließlich für ihre Mitarbeiter. Damit es auch dem Fortschritt dient, ist eine Schule für Krankenschwestern angegliedert. *Nurse* war damals ein begehrter Beruf. Die Mädchen treten mit zwölf oder dreizehn Jahren ein, erhalten Schulunterricht und sind mit sechzehn bereit zur Schwesternlehre, die sie im zwanzigsten Jahr mit Diplom abschließen. Dann sind aber die Chancen, einen Ehemann zu finden, vorbei. Bei den Ashanti muss die Braut den Nachweis mitbringen, dass sie nicht unfruchtbar, *a barren woman* ist. Was tun die Mädchen? Mit sechzehn oder siebzehn kriegen sie ein Kind. Die Zukunft als Frau und Mutter ist gesichert. Doch kann unehelicher Geschlechtsverkehr in der Schule der Mission nicht geduldet werden. Die Mädchen fliegen hinaus und müssen zurück ins Dorf. Oder aber – sie treiben ab. Dann können sie bleiben. Ob das Korruption ist? Im Land der Ashanti ist das Problem der Abtreibung entstanden, das es dort früher nicht gegeben hat. Die Frauen, die abtreiben, verlangen viel Geld, wenn auch weniger als europäische Ärzte. Ist das Korruption? Sollten sie gratis abtreiben? Die Entwicklung einer neuen afrikanischen Korruption auf christlicher Grundlage. Wen soll man gerichtlich belangen und bestrafen?«

Nicht ein betretenes Schweigen folgte auf meinen Vortrag. Im Gegenteil. Sofort stand ein junger Jus-Dozent aus Accra auf.»Ich will erst einmal erklären, was bei uns Korruption ist. Die Herrn Vortragenden scheinen da gewisse Wissenslücken zu haben. Wenn ich bei einem Minister etwas für meine Familie erreichen will, gebe ich ihm 10 Pfund; weil ich Dozent bin. Kommt ein armer Mann mit dem gleichen Anliegen, bringt er 1 Pfund. Ist er ganz arm, muss seine Familie ein halbes Pfund aufbringen. Wenn ein Minister von einem armen Pflanzer 10 Pfund verlangt, ist er korrupt. Verlangt er 20 oder 50, gehört er vor Gericht. Wenn ein Minister immer fünfzig oder gar 100 verlangt, dürfte er niemals Minister sein. Wie steht es damit in anderen Ländern Afrikas, frage ich mich. Gibt es auch bei Ihnen Korruption?« Er wandte sich an Kollegen aus Nigeria, dem Senegal, der Malirepublik.

Die Sitzung war vielleicht die interessanteste, sicher aber die lebhafteste des ganzen Kongresses. Korruption als Importware, als Entwicklungshilfe; dazu neu erfundene Formen der Korruption, zusammengesetzt aus Elementen europäisch-amerikanischer und afrikanischer Kulturen. Auch in Afrika haben sich die Mächtigen nicht ausschließlich von ihrer traditionellen Moral leiten lassen. Machtapparate sind nie moralisch orientiert. Welche Umorientierungen wird es noch geben? Wird sich unsere Korruption gegen die weniger erfolgreiche der Afrikaner durchsetzen und ausbreiten? Wie weit bleibt Wissenschaft hinter der Wirklichkeit zurück?

Bei der Schlussdebatte am nächsten Tag lehnten nur wenige bunte Panthers an der Wand neben dem Saaleingang. Sie waren *high* und hörten nicht auf die Reden. Die gab es reichlich. Man erfuhr, dass 40% der Veranstaltungen durchgeführt worden waren. Kein Wort darüber, warum 60% ausgefallen waren. Die Herrn auf dem Podium schienen zumindest zuzuhören. Jetzt saß auch unser Freund aus Nigeria, Dr. K., oben. Als ein Redner, der zur Auswertung der wissenschaftlichen Ergebnisse des Kongresses bestimmt war, das tiefe Verständnis für die Probleme der Afrikaner lobte, das die teilnehmenden Forscher auszeichne, wurde Dr. K. von einem heftigen Hustenanfall erfasst. Es schüttelte ihn, er wurde geradezu gebeutelt von einem Reiz, der vielleicht nicht allein aus seinen Atmungsorganen aufstieg. Er sprang auf und verließ im Laufschritt den Saal. Der Redner war dazu übergegangen, das Lob einer wertfreien und vorurteilslosen Wissenschaft anzustimmen. So, und nur so, könne man den Objekten der afrikanischen Studien gerecht werden.

Antoine, der neben uns saß, stand plötzlich auf und rief so laut, dass man ihn ohne Mikrophon verstand: *Intervention from the floor*, Einwand der Hörer. Der Redner schwieg, der Gesprächsleiter rückte sein Mikrophon zurecht und bemerkte gelassen, eine Diskussion sei in dieser Sitzung nicht vorgesehen. Antoine lächelte und wartete, bis das Murren im Saal verstummte. *You are essentially wrong, Sir*, Sie irren sich gründlich, mein Herr, und er fuhr fort: Wenn etwas das *meeting* noch retten, vor einer beschämenden und lächerlichen Niederlage bewahren könne, so sei es dies. Sie müssten sich endlich der Wirklichkeit stellen. Der Kongress ist beinahe gesprengt worden; nur dank einer pompösen Aufblähung sind nicht mehr als 60 % der Sitzungen verhindert worden. Von wem? Von jener diskriminierten, pauperisierten Jugend Amerikas, die sich, als letzte Rettung vor dem Verstummen, der rassistischen Parolen ihrer Ausbeuter und Ausgrenzer bedient. Damit verleugnen sie ihre Herkunft, zum zweiten Mal in ihrer Geschichte. Die wertfreie Wissenschaft leistet nicht mehr und nicht weniger, als eine Auswahl hervorragender Afrikaner zu manipulieren. Es werden nur jene unterstützt, die sich gänzlich jener Wissenschaft unterstellen, die unter dem Etikett objektiven Interesses eine perfide postkoloniale Unterwerfung plant und propagiert. Nicht einer jener Afrikanisten aus Afrika sei zu Wort gekommen, die ihre keineswegs wertfreien, sondern von wichtigen Anliegen diktierten Beiträge eingereicht haben. Sie sind abgewiesen worden, weil sie von ethnischen Vorurteilen bestimmt seien. Warum wohl sonst? Weil sie der Anmaßung und Machtpolitik des afrikanistischen Wissenschaftsbetriebs ein eigenständiges Denken entgegensetzen. Auch dieses Denken ist bereits verdorben. Dr. K. aus Nigeria, der von der britischen Kolonialmacht fünf Jahre lang eingekerkert worden war, ist heute auf das Podium promoviert worden. Soeben hat er den hohen Ort von einem Hustenanfall geschüttelt verlassen. Der Zwischenfall mag durch Selbstekel veranlasst sein, der sich körperlich geäußert hat.

Denn er hat die Black Panthers in ebenso perverser Art verachtet und verlacht wie unser transnationaler, objektiver und toleranter Kongress, der sie aus unserem Gesichtsfeld zu verbannen trachtet.

Es ist mir nicht möglich, die Worte meines Freundes wörtlich wiederzugeben; er sprach nicht lange, aber so klar und mitreißend, dass die Zwischenrufe verstummten. Als er schwieg, gab es im Saal kein Murren, keinen Protest. Der Vorsitzende holte wiederum das Mikrophon heran: »Ich glaube, wir sollten, wenn auch verspätet, der Aufforderung unserer *brothers and sisters* nachkommen«, sagte er mit einem Anflug traurigen Humors: »*This session is adjourned*, die Sitzung ist vertagt.«

Nach der ärztlichen Untersuchung war Antoine zuversichtlich. Die Herzgefäße seien nicht besser und nicht schlechter als vor einem Jahr. Unterwegs zum Flughafen machten wir aus, unseren Besuch im nächsten September zu wiederholen. Dazu ist es nicht gekommen. Antoine starb im April des folgenden Jahres.

Von Hella kam ein Telegramm und bald danach ein Brief. Als der Schnee geschmolzen war, hatte Antoine Gruben für vierzig Weichselbäumchen ausgehoben, die versetzt werden sollten. Wegen der Fichtenspinner wollte er die Arbeit in einem Tag zu Ende bringen. Als er fertig war, fühlte er sich sehr müde, legte sich hin und wünschte einen Tee. Als sie zurückkam, lächelte er. »Ich glaube, ich habe den biologischen Faktor zu wenig berücksichtigt.« Damit ist er gestorben.

Eine Nachschrift des Briefes besagte, dass sie das Haus verkaufen und weiter nach Westen ziehen werde, um den Käufern der Barsois näher zu sein.

Die andere Halbkugel

Zum ersten Mal haben wir den Äquator in den White Highlands von Kenia bei Regen und Kälte überquert. Im Rasthaus Kaminfeuer, Diener im Frack, wie Affen im Zirkus, servierten Tee. Am nächsten Morgen Nebel über dem Hochland, auf taufrischen Wiesen weiden englische Shorthorn, dunkler Föhrenwald auf den Höhen; in klaren Bächen tummeln sich schottische Bachforellen. (Jahre später stellten wir fest, dass die White Highlands von Kenia sich dem schottischen Hochland tatsächlich angeglichen haben.)

Anders ist es uns ergangen, als wir zum ersten Mal den Wendekreis des Krebses überquert haben. In der algerischen Sahara kampierten wir südlich vom Hoggar-Gebirge in einem weiten Tal. Früh morgens brachen wir auf. Die Sanddünen leuchteten ziegelrot von den ersten

Sonnenstrahlen. Der Himmel wolkenlos, im Norden noch nachtblau, im Süden türkis, von einem einzigen leuchtenden Stern erhellt. In der klaren Luft schien die Bergkette, bis zu der es noch fünfzig Kilometer waren, ganz nahe. Spuren eines Militärfahrzeugs; unendlich vor uns die Wüste, menschenleer. Dort, weit im Süden, werden wir Wohnstätten finden mit fremdartigen schönen Menschen.

In Kenia war der Mau-Mau-Krieg zu Ende, der Abzug der Engländer wurde erwartet. Uhuru, die Freiheit, wird friedlich einziehen, und mit ihr das echte afrikanische Leben. (Heute, nach mehr als dreißig Jahren, ist Uhuru eine vergessene Illusion.)

In Kenia trugen auch die Seelen, nicht nur die Landschaft, den Stempel der Unterdrückung. Der uniformierte Wildhüter, *game warden*, am Eingangstor zum Tsavo-Wildreservat, hat ein Nashornkalb mit der Flasche aufgezogen. Das Tier hat die Maße eines ausgewachsenen Stiers. Es trabt seinem Herrn nach wie ein Hündchen. Vor uns ein Landrover mit fröhlichen Touristen. Das urweltliche Tier schiebt den Kopf mit dem sprießenden Nasenhorn vor; wenn es betteln könnte, würde es jetzt betteln. Ein Mädchen kramt eine Banane hervor und will sie dem Tier geben. Da merken wir, dass mit dem Wildhüter etwas vorgeht. Wie erstarrt steht er da, das Gesicht schmerzverzerrt, die Augen aufgerissen, nach oben verdreht. Ich bitte die Touristen zu warten, gehe zum *game warden* hin und lege ihm die Hand auf die Schulter. Er zittert am ganzen Leib: »Was haben Sie, stimmt etwas nicht?« Er entspannt sich allmählich, murmelt leise vor sich hin. Endlich verstehe ich: Wenn das Tier eine Banane mit der Schale frisst, ist das wie Gift. Ein Jahr lang hat es Ziegenmilch aus der Flasche getrunken. Einmal gab ihm ein Tourist eine ungeschälte Banane, das Tier bekam Koliken und wäre beinahe gestorben. Die Touristen reichen ihre Bananen dem *game warden*, er schält sie, der »Kleine« verzehrt sie schmatzend. Der *game warden* kassiert von den Touristen einen Schilling pro Person, sie bekommen ein Ticket und ein Flugblatt mit den Verhaltensregeln im Reservat. Von uns nimmt er kein Geld, er legt die eigenen Schillinge in die metallene Kasse, schaut zu Boden, bringt kein Wort heraus, hat Tränen in den Augen. Noch einmal ist sein Liebling gerettet. – Wenn weiße Herrschaften das Liebste umbringen, was man hat, aus Unverstand oder sonstwie, kann man nichts dagegen tun; die Herrschaft sitzt in der Seele, *the mark of oppression*.

Dort, wo wir den Äquator überquert haben, ist die andere Hemisphäre von uns verdorben worden. Bei den Antipoden, viel weiter im Osten, müssen wir suchen. An einer Kultur, die der unseren überlegen ist, konnte die koloniale Herrschaft nicht viel ändern. Zwölf Jahre später sind wir nach Indonesien gereist, in das »Land der zehntausend Inseln«. Davon will ich erzählen.

Die Erzählung des Großvaters

In der tristen Stadt Graz, der Hitler bei seinem Einmarsch im Jahr 1938 den Ehrentitel »Stadt der Volkserhebung« verliehen hat, gab es eine Insel: die Morellenfeldgasse. Dort ist Goldy aufgewachsen. Ihr Großvater kam aus dem schweizerischen Jura. Getreu der Tradition seiner hugenottischen Vorfahren, aus dem Übel der Vertreibung Gewinn zu ziehen, gründete er gegen Ende des 19. Jahrhunderts eine Fabrik für Steindruck. Die bunten Etiketten zierten bis zum Ende der österreichischen Monarchie japanisches Spielzeug, kubanische Zigarren und französische Weine. Zwischen der Fabrik und dem Wohnhaus lag der Park mit Glashaus, Obstgarten und Gemüsegarten. Das Grundstück ist heute von Nebenbauten eingeengt, der Rest des Parks ist ein städtischer Kinderspielplatz, der zur Erinnerung an Goldys Vater »August-Matthèy-Garten« heißt, bis die Tafel einer Neugestaltung zum Opfer fiel.[3]

Der Park muss zauberhaft gewesen sein. Eine uralte Blutbuche steht noch. Andere Bäume mussten der Planung weichen. Der Bach, der von einer Zierbrücke überwölbt und zu einem Goldfischteich gestaut war, fließt nun gerade, Obstbäume und Rosengarten sind verschwunden, das Wohnhaus der Matthèy-Familie steht unter Denkmalschutz, die Fabrikhallen sind leer. Damals konnten die Kinder zwischen den gestapelten lithographischen Platten Verstecken spielen.

In den zwanziger Jahren wurde das Inselreich der Matthèy-Kinder das Zentrum einer Jugend, die »anders« war. Graz war die Stadt verarmter Kleinbürger und apathischer Arbeitsloser. Katholische Staatsbeamte und steirisch-nationale Studenten prägten das öffentliche Leben. In die Brüdergemeinde fand Einlass, wer radikal gegen alles war, was die Insel umgab. Im Park oder im Wintergarten trafen sich Künstler und Kommunisten, Dichter und schöne Mädchen, Architekten und Germanisten. Sie tranken Rotwein und türkischen Kaffee und diskutierten bis zum Morgengrauen. Goldy sang Chansons von Brecht zur Gitarre, und Wolfgang Benndorf trug die Lieder vor, die er komponiert hatte.

Die Brüdergemeinde in der Morellenfeldgasse brauchte keinen Führer und keinen Guru. Doch war einer allen voraus: Ferdl; er ist sei-

---

3   Anm. Hrsg.: Der Garten heißt heute wieder »August-Matthèy-Park«.

nen Kindernamen nie losgeworden. Gerade weil er zehn Jahre älter war als die anderen, behandelte man ihn, als ob er noch immer der freche kleine Junge mit dem Hinkebein wäre; man musste aufpassen, dass er der Bande nicht verlorenging, wenn er von seinen Reisen zurückkam. In Äthiopien war er Gast an den Höfen der Prinzen, mietete Maulesel und zahlte in den Weinhäusern mit Mariatheresientalern. Kaum in Graz, zog es ihn wieder fort. In Java arbeitete er in einer holländischen Fabrik, bis er genug verdient hatte, um die Welt der Vulkane zu erforschen. Träger schleppten Ruhebett, Moskitonetz und Messgeräte bis an den Kraterrand und zündeten Räucherstäbchen an, um die Geister zu versöhnen, während Sahib mit Steigeisen und Seil in der brodelnden Tiefe verschwand. Ferdl war der erste, der aus der Enge von Graz den Weg hinaus in die Welt fand. Als Österreich zum »Austrofaschismus« verkommen und der Februaraufstand der Arbeiter gescheitert war, ging Ferdl zur gleichen Zeit wie Goldy nach Spanien, zu den Internationalen Brigaden, um gegen den Faschismus zu kämpfen. Die Spanische Republik unterlag im Frühjahr 1939. Goldy kam nach Zürich. Ferdl, der nach Österreich zurückkehrte, hat sich aus ihrem Leben verloren. Sein Beispiel hat weitergewirkt. Gustl, Goldys Bruder, ging als Regierungsarzt nach Indonesien, das nach dem Abzug der Holländer europäische Ärzte brauchte. In Borneo erkrankte er an Pocken, kehrte an Tuberkulose erkrankt in die Schweiz zurück, wurde operiert und geheilt, brach wieder auf. Als Arzt des äthiopischen Kaiserreichs arbeitete er in Adua und starb dort im Alter von 47 Jahren.

Ich habe Ferdl nie getroffen. Goldy hat mich keineswegs als seinen Zwilling oder Nachfolger angesehen. Doch haben die Abenteuer seiner längst vergangenen Jugendzeit für uns die Weichen gestellt, als es mit den Afrikareisen nicht mehr weiterging und wir uns entschlossen, nach Indonesien zu reisen. Der Mythos seiner Abenteuer hat sich in mir festgehakt: Ich bin mit der gleichen Missbildung der Hüften zur Welt gekommen wie er, als Hinkebein, habe die gleiche Störung des Musikempfindens davongetragen wie Ferdl und einen ähnlichen Drang zu reisen und zu forschen wie er. Erst in Indonesien wussten wir, dass wir Ferdls Reisen wiederholt und fortgesetzt haben; diesem inneren Kompass sind wir gefolgt. »Vernünftige« Gründe, Indonesien als Reiseziel zu wählen, hatten wir natürlich auch: Das tropische Klima der Inseln ist für alternde Menschen leichter zu ertragen als das afrikanische; die Sprache, »Bahasa Indonesia«, ist leicht zu erlernen; das Studium der Kultur der Minankabau auf Sumatra verspricht Aufschlüsse über einen Islam, in dem die Frauen nicht unterdrückt sind, sondern vielmehr eine dominante Stellung haben; usw.

Wir waren neugierig auf Menschen der südlichen Hemisphäre. Südlich vom Äquator wird alles anders sein. Die Wintersonne neigt sich nach Norden. Wir müssen uns neu orientieren, alte Gewohnheiten ablegen.

Die geographische Abstraktion schien unbegrenzte Möglichkeiten zu eröffnen. Während ich von dieser Reise erzähle, merke ich, wie wenig wir uns von der eigenen Vergangenheit entfernt haben. Über exotischen Inseln – die gleiche Sonne.

In der Boeing der Singapore Airline saß ein Kaufmann aus Medan neben mir, der ein Gespräch anknüpfte, bekanntlich das beste Mittel gegen Flugangst. Er kam auf die Vorzüge seines Vaterlandes zu sprechen, fand es beinahe unverständlich, dass wir Indonesien nicht schon früher besucht hätten, wolle jedoch dem Zauber, der uns bald umfangen würde, durch seine Schilderung nichts vom Reiz der Neuheit nehmen. Vor einer Eigenheit seiner Landsleute, die manchmal lästig, aber immer charmant und witzig sei, müsse er uns warnen. Das Reich – er sagte nie Indonesien, sondern immer »das Reich der zehntausend Inseln« – zeichne sich durch seine unerhört geschickten Taschendiebe aus. »*Pick-pockets* sind unsere Nationalhelden. Wenn wir es auch im Hockey nicht mit Indien, im Fußball nicht mit Brasilien aufnehmen, im *pick-pocketing* sind wir Weltmeister.« Lustige Geschichten von *pick-pockets* bewahrten ihn – und uns – vor jeder Flugangst. Als die Maschine zur Landung ansetzte, erfuhr ich noch, dass Taschendiebe kürzlich ein TV-Set samt zwei großen Stereolautsprechern aus der scharf bewachten Villa des amerikanischen Gesandten gestohlen hatten, während er im Raum daneben mit dem Chef der Indonesischen Polizei den Lunch einnahm. Das stand gestern in allen Zeitungen, sogar in Singapur, zum Gelächter der ganzen Nation. Der Diplomat denke daran, seinen Dienst zu quittieren.

Wenige Wochen später hat es uns erwischt. Für den Schnellzug von Palembang zum südöstlichen Hafen Sumatras gab es billige Fahrkarten erster Klasse, die auch für die Fähre galten, die über Nacht nach Gerang auf Java fuhr. Von dort ist es nicht weit zur Hauptstadt Djakarta. Geruhsam fuhren wir durch tropische Wälder, da und dort Hütten aus Bambus. Die Dörfer sahen verlassen aus, weil die meisten Bewohner, die aus Java ausgesiedelt worden waren, in die Zivilisation ihrer übervölkerten Slums zurückgekehrt waren, die sie dem wilden Dschungel vorzogen. Gegen Abend, zwei Stationen vor Gerang, wurden zehn der zwölf Waggons des Schnellzuges abgehängt. Alle Passagiere drängten in die restlichen Wagen. Wir waren eingepresst wie Pflanzen im Herbarium. Ich drückte und wand mich heraus, um zu erkunden, ob es eine andere Möglichkeit gab, weiterzukommen. Zeit hatte ich genug. Unsere Lokomotive war davongefahren. Die Situation war ideal für *pick-pocketing*. Ich klemmte die Tasche mit dem Schulterriemen unter den Arm. Als ich endlich zur Waggontreppe vorgedrungen war, bemerkte ich an der Tasche einen langen Schnitt. Die Brieftasche war fort, kein großer Schaden, nur etwas Kleingeld. Kaum setzte ich den Fuß auf den Boden, stand ein elegant gekleideter junger Mann mit Sonnenbrille vor mir, stellte sich als Polizeikommissar vor und fragte, ob ich etwas vermisse. »Nein, danke«, sagte ich, und hielt die Tasche so unter den Arm, dass der Schnitt der Rasierklinge nicht zu sehen war. Ich war nicht sicher, ob der junge Herr wirklich Polizist war. Unter keinen Umständen wollte ich polizeilichen Verfahren entgegenkommen. So fragte ich ihn, ob es eine andere Möglichkeit als den überfüllten Zug gebe, um zur Fähre nach Telukbetung zu gelangen. »Gewiss, Sie sind bei uns am richtigen Ort, wir befördern Sie gut und billig, Sie müssen ohnehin in unser Office kommen, um sich auszuweisen.« Dort war ein echter Polizist in Uniform mit einem alten Mann beschäftigt, dem Waren gestohlen worden waren. Sein Jutesack wies einen glatten Schnitt auf, wie meine Handtasche. Der Alte wurde befragt und ein Protokoll aufgesetzt. Ein Ende der Prozedur war nicht abzusehen. Ich wollte zurück zum Zug, wurde aber immer wieder ins Office zurückgerufen. Beinahe flehentlich meinte der junge Mann, irgend etwas müsse mir doch gestohlen worden sein. »Nein«, sagte ich energisch, »wenn Sie mir helfen wollen, verschaffen Sie mir ein Taxi zur Fähre.« Seine Miene hellte sich auf; er war erleichtert. »Die Polizei kann helfen, sie hat einen *apprentice*, einen Lehrling, der einen Kleinbus besitzt.« Der Lehrling, ein massiger grauhaariger Mann, war gekleidet wie ein Matrose. Er führte mich zu einem neuen VW-Bus und nannte einen bescheidenen Preis. Ich ging Goldy holen, die unsere Reisetasche mit Erfolg vor den Klingen der *pick-pockets* bewahrt hatte.

Die Fahrt im Schein des aufgehenden Mondes, in mildem Tropenwind war wundervoll, der Seemann höflich und gesprächig. Der weitläufige Kai, an dem das Fährschiff lag, war von einer tausendköpfigen Menge besetzt, die dort lagerte. Wir glaubten, verzichten zu müssen. Da verwandelte sich unser Begleiter in einen echten Polizisten. Mit groben Püffen schuf er uns eine Gasse durch die Menge, bis zum Kassenhäuschen, in dem sofort eine Stewardess erschien. Ein zusätzliches Service-geld zum Fahrpreis wollte der Seemann nicht nehmen, wünschte uns gute Reise, und verschwand in der Menge, die auf den Laufsteg zum Schiff nachdrängte.

Wir betraten am Flugplatz von Medan den Boden Indonesiens, die große Sundainsel Sumatra. Unseren gesprächigen Reisegefährten erwarteten zwei Diener, die ihm Reisetasche und Aktenköfferchen zum Cadillac trugen, in dem der livrierte Fahrer wartete.

Wir wollten in das Hotel einer japanischen Gesellschaft, das in paradiesischer Landschaft, gleich weit vom Airport und vom lärmigen Zentrum von Medan, modernen Komfort zu mäßigen Preisen anbot. Die Fahrer der Fahrradrikschas überboten sich in einem verbalen Wett-rennen, in wie wenigen Minuten sie uns zum Hotel befördern würden. Die Auktion begann mit vierzig Minuten und flaute erst ab, als ein dun-kelhäutiger Junge, dessen Gefährt einen sportlichen Anstrich hatte, bei zehn Minuten angelangt war.

Es ging durch einen tropischen Park unter duftenden Blütenbäu-men; viel zu früh waren wir da. Ich zahlte mit einer Hunderternote, unser sportlicher Rikschakuli zählte mir das Kleingeld in die Hand und sauste mit seinem Gefährt über den Vorplatz zu seinen Kollegen, die im Schatten eines Palmenhains auf Kunden warteten. Irgend etwas versetzte die Jungen in Begeisterung, wie ein Sieg der Fußballnatio-nalmannschaft; sie lachten, schrien und zeigten mit Fingern auf mich. Hatte ich unserem Fahrer zu viel bezahlt? Einigermaßen ärgerlich stellte ich fest: Ich hatte mich geirrt, ihm statt hundert eine Note von tausend Rupien gegeben.

Als wir am Nachmittag in die Stadt fahren wollten, war es nicht möglich, vom Hotel aus ein Taxi zu bestellen. Zögernd gingen wir zu den Rikschas hinüber. Sobald wir uns einem Fahrer näherten, wand er sich vor Lachen, die Burschen riefen uns obszöne Worte zu, dräng-ten heran und zupften an unseren Kleidern, um uns zu ihrem Gefährt zu ziehen. Wir hatten gänzlich das Gesicht verloren. Goldy wollte der Bande das Zirkusvergnügen, in dem wir die Clowns waren, nicht län-ger gönnen und meinte, wir sollten zu Fuß in die Stadt gehen. »Es sind sechs Kilometer, mehr als eine Stunde«, hieß es im Hotel. Also doch eine Rikscha. Als wir in einem Wägelchen Platz genommen hatten, fan-den wir unser Gesicht wieder. Der Junge war höflich und verlangte den üblichen Preis. In Afrika hatten wir nie das Gefühl gehabt, dass wir uns nicht zu benehmen wissen.

Ein Reisebüro an der Hauptstraße von Medan hatte das Auslagefenster mit einem Schulglobus geschmückt, während fünfzig andere *Travel agents* nur gewöhnliche bunte Plakate ausstellten. Der junge Mann versprach uns einen hervorragend guten Fahrer, der kürzlich mit seinem Mercedes einen berühmten japanischen Filmregisseur durch Westsumatra geführt hatte; wir würden ebenfalls zufrieden sein. Alles sei morgen Mittag bereit, billig, ohne Vorauszahlung. Er bestand darauf, uns mit seinem Wagen ins Hotel zurückzubringen.

Die nächsten Seiten sollte ich unserem Fahrer, eigentlich dem liebenswürdigen Gastgeber Abraham Lubis, widmen. Er hat uns unzivilisierten Europäern die Grundzüge malaysischer Etikette schonend beigebracht, während wir durch sein Tobaland fuhren, und uns davor bewahrt, allzu viele Taktfehler zu begehen.

»Adat« heißt alles, was Überlieferung ist: nach althergebrachter Art gebaute Häuser, der Geisterglaube, oder auch die gute alte Lebensart. Am dritten Tag gerieten wir in eine Adat-Hochzeitsfeier. Für eilige Fremde war das schön und interessant. Weniger angenehm war, dass uns der Brautvater zu Trauzeugen ernannte und seinen festlich gekleideten Gästen unsere Anwesenheit für die Dauer des Festes versprach. Ich bat Herrn Lubis zu übersetzen, wir seien sehr eilig und wünschten dem Brautpaar alles Gute. Darauf wurden wir mit Blumen und Segenswünschen verabschiedet. Lubis hatte meine Abschiedsworte gemäß dem Adat ausgestaltet. Der Fremde habe die Geister seiner verstorbenen Vorfahren beauftragt, über das Wohl der Brautleute zu wachen, und wolle sich entfernen, um den Ehrwürdigen Platz zu machen, damit sie den Ablauf der Zeremonie beaufsichtigen und von Anbeginn Zeugen der glücklichen Verbindung sein könnten. Auf meine Frage, ob er nicht ein wenig geschwindelt habe, um uns zu helfen, lächelte Lubis kaum merklich. »Sie haben erklärt, dass Sie dem Paar alles Gute wünschen«, meinte er. »Wünsche dieser Art sind bei uns üblich. Doch sind sie nur wirksam, wenn sie von Geistern getragen und in gutes Glück umgesetzt werden. Europäern genügen gesprochene oder geschriebene Worte. Uns nicht. Und ich« – Lubis lächelte nun deutlich – »ich wollte ebenfalls weiterfahren und nicht in dem schäbigen Dorf bleiben.«

Abraham Lubis hatte Wirtschaftswissenschaften studiert und eine Beamtenlaufbahn begonnen. Beinahe wäre er Minister geworden. Darauf verzichtete er, als ihm ein verehrter Onkel, der die Gabe des Hellsehens hatte, erklärte, dass er kein weiteres Kind zeugen werde. Er beschloss, seiner einzigen Tochter ein guter Vater und Lehrer zu sein. Das sei sein einziges Lebensziel, und er bereue es nicht. Als Taxifahrer für weite Fahrten verdiene er genug und habe Zeit, sich der Erziehung zu widmen. Dem Trubel der Hauptstadt und den politischen Intrigen habe er gerne Ade gesagt und lebe glücklich mit seiner Familie. Das Töchterchen – heute bereits in der *High school* – sei musikalisch begabt und spiele Geige. Er, Abraham Lubis, habe sich mit dem schwierigen Gebiet europäischer Musik vertraut gemacht. Mozart sei sein liebster Komponist.

Herrn Lubis haben wir es zu verdanken, dass Sytske mit uns gereist ist. Die junge Holländerin stand an der Straße, als er uns im Hotel abholte. Sie wollte Sumatra kennenlernen, das Land, in dem ihr Großvater so lange gelebt hat. Er versprach ihr, seine Klienten zu fragen und stellte uns die junge Dame vor: »Miss Sytske wird eine angenehme Reisegefährtin sein.« So war es. Sie kam ein Stück weit mit, wir trafen sie in Surabaja wieder. Als wir uns in Flores trennen mussten, war es ein Abschied von einer lieben Freundin.

Sytske hatte sich gleich nach dem Ende der Schulzeit bei der KLM um eine Stelle als Stewardess beworben, weil sie dem strengen puritanischen Lebensstil ihrer katholischen Familie entkommen wollte. »Der einzige, mit dem ich mich bei uns daheim gut verstand, war der Großvater. Eigentlich hätte er in den Familienbetrieb eintreten sollen, so wie ich hat er es nicht ausgehalten. Er ging in die Kolonie und ist erst 1949 zurückgekommen. Er hat bis zu seinem Tod bei uns gelebt. Ich will alle Orte besuchen, von denen er erzählt hat.«

Sytske war eher schüchtern und hatte nichts vom professionellen Lächeln einer Stewardess. Als sie in Indonesien ankam, hatte sie gefürchtet, man würde ihr feindselig begegnen und war sehr erleichtert, dass alte Menschen gerne mit ihr holländisch sprachen. Sie war bereits auf der Insel Nias gewesen, wo wir gerade hin wollten; dort hatte Großvater Jan als Verwalter des Landwirtschaftsbetriebs der Katholischen Mission über dreißig Jahre lang gelebt. Wir beschlossen, uns später wieder zu treffen.

Großvater Jan hat erzählt: Kaum war ich in Batavia vom Schiff, hatte ich schon einen Job. Niemand in den Kolonien wollte sich damals die Hände schmutzig machen. Ich hatte Forstwirtschaft und Gärtnerei gelernt, alles gründlich, von der Buchhaltung bis zum chemischen Labor. Das schien ihnen grad das Richtige. Ich wurde Inspektor der Zuckerrohrplantagen in Ostjava. Man gab mir ein Ross und eine Pistole. Die Herrn Direktoren gingen aus ihren Bungalows kaum heraus. Die meisten hielten sich zwei oder drei kleine Javanerinnen, ließen sich von den Boys bedienen und tranken holländisches Bier und Genever. Ich sollte die Arbeiter antreiben. Die waren gar nicht faul. Sie hatten einfach nicht genug zu essen und waren müde zum Umfallen. Darum habe ich jedes Mal ein paar große Brote in die Satteltaschen gesteckt, wenn ich zur Inspektion auf eine Plantage geritten bin. Das sind sie nicht gewohnt, sie essen gerösteten Reis, *nasi goreng*. Die Burschen aßen das Brot aber trotzdem; sie waren froh, wenn ich wieder zur Inspektion kam, und bemühten sich, rascher zu arbeiten. Das ist aufgefallen. Erst war ich beliebt deswegen, dann aber musste ich fort. Einer der Direktoren hat mit seiner Jagdflinte auf mich geschossen. Das hat die Direktion der Gesellschaft in Batavia verstanden. Man hat mich gebeten, einen anderen Job zu suchen und hat mir ein tolles Zeugnis geschrieben. Damit bin ich zu den Patres auf Nias.

Dort war es ganz anders. Die hatten ein Spital, zuerst nur für Wöchnerinnen, eine Schule und einen sogenannten Lehrbetrieb. Das waren Plantagen mit tropischen Früchten, Forstwirtschaft, Bewässerungssysteme, Straßenbau. Ich war der Leiter und hatte gegen hundert Schüler, die moderne Agrarproduktion lernen sollten. Sie wollten sogar mehr lernen, als ich wusste, sagten Professor zu mir und schrieben jedes Wort von mir in die Schulhefte. Die Patres waren sehr zufrieden mit mir. Wir lieferten Kopra und andere Waren, die Mission machte schöne Gewinne. Man konnte ein zweites Internat bauen, für weitere hundert Burschen. Mädel wollten ebenfalls etwas Nützliches lernen, die konnte man aber nicht nehmen. Das Katholische hat mich nicht so gestört wie zu Hause. Es war ein solider Betrieb ohne die Frömmelei, die es in meiner Familie gab.

Im Land war Ruhe. Es hieß, dass viele Dorfkönige, die es auf Nias gab, heimlich gegen die Verwaltung der Kolonie gehetzt haben. Unsere Beamten waren so wachsam, dass es nie einen richtigen Aufstand gegeben hat. Wenn ein Dorf schwierig wurde, fingen sie eines Nachts den König weg und deportierten ihn nach Java oder auf die Molukken. Dann war es wieder ruhig in dem Dorf. Die Menschen in Nias sind ihren Königen sehr ergeben. Nie würden sie einen Aufstand machen, wenn es nicht ihr König befohlen hat. Ist kein König da, tun sie ihr Tagwerk.

Die Regierung hatte den Hafen von Nias ausbauen lassen für den Export von Tropenholz. Darüber waren die Nias-Leute unglücklich. Sie sind gewohnt, im Wald zu leben. Wenn sie nicht mehr auf die Jagd gehen können, glauben sie, dass ihre Götter böse werden, weil sie ihnen Jagdtiere opfern müssen. Die Holzfällerteams waren nicht eben christlich. Sie holten sich Mädel aus den Dörfern. Immer öfter mussten Könige verbannt werden, wie es hieß, in einer einzigen Nacht zwölf; dabei soll es auf der ganzen Insel nicht mehr als zwanzig Dorfkönige gegeben haben.

Die Patres waren zufrieden, weil es ruhig blieb und die Leute ihre Kinder zur Schule schickten. Zur Messe kamen sie natürlich nicht, es waren ja Heiden. Unser Prior, ein sehr vernünftiger Mann, hat sich nicht aufgeregt. »Keine menschliche Gemeinschaft kann ohne einen Herrn leben«, sagte er oft beim Frühstück nach der Messe. »Wir haben unseren Heiland, wir haben die heilige Kirche, die wie eine Mutter zu uns ist. Diese armen Heiden haben niemanden mehr, wenn ihr König nicht mehr da ist. Wir beten, dass sie zum Kreuz finden. Das wird kommen, früher oder später. Wenn wir in die Dörfer gehen und predigen, bringt das nichts. Sie glauben, dass wir Soldaten sind, weil die Holländer, die sie kennen, tatsächlich Soldaten sind. Sie laufen in den Busch und verstecken ihre Frauen und Kinder. So können sie das Wort des Herrn nicht hören, das wir ihnen bringen.« Der Prior bestellte in Batavia eine zweite, größere Glocke für unsere Kirche. »Wenn sie die Stimme des Herrn hören, die sie in sein Haus ruft, werden sie in ihrer Not zu uns fliehen. Sie werden an die Türe der Kirche pochen, wir werden sie einlassen. Mit ihren Frauen und Kindern werden wir sie bewirten mit Speis und Trank und mit den Worten der Heiligen Schrift. Sie werden mit uns beten. Ihre Stimmen werden sich mit den unseren vereinen zum Lob des Herrn.«

Ich war schon einige Jahre bei den Patres. Natürlich musste ich keusch bleiben; im übrigen war es das schönste Leben. Der Prior verbot sogar, in den Dörfern zu missionieren. »Gott wird ihnen eines Tages den Weg weisen. Wartet geduldig und betet.« Einige jüngere Mönche, die frisch aus dem Mutterhaus gekommen waren, tuschelten, dass der Prior alt und müde sei, dass er die Mission der Kirche vergessen habe. Sie wollten bereits heimlich eine Bittschrift verfassen, man solle für die Missionsarbeit einen jüngeren Prior ordinieren, als das Wunder eintrat – aber wie.

Es dürfte im Jahr 1915 gewesen sein. Weil in Europa Krieg war, wurden unsere Behörden strenger. Die Geschäfte gingen gut. Doch wollte man keinerlei Aufstand riskieren. Dabei wusste man, auch wir im Kloster hatten davon gehört, dass die Nias-Leute unglücklich waren, weil ihr schöner Wald immer schneller verschwand. Es hieß, dass sie des Nachts den großen Bäumen, die man gefällt und weggeführt hatte, Opfer brachten, um die Geister zu versöhnen. Weil sie keine Tiere des

Waldes mehr aufstöbern konnten, opferten sie Schweinchen, die sie als Haustiere halten, und warteten dann auf ein Zeichen, ob die Baumgeister das zahme Fleisch annehmen würden. Sie brieten das Schwein, ihre Ältesten oder Priester mussten es kosten, manchmal sagten sie, ja, die Geister sind zufrieden, dann wieder klagten sie, nein, es schmeckt ihnen nicht, sie werden sich an uns rächen.

Solche Sachen haben mir die Schüler erzählt. Sie kicherten über die primitiven Alten in den Dörfern, aber nur wenige erschienen zum Gottesdienst. Bis zu jenem Palmsonntag.

Um 6 Uhr, bei Sonnenaufgang, läutete der Laienbruder die große Glocke, und dazu bimmelte noch die kleine. Wir standen vor der Kirche und warteten auf den Prior, damit er mit dem Allerheiligsten die Prozession anführt. Gewöhnlich ging man dreimal um das Missionsgebäude herum und dann wieder in die Kirche hinein zum Te Deum.

Dazu ist es nicht gekommen. Den Weg entlang, aus dem Wald heraus, den Fluss entlang näherten sich die Nias in festlicher Kleidung, eine endlose Prozession. Erst dachten wir, dass sie mit uns um die Kirche wandeln wollten. Sie aber knieten vor der Kirche nieder, erhoben die Hände zum Gebet, hielten uns die kleinen Kinder entgegen, immer mehr kamen nach, wir wurden von den Knieenden zur Kirche zurückgedrängt. »Sie wollen dem Herrn folgen, sie wollen die Taufe«, hieß es.

Als der Prior im Ornat herauskam, segnete er sie. Dem alten Mann rannen Tränen über die Wangen. »Die Kindlein sind zum Herrn gekommen.« Er befahl, man solle die ersten einlassen und das Taufbecken frisch mit geweihtem Wasser füllen. Sie aber rutschten auf den Knien weiter, drängten nach, murmelten laut und lauter »Amen«; das war das einzige christliche Wort, das sie kannten.

Kein Kindlein konnte getauft werden, keine Frau, kein Mann, so sehr sie es auch begehrten. An diesem Tag ist das ganze Volk von Nias vom Heiligen Geist ergriffen worden. »Unsere Gebete sind erhört« – meinte der Prior. Die Mönche waren anderer Meinung. Mehr als 15.000 Menschen drangen auf uns ein und flehten um die heilige Taufe. Sie füllten die Kirche und kamen durch Türen und Fenster herein. Dicht gedrängt knieten sie in der Küche, in den Schulzimmern und Magazinen. Wir mussten in die Klausur flüchten und das Tor zusperren.

Eine Revolte? Die Mission kann die Schafe, die zu ihrem Hirten drängen, nicht wegweisen. Die meisten unserer Mönche hatten Angst. Das habe ich ihnen angesehen. Ich habe mich nicht gefürchtet, ich kannte die Leute. Ich habe gewusst, dass sie uns kein Leid antun würden, das können die gar nicht. Unheimlich war es aber doch. Gegen

Abend zogen sich die Nias nicht zurück, wie ich gehofft hatte. Ich meinte, sie würden nach Hause gehen, um ihre Schweinchen und Hühner zu füttern. Es blieben aber alle da. Die ganze Nacht tönte es im Chor »Amen, amen«, ein Rauschen wie von einem Wasserfall, oder ein Wind, der anschwillt und abflaut.

Ein Mönch hatte sich aus der belagerten Mission herausgestohlen und war zwanzig Meilen weit zur Garnison gelaufen. Wir anderen saßen in der Klausur und beteten. Ich betete nicht, und ich glaube, auch die anderen taten nur so. Tief in der Nacht klopfte es an das Tor. Der Kommandant war mit zwei Offizieren gekommen. Sie haben die Pferde oben im Wald angebunden und sind dann zu Fuß bis zum Hauptgebäude vorgedrungen. Man hat sie nicht gehindert. Nur einige Frauen knieten sich so nieder, dass die Herrn nicht weiterkonnten, wollten sie an den Kleidern festhalten oder erhoben flehend die Arme: »Amen, amen.«

Der Oberst der Garnison war ein ernster Mann. Er sprach zuerst allein mit dem Prior, wollte dann, dass alle Missionare zuhörten. Die Militärs hatten den Auszug aus den Dörfern beobachtet und die Wanderung geschehen lassen, da alles friedlich verlief. Selbst dort, wo man in letzter Zeit gegenüber den Holländern misstrauisch oder gar feindselig war, versteckte sich niemand vor ihnen. Jetzt waren die Dörfer menschenleer, bis auf einige Greise und Greisinnen. Die nickten den Soldaten der Patrouille freundlich zu, knieten nieder und murmelten vor sich hin, als wollten sie beten.

Zu Ende seiner Ansprache wurde der Kommandant energisch. Wir merkten, jetzt befiehlt der Vertreter der Krone. »Die Taufe aller Christwilligen muss schnellstens vollzogen werden. Das ist der Befehl der Behörde. Die Zusammenrottung und Entvölkerung der Dörfer kann nicht geduldet werden. Die Mission trägt die Verantwortung dafür, dass es eine friedliche Lösung gibt. Ich bin sicher, dass die Mission ihre Pflicht tun wird. Alle Untertanen ihrer Majestät haben Anrecht auf die christliche Taufe, sofern sie dies selber wünschen. Niemand darf versuchen, die Leute von ihrem Anliegen abzubringen.«

Die Mönche hatten in ihrer Überraschung zuerst nicht viel gesagt. Am folgenden Tag diskutierten sie wild durcheinander. Die einen waren dafür, sich heimlich aus dem Kloster wegzustehlen, die Mission den Nias-Leuten zu überlassen und als reuige Sünder einzeln ins Mutterhaus der Mission zurück zu pilgern. Andere wollten die Heiden strengen Prüfungen unterziehen, bevor sie der Gnade der Taufe teilhaftig würden. Ein Bruder, der in meinem Lehrbetrieb den Schülern das Rechnen beibrachte, war dafür, genau nach unserem hergebrachten Ritual eine Taufe nach der anderen zu vollziehen. Allerdings, so hatte er ausgerechnet, würde es mehrere Jahre dauern, selbst wenn sich alle geistlichen Brüder an Werktagen, Feiertagen und Sonntagen (mit Ausnahme der Fasttage) der frommen Pflicht unterzögen.

So lange konnte man unmöglich warten. Den ganzen nächsten Tag blieben die Nias-Leute, wo sie gerade waren, die einen unter glühender Sonne, andere im Schatten, in der Kirche und im Missionshaus. Zwei Laienbrüder wandelten mit Wassereimern zwischen den Knieenden einher und ließen sie aus einer Kelle trinken. Die Taufwilligen hatten Fasttag, wir ebenfalls, denn Küche und Keller waren blockiert. Die einzigen, die nicht fasten mussten, waren die Kleinsten, denen ihre Mütter die Brust gaben, wann immer sie danach verlangten. Den ganzen nächsten Tag machten die Leute keine Anstalten, wegzugehen und auf die Taufe zu verzichten.

In der zweiten Nacht der Belagerung war die Stimmung der Missionare schlecht. Einige beteten, einer schluchzte und weinte wie ein Kind. Endlich erschien der Prior, der sich zum Gebet in seine Kammer zurückgezogen hatte, und verkündete, die Mission werde zu einer Massentaufe schreiten, wie sie die Christen zur Zeit der Römer geübt hatten.

Ich war zur wichtigsten Person der heiligen Handlung geworden, denn ich war es gewohnt, hunderte Erntearbeiter einzusetzen und zu beaufsichtigen. Auf dem Platz vor der Kirche wurden zwölf Taufstätten eingerichtet, mit einem Tisch als Altar, einem Bild des Gekreuzigten (aus den Zellen der Mönche) und einem Eimer mit geweihtem Wasser. Neben dem Schöpfbrunnen stand einer der Mönche, der das Wasser zum Nachfüllen der Taufeimer sogleich weihte. Da nicht genug Priester vorhanden waren, wurden einige Schüler vorübergehend ordiniert. Ich sorgte dafür, dass die Leute Warteschlangen bildeten, dass niemand vordrängte und die Täufer nicht auf das nächste Schäflein warten mussten.

Unter diesen Umständen musste die christliche Unterweisung vereinfacht werden. Es wurde darauf gesehen, dass jeder Täufling lernte, das Kreuz zu schlagen. Als Lehrkräfte setzten wir Schüler und sogar Küchengehilfinnen ein.

Zur Zeit der Vesper hatten sich die Reihen der Wartenden bereits gelichtet. Anstatt an der Andacht teilzunehmen, legten sich die erschöpften Täufer aufs Ohr. Dann ging es beim Schein der Kerzen, die im Nachtwind flatterten, weiter. Gerade vor Mitternacht war der letzte Täufling an der Reihe. Diese Taufe nahm der Prior, der bis dahin alles überwacht hatte, selber vor. Während die Nias-Leute zurück zu ihren hungrigen Schweinen und Hühner wanderten, hielten wir eine kurze Andacht. Das »Gelobt sei der Herr« klang aufrichtig. Dann genossen wir ein Mitternachtsmahl. Als der junge Mönch, der aus Angst geweint hatte, vorschlug, man solle zum Lob des Herrn die Glocke läuten, protestierten die anderen. Wer weiß, ob die fromme Schar das richtig verstehen wird. Nicht auszudenken, was wäre, wenn die braven Nias-Leute, nun als Christen, wieder in den Schoß der Kirche drängen würden.

Weder in Indonesien noch anderswo ist es früher oder seither zu einer so großen plötzlichen Bekehrung gekommen wie auf Nias. Vielleicht war es gerade der Umstand, dass keinerlei Angebot da war, das Bedürfnis nach einer höheren Ordnung und Führung zu stillen, der den religiösen Flächenbrand entfacht hatte. Es wurde der Vorwurf erhoben, die katholische Mission hätte durch ihre Lässigkeit, ja durch das Fehlen jeglicher missionarischer Arbeit die Explosion der nach einem Glauben darbenden Seelen verschuldet.

Heute weiß man, dass alle großen Religionen in verschiedenen Weltgegenden von »fundamentalistischen« Wellen und Massenbewegungen begleitet oder unterwandert werden können, wenn geistliche oder nationale Führer Hass gegen Andersgläubige oder im Glauben Lässige schüren. Auf Nias ließ sich, als die koloniale Verwaltung nachforschen ließ, kein Einfluss politischer Anführer und vor allem keine Feindseligkeit und kein Hass auf irgendeine andere Menschengruppe nachweisen. Die Deportation der Dorfkönige hatte nie zu ernsthaften Protesten geführt, sei es, weil eine Revolte wegen der starr-hierarchischen Struktur der Dörfer ohne ihre traditionellen Führer nicht möglich war, sei es, weil die Leute erleichtert waren, wenn wieder ein Despot verschwand.

Regellosigkeit, Leere und Furcht vor dem Schicksal haben auf Nias ein spontanes Massenphänomen ausgelöst. Wie leicht haben es heute Populisten und Demagogen, die den hungrigen ohnmächtigen Massen Macht und Wohlstand versprechen, als Lohn für ihre Opfer im weltlichen Kampf gegen den bösen Nachbarn, den Ketzer oder die vielen Gottlosen und noch dazu – das jenseitige Paradies verheißen.

Hiu, der Hai

Erst wollten wir die Insel Siberut besuchen, wo die sanften Sakudei, die liebenswerten Kinder des Tropenwaldes, wohnen. Da es nach Siberut keinen Fährdienst gab, wählten wir Nias, die Insel vor Sumatra im Indischen Ozean, von der Sytskes Großvater erzählt hatte.

Der kleine Dampfer vom Hafen Sibolga nach Nias fuhr einmal wöchentlich ohne festen Fahrplan und kam zurück, sobald genügend Fracht geladen war. Naturgummi war das einzige Exportgut der Insel, Baumstämme gab es keine mehr, den tropischen Urwald hatte die Republik in Nachfolge der Holländer ausgeplündert. Im Hafenbecken von Sibolga lag kein Schiff, im Rasthaus waren wir die einzigen Gäste. Abends aßen wir in der Kantine mit den beschäftigungslosen Hafenarbeitern den köstlichsten Nasi goreng. Jeden Morgen fuhren wir mit einer Vesparikscha zum Badestrand; um vier Uhr wurden wir abgeholt, warfen einen Blick auf den Hafen, das Schiff war nicht eingetroffen, und wir freuten uns auf einen weiteren geruhsamen Tag.

Entlang dem Sandstrand der weiten Bucht ein schattiger Hain hoher Kokospalmen, unter denen ein Rasen zur Ruhe einlud. Pünktlich zu Mittag trottete eine Herde Wasserbüffel herbei, graste ein wenig, und hinterließ den Rasen geglättet wie in einem englischen Schlosspark; ein Wind vom Meer vertrieb die Fliegen.

Ist es gefährlich, im Meer zu schwimmen? Mein Problem mit dem Hai war wieder da.

Am Nachmittag kamen Autos mit jungen Leuten aus der Stadt, die Mädchen im Bikini, die Herrn im Tennisdress, ein Grammophon mit den neuesten Schlagern vom Vorjahr, Picknickkörbe, Bier und Sekt. Sicherlich gibt es keine Haie, meinten die jungen Leute; nachdem sie gegessen, getrunken und ein wenig geflirtet hatten, fuhren sie ungebadet fort. (In Indonesien gilt Salzwasser als ekelhaft, darum ist es gleichgültig, ob es Haie gibt oder nicht; nur Kinder baden im Meer.)

Am zweiten Morgen hatten Fischer ein Schleppnetz in die seichte Bucht hinausgerudert und zogen es mit vereinten Kräften an Land. »Hiu« heißt Hai auf Indonesisch; die Fischer mussten wissen, ob es hier Haie gibt. »Ja, früher, sehr viele sogar; sie sind aber leider verschwunden. Heute war ein einziger kleiner Hai im Netz, weniger als einen Meter lang. Kein anderer Fisch bringt auf dem Markt einen besseren Preis, nicht nur die Flossen, die von den Chinesen gekauft werden. Ohne Hiu lohnt sich das Fischen kaum.« Ob wir hinausschwimmen dürften? Sie lächelten höflich. »Warum nicht?« Der Gedanke, dass Hiu den Menschen angreifen könnte, war ihnen nie gekommen. Seltsam, was diese Weißen sich einbilden.

Als der Dampfer endlich im Hafen lag, hätten wir den Nias-Plan beinahe aufgegeben, weil das Schiff fürchterlich nach Rohgummimasse roch. Nach zwei Tagen, als wir in See stachen, war der Gestank verraucht. Auf Deck waren leere Benzinfässer aufgeschichtet und festgezurrt; auch die Kabine war bis oben beladen. Wir lehnten irgendwie an dem Fässerberg und hielten uns an den Seilen fest. Am Nachthimmel glänzten ungezählte Sterne, die Luft war lau, die Stimmung der Passagiere fröhlich. Ein Matrose turnte über die Fässer zu uns herüber; er servierte uns Tee in Tässchen aus chinesischem Porzellan – mit der Entschuldigung des Kapitäns wegen der Kabine. Der Sonnenaufgang in der Bucht von Laheva entschädigte uns für die Nacht ohne Schlaf. Sanft glitt das Schiff durch das grüne Meer, hinter den Palmen der Ufer erhob sich leuchtend blau das Hügelland. Im Hafen lud ein Junge unsere Taschen auf einen Schubkarren. Wir folgten ihm zu dem Kaufladen, der Zimmer für Fremde eingerichtet hatte.

Ich habe den indonesischen Namen unserer Wirtin vergessen, einer Dame aus China, die mit ihrer ganzen Familie im Jahr 1966 in Nias eingetroffen war und bereits das größte Handelshaus der Insel ihr eigen nannte. Sie sprach englisch und war so liebenswürdig wie die Leute aus Jünnan sein können, wenn es darum geht, hohe Gäste zufriedenzustellen.

Die Dame hatte ihre Familie als arbeitsteiligen Produktions- und Geschäftsbetrieb organisiert. Die Kleinsten, die Vier- und Sechsjährigen, waren mit Besen bewaffnet und sorgten unentwegt für Sauberkeit. Der Vater und zwei erwachsene Söhne waren im Außendienst mit dem einzigen Lastwagen der Insel unterwegs, der Großvater saß auf einem Schemel neben der Kasse des Kaufladens und reparierte Schuhe. Demnächst wollte die Dame ein richtiges Hotel mit Speisesaal und Bar bauen lassen. Das Unternehmen war typisch für Einwanderer aus Südchina. Indonesier gelten als weniger tüchtig, weil sie ihre Familienbande nicht zu einer Produktionsgemeinschaft umfunktionieren. Im übrigen war die Familie dem malaysischen Gastland angeglichen, alle hatten indonesische Namen, mit den Kindern sprach die Mutter ausschließlich Bahasa, nur Großvaters Idiom aus alter Zeit verstehe man hier nicht. Vom Massaker, dem im Jahr 1965 hunderttausende chinesischer Einwanderer zum Opfer gefallen waren, habe sie gehört. Das seien Gerüchte ängstlicher alter Weiber. Von den indonesischen Behörden hätten sie nichts als Wohlwollen erfahren.

Der Weg hinauf in das alte Dorf ist mit Steinen gepflastert, zwischen den Fliesen wächst Gras, rechts und links ein Gewirr von Zwergpalmen und Büschen, Lianen und breitblättrigen Parasiten; die letzten hochragenden Stämme sind verdorrt. Der Sekundärwald wuchert über den Hügel wie ein zerfressener Pelz.

Auf dem Plateau die Dorfstraße. Sie ist breit und steigt gegen Ende an wie der Wenzelsplatz in Prag. Auf beiden Seiten ragen die Adat-Häuser, aus altersschwarzen Planken gezimmert, als ob Seefahrer den Bug ihrer Schiffe auf Pflöcke gestellt, den Rest abgesägt, vielleicht verbrannt hätten. Eine stattliche Flotte, zu Häuserzeilen aufgereiht. Aus den Luken führen Leitern herunter. Unter dem Bau wimmelt es von schwarzen Schweinen, die in Dunghaufen wühlen, von Hühnern und halbnackten blassen Kindern.

Zuerst scheint das Dorf menschenleer zu sein, dann begegnen wir einzelnen Frauen und alten Männern. Sie sind in schmutzige weiße Tücher gehüllt, wächsern blass mit breiten Backenknochen, Schlitzaugen, knolligen Nasen. Kraftlos wanken die Nias-Leute vorbei. Unser Gruß wird nicht erwidert.

Das Dorf verführt uns zu historischen Träumereien: Vor Zeiten sind sie aus dem Hochland von Tibet hinunter an die Küste gewandert, haben Schiffe gezimmert, sind der Insel Sumatra entlanggesegelt, in Nias gestrandet, haben die Dschunken durch den Urwald hinaufgezerrt, das Dorf aus dem Bug der Schiffe gebaut, haben Könige gewählt, haben Schutztrupps bewaffnet, das steinerne Mal errichtet, über das die Schwertkämpfer, sich im Sprung überschlagend, den Kriegstanz proben.

Am oberen Ende der Dorfstraße steht ein steinernes Mal. Zwei mannshoch aufragende Platten aus porösem Lavastein tragen eine schwere, an der Oberseite geglättete Platte, einen Tisch für Riesen. Eine Theatergruppe oder ein Sportverein hat sich eingefunden, etwa zwanzig Männer in feuerroten Uniformen mit goldenen Litzen. Ein junger Mann in blauem Trainer kommandiert. Er ordnet seine Schauspieler oder Tänzer zu zwei Gruppen, stellt sie einander gegenüber in Zweierreihen auf, zwischen ihnen der steinerne Tisch. Der Kommandant oder Tanzmeister trillert mit der Pfeife, von jeder Seite schnellt ein Mann vor, springt Kopf voran auf den Stein, landet mit dem Schädel auf der Platte, überschlägt sich, purzelt auf der anderen Seite herunter, kommt auf beide Beine zu stehen, schwingt das hölzerne Theaterschwert, reiht sich hinten an die Reihe der Wartenden, der nächste Pfiff, das nächste Paar springt, überschlägt sich. Die Choreographie mimt einen Schwertkampf, der Überschlag, Kopf voran, stellt den Tod der Kämpfer dar.

Es sind Männer jeden Alters aufgeboten. Am besten und wildesten springen die jungen Burschen, den runzligen Alten fällt die Übung schwer, einige gleiten seitlich von der Platte, andere landen nicht richtig, stolpern und hüpfen auf einem Bein in die Reihe. In rascher Folge tönt der Pfiff. Ein alter Mann, der soeben noch kraftvoll gesprungen ist, wankt, stürzt zu Boden und bleibt liegen. Seine Kameraden schieben ihn mit dem Fuß beiseite. Unter den nächsten Häusern haben sich Kinder angesammelt. Jungen packen den Mann an den Beinen und ziehen ihn unter die Treppe, wo er im Schweinedung liegen bleibt. Die Sonne sticht immer heißer, es stinkt nach Menschenschweiß und Schweinekot.

Als eine Pause eintritt, wollen wir erfahren, was vorgeht. Der Tanzmeister wendet sich ab. Erst als ich mit einer Geldnote winke, lässt er sich herab. Demnächst erwartet man in Nias ein Touristenschiff. Die Reiseagentur hat den Touristen einen traditionellen Schwerttanz versprochen. Die Leute müssen wieder in Form gebracht werden. Die Uniformen liefert die Agentur. Ob die Leute gezwungen werden, bei der Vorführung mitzumachen? Nein, sie kommen freiwillig, natürlich nicht alle, es gibt viele, die Angst haben, sich den Schädel einzuschlagen. Die meisten sind froh, dass sie mitmachen dürfen. Das Touristenschiff bringt einige Säcke Reis als Geschenk für das Dorf. Wenn die Touristen fort sind, gibt es Streit, die Tänzer wollen den Reis für sich allein behalten. Das Dorf hungert, weil die Regierung den Anbau von Trockenreis verboten hat und die Insekten den Rest vernichten. Da hungern sie eben, bis wieder Touristen kommen.

Der junge Mann greift nach seiner Trillerpfeife. Wir verlassen den Ort der Erniedrigung.

Den Hügel hinauf ist ein Pfad durch den Busch gebahnt. Neben dem Weg ragt ein grün umwachsener Stein. Sobald wir das Schlinggewächs entfernt haben, steht in Menschengröße eine Frau da, mit Perlen geschmückt, den Leib von Schlangen umwunden, starrt sie uns aus Steinaugen an. Sie scheint das Dorf zu bewachen. Ermutigt suchen wir weiter. Das Dorf ist in einem weiten Kreis von steinernen Figuren, Göttern oder Dämonen umstellt; sie sind nicht so mächtig wie die Megalithen der Osterinsel, aber kunstvoll behauen, von unerhörter Kraft des Ausdrucks. Die Zürnenden erregen Furcht, andere lächeln gütig. Eine Steinfrau hebt dem Beschauer die prallen Brüste entgegen. Die Pracht der Statuen tritt hervor, sobald die efeuartige Pflanze entfernt ist, die den Stein umhüllt.

Ein besonders gut erhaltener Megalith steht frei da. Ein nackter Jüngling blickt auf das Dorf herab, die Arme segnend oder empfangend ausgestreckt. Zu seinen Füßen frische Opfergaben, Orchideenblüten, ein Schälchen Reis und ein eben geschlachtetes Huhn.

In den nächsten Tagen fanden wir im Dschungelwald einen Riesenmegalithen, der so dicht überwachsen war, dass wir ihn ohne Werkzeug nicht frei kriegen konnten. Im Dorf war niemand, der über die Steine sprechen wollte. Leute, die wir fragten, gingen wortlos davon, andere beugten die Knie und trotteten dann fort, den Kopf eingezogen. Da auch in der Stadt nichts zu erfahren war, beschlossen wir, einmal mit Kenntnissen ausgestattet wiederzukommen.

Von der Bekehrung, die Großvater Jan miterlebt hatte, fand sich keine Spur, kein Kreuz, keine Kirche oder Kapelle. Doch hatte unsere Wirtin den einen ihrer großen Söhne zum Pfarrer nach Sibolga gebracht, um ihn katholisch taufen zu lassen. (Den anderen Sohn brachte sie zum Imam.) Der Priester erklärte ihr, Nias sei katholisches Land, doch habe die Kirche seit Jahren keine Mittel, sich der verlorenen Schafe anzunehmen. Er werde sich dafür einsetzen, bald einmal einen Missionar hinzusenden. Das sei nötig, weil mit den neuerdings eintreffenden Touristen die Gefahr einer Islamisierung der primitiven und verkommenen Dorfbewohner bestehe.

Auf der Rückfahrt hatten wir Glück; der Rohkautschuk war nicht geliefert worden. Da sich weitere Gäste eingefunden hatten, entschloss sich der Kapitän, ohne Ladung abzufahren. Zur Bequemlichkeit der Passagiere wurde ein Sonnensegel über das Vorderdeck gespannt. Das Meer, das bei unserer Ankunft tiefgrün war, glänzte an diesem Morgen silbern, die Silhouette der Hügel verschwand im Dunst. Kaum waren wir im offenen Meer, kräuselte eine dichte Schar Fische das Wasser um den Bug. Eine dreieckige Flosse schnitt durch die Wellen, kreuzte die Bahn des Schiffes. Dunkle Schatten zogen wie Torpedos unter der Oberfläche hin. Hiu, der Hai.

Der Fischschwarm hatte Haie angelockt. Die gerade Bahn des Hais auf der Jagd, die Rückenflosse, die pfeilschnell durch die Wellen schneidet, ist nicht mit den Tauchspielen des Delphins zu verwechseln. Endlich hatte ich Hiu in seiner tropischen See erblickt.

Die Passagiere, die unter dem Sonnensegel neben uns lagerten, sprachen französisch, ein großer magerer Mann, offenbar der Chef der Gesellschaft, zwei Burschen in Jeans und ein Mädchen mit schwarzer Haarmähne; typische Pariser, *rive gauche*. Was wollten die in Nias? Das sollten wir sogleich erfahren. Einige Wochen lang waren sie auf der Suche nach Megalithen durch den Busch gezogen, den zerrissenen Hemden waren die Strapazen anzusehen. Sie hatten über ein Dutzend Steine ausfindig gemacht, die Büsche mit Macheten weggehackt und die Lianen entfernt. Der Lange war Kunsthändler. Er erklärte den anderen seine Pläne. Er werde Lastwagen mit Kranwinden hinaufbringen, die tonnenschweren Statuen nach Sibolga und von da nach Marseille verfrachten und in Antibes zum Verkauf anbieten; den Park für die Ausstellung hatte er schon gemietet.

Die jungen Leute hörten ihrem Chef stumm zu. Dann hatte das Mädchen doch etwas dagegen. »Das ist Raub«, sagte sie, »dass der Minister uns den Permit für zweitausend Dollar verkauft hat, macht die Sache nicht besser. Die Nias-Leute sind beinahe am Ende. Wenn sie den Schutz ihrer letzten Götter verlieren, werden sie alle sterben.« Der Lange lachte: »*Tant mieux*«, um so besser, dann machen sie keine Geschichten. »Die Spesen bis Antibes, einschließlich des Honorars für die Kunstexperten machen kaum zweihunderttausend. Das bringt jeder einzelne Stein. Mit dem ersten Transport gibt das fünf Millionen. Dann kommen wir wieder und holen die übrigen. Wenn sie uns Geschichten machen, zünden wir das Dorf an. Sobald ihre Götter einmal weg sind, werden sie still sein.«

Im Hafen von Sibolga ließ sich der Kunsthändler einen Korbstuhl in den Schatten rücken, das Mädchen kniete nieder, zog ihm die Stiefel aus und streifte ihm leichte Mokassins an. Er gab ihr einen Klaps auf den Hintern, sie lief den Burschen nach, die das Gepäck im Toyota verstauten, der auf sie gewartet hatte. Er lehnte sich zurück, zündete eine Zigarette an, nahm die Sonnenbrille ab und kratzte sich genussvoll unter dem Hemd. Als ich vorbeikam, zog er die Brauen hoch und sah über mich hinweg. In diesem Augenblick ging in mir ein Vorhang auf. Das war er – mein erster Hai.

Ich war zehn oder elf Jahre alt, als Fred Farley, ein junger Engländer, im Schloss Noviklošter als Sommergast auftauchte; sein Sportauto stand weiß verstaubt im Hof. Seine Mädchengeschichten interessierten mich nicht. Die Erinnerung an das Ende seiner Braut, von dem er erzählt hat, ist plötzlich wieder da. Die beiden waren die Adriaküste entlanggefahren, hatten gebadet und sich von der Sonne bräunen lassen, waren in Abazia, der letzten Station der genussvollen Ferienreise angekommen. Es war ein heißer Tag, ohne den Wind, der am Nachmittag etwas Kühle bringt. Seine Braut wollte noch einmal hinausschwimmen: er nicht. Als er endlich aufstand, weil sie so lange nicht zurückkam, war draußen im Meer ein Wirbel, drei oder vier Fischerboote mit aufgeregten Männern, die heftig zu streiten schienen, ruderten und drehten sich im Kreis. Die Dame war nicht zu sehen. »Stellen Sie sich das vor«, sagte er, »Männer, die mit ihren Angelruten an der Mole saßen, haben gesehen, wie ein Hai auf sie zuschoss. Sie ist in der Tiefe verschwunden. Die Fischer sind gleich in die Boote gesprungen. Ein Bein und den Kopf haben sie an Land gebracht, mehr war nicht übrig. Ich habe ein Telegramm an ihre Eltern geschickt und für den Rest von ihr ein katholisches Begräbnis bezahlt. Ich glaube, sie war protestantisch, das macht aber nichts. Die Sache ist ohnehin zu Ende.«

Fred Farley ist zwei Wochen bei uns im Schloss geblieben, hat Tennis gespielt und ist mit den Mädchen baden gegangen. Am Abend tanzte man zum Grammophon. Es scheint, dass er ausgiebig geflirtet hat, das weiß ich aber nicht sicher. Wie gesagt interessierten mich Mädchengeschichten damals nicht. Sein zufriedenes Grinsen mit hochgezogenen Brauen, wie er damals über mich hinweggeschaut hat, ist bei mir mit dem blutigen Massaker des Hais verknüpft geblieben. (Seit Sibolga habe ich nie mehr den Wunsch gehabt, einen Hai in seiner See zu sehen.)

Ein buddhistischer Tempel

Von Djakarta nach Ostjava reiste Sytske wieder mit uns und steckte uns mit ihrem Lachen an. Bevor wir uns in Surabaya wieder trennten, trafen wir den Studenten, der uns einen berühmten buddhistischen Tempel zeigen wollte. Das Heiligtum liegt in einem waldigen Tal, weit ab von der Straße. Auf Java gibt es nur wenige buddhistische Kultstätten, die von so vielen Pilgern besucht werden.

Beidseits des Tempeltors steht hoch aufgerichtet die reichverzierte Figur eines Drachen. Die bunt lackierten Ungeheuer starren mit glühenden Augen und gefletschten Zähnen auf die Pilger hinunter. Betritt man den Tempel, ist der Drache linker Hand »das Böse«, rechts »das Gute«. Die Figuren gleichen einander, man könnte sie austauschen. Einem solchen Unterfangen stünde nur der Umstand entgegen, dass die Köpfe der Drachen gedreht und leicht geneigt auf die Besucher blicken. Ausgetauscht würden sie von den Tempelbesuchern abgewandt beiseite schauen.

Gut und Böse sind austauschbar, je nachdem, ob wir kommen oder gehen. Kommt es allein auf den Gesichtspunkt an? Besucher wie wir schleppen ihr »Gut und Böse« innen mit. Unsere Drachen bleiben die gleichen, wie weit wir auch reisen, doch stehen sie verkehrt, abgewandt. Wir glauben zu wissen, was böse ist und was gut. Wahrscheinlich können wir nicht immer sehen, was sich gleichbleibt, was anders ist, und nur anders zu sein scheint, weil wir selbst zu den Drachen geworden sind, die wir herumtragen; unser Blick ist abgewandt, nach außen gerichtet.

Der Hengst Romano

Die Stadt Menado liegt am nördlichen Finger von Sulawesi, das früher Celebes hieß und in Schulatlanten noch immer so heißt. Die Asphaltstraße vom Flughafen in die Stadt läuft erst die Küste entlang, auf beiden Seiten der Bucht steigen Krater unmittelbar aus dem Meer auf; dann biegt die Straße gegen das Zentrum der Stadt und mündet in einen Kreisel. In der Mitte des Kreisels steht in jeder Stadt des Inselreichs ein Denkmal mit der Statue eines verdienten Generals. Wir staunen. Kein General; ein edles Pferd krönt den Sockel, steht in Lebensgröße da, gipsweiß, den Kopf angehoben, die Nüstern gebläht, zu Füßen des Renners der vergoldete Lorbeerkranz (wie bei so manchem General) und eine Amphore in griechischem Stil.

Im Hotel »Romano« erfahre ich, dass die Statue das Rennpferd Romano zeigt, einen Hengst heimischer Zucht, den einzigen Helden, den Menado hervorgebracht hat. Zehn Jahre lang hat er alle Rennen gewonnen, die er gelaufen ist, und hat seinem Besitzer mehr Geld eingebracht als irgendein Pflanzer oder Händler verdiente. Die Stadt ist reich; sie lebt von den Gewürznelken, *cloves*, die in der Gegend von Menado produziert und in alle Richtungen verschickt werden.

Die Gewürznelke ist ein Strauch wie unser Flieder, die länglichen Blätter sind goldgrün. Zerdrückt man ein Blatt, haftet der würzige Duft tagelang an den Fingern. Die Duftstoffe entwickeln sich in der tropischen Sonne und Feuchtigkeit nur mit einer besonderen Chemie des Waldbodens in wenigen Weltgegenden. Als wir Menado besuchten, hatte der Export aus Sansibar wegen eines Streiks aufgehört, und in Madagaskar war die Produktion vor einigen Jahren wegen der Dürre zusammengebrochen. Die Hügel waren weithin von neu angelegten Pflanzungen bedeckt; der Duft wehte durch die Straßen der Stadt. Der Weltbedarf wurde von hier aus gestillt. (Allein in Indonesien soll es hundertzwanzig Millionen Raucher und Raucherinnen geben, die den Tabak der Zigarette mit *cloves* vermischt genießen). Der Preis für die getrockneten Nelken vervielfachte sich, der neue Reichtum hatte das Leben der Kleinstadt verändert. Die offenen Terrassen der Bungalows waren vergrößert worden, darunter standen nagelneue Cadillacs und Buicks. Am Nachmittag, wenn der kühle Wind vom Meer aufkommt, konnte man die eleganten Herrn und Damen bewundern, die Tee tranken oder Champagnerflaschen knallen ließen.

»Sie müssen bis zu den Rennen, die in der nächsten Woche beginnen, bei uns bleiben, sonst haben sie Menado nicht erlebt«, sagte der

Direktor des Hotels und überließ uns sein bestes Zimmer für fünfzig Dollar. Zeit für einen Ausflug ins Innere.

Wir waren froh, dass die Asphaltstraße Richtung Süden nach hundert Kilometern in einem Urwaldstädtchen zu Ende war, denn der Fahrer des Wagens, den wir gemietet hatten, legte los wie zu einem Rennen. Es gelang ihm jedoch, an den mächtigen Karossen vorbeizuschlingern, die uns entgegen kamen. Die reichen Pflanzer waren viel unterwegs, hunderte Kilometer hin und zurück. Eine andere Verwendung für ihre Autos gab es nicht.

Ohne die Dschungelpferde wäre die Fahrt eintönig gewesen. Zum ersten Mal hatten wir sie im Süden von Sulawesi gesehen. Dort verschwanden sie sofort im Busch, wenn der Wagen näher kam. Hier aber stellten sie die Ohren auf und schauten herüber. Die Pferdchen sind nicht viel größer als Ponys, mit einem rehbraunen glatten Fell, schwarzen Rückenstreifen und schwarzem Schweif. Sie haben große glänzende Augen mit langen Wimpern. Die Fohlen bleiben bei den Stuten, andere leben im Wald in kleinen Herden. Eilige Reisende berichten, sie hätten im Busch Antilopen gesehen, weil sie nicht glauben können, dass es im Dschungel Pferde gibt. (Andere Rassen halten das Klima nicht aus, werden von Parasiten befallen und gehen ein.)

Das Rasthaus war von einer japanischen Delegation belegt, die für eine Gesellschaft zur Verwertung des Urwaldholzes da war, so dass wir die Nacht in einer Baracke verbrachten, in der es einem Schwarm von Fledermäusen nicht gelang, die Moskitos zu dezimieren. Darüber war unser Begleiter, der Assistant Manager des Hotels, unglücklich. Der smarte Javaner, der die Hotelfachschule in Lausanne besucht hatte, legte Wert darauf, seine ersten Gäste aus der Schweiz zufriedenzustellen. Alle drei waren wir froh, dass uns der Rennfahrer bereits um zwei Uhr nachmittags heil im Hotel Romano ablieferte.

Unser Fünfzigdollarzimmer roch nach *cloves*. Es war kühler als draußen, wir freuten uns auf eine Dusche; doch waren unsere Reisetaschen verschwunden. Eine Schar Diener bemühte sich um uns und flüsterte. Der Direktor hatte das Gepäck eingeschlossen und den Schlüssel an sich genommen. Vor vier oder fünf Uhr würde er seine Siesta nicht beenden. Die Moskitostiche juckten, zwei Tage zu fünfzig Dollar, ich wurde ungeduldig. Ohne die Stimme zu erheben, sagte ich: »Sie schaffen den Schlüssel sofort her. Wenn der Herr Direktor schläft, wecken Sie ihn eben auf. In fünf Minuten muss unser Gepäck da sein, wir warten keine Minute länger.« So geschah es.

Die Diener hatten sich geduckt wie Hühner im Regen, der Assistant Manager versteckte sich hinter einem Vorhang und verschwand aus dem Hotel. Er tauchte nicht mehr auf, so lange wir da waren. Die dreißig Dollar, die wir ihm für die Reisebegleitung geben wollten, mussten wir dem Direktor anvertrauen. Die einfachen Diener können nicht reagieren, wenn sich ein feiner Herr so aufführt. Unser gebildeter Begleiter musste sich jedoch schämen, dass er sich mit Klienten eingelassen hatte, die sich so aggressiv aufführen. Er verliert sein Gesicht. Ein Benehmen, das alle Regeln des Anstands vermissen lässt, ist obszön.

Am Samstag erhielten wir die schriftliche Einladung für das Eröffnungsrennen am Sonntag, das Dokument geschmückt mit dem Bild des Hengstes Romano, signiert vom Präsidenten des Rennvereins. Unser Taxi überholte eine festlich gekleidete Menge. Der Rennplatz ist wahrscheinlich der schönste der Welt. Die breite Aschenbahn um den Rasen ist von einer Hecke roter, violetter und weißer Orchideen gesäumt, die im Schatten von Kokospalmen üppig wuchern. Tribüne und Wettbüros sind aus Holz konstruiert, genau so wie sie auf Stahlstichen von Rennplätzen im viktorianischen England zu sehen sind. Livrierte Diener servierten uns in der Ehrenloge Limonade. Die Herrn der Rennleitung trugen allerdings nicht Cut und Zylinder, sie waren in Weiß, mit Krawatten in den Farben des Klubs, ausgestattet mit Feldstechern, die Rennzeitung unter dem Arm.

Auf dem Sattelplatz bewunderten wir die Vollblüter aus Australien des ersten Rennens. Zum Hauptrennen über die klassischen 2.200 Meter war nur die einheimische Zucht zugelassen, eine wunderschöne Kreuzung von Vollblütern und Urwaldpferden, eher niedrige hellbraune Pferde mit kleinen Hufen, die den edlen Kopf hoch tragen, die winzigen Ohren gespitzt, mit lang bewimperten glänzenden Augen. Die Jockeys, ganz wie in England, in bunten Hemden und Kappen, waren zart gebaut und noch kleiner als bei uns. Sobald man genau hinsah, waren es Kinder, elf- oder zwölfjährige Jungen.

Alles ging vor sich, wie es das Rennritual vorschreibt. In jedem Feld waren vierundzwanzig Paare zugelassen und fast alle ausgebucht. Die Jockeys kauerten ohne Sattel mit eingezogenen Knien und hielten die Zügel kurz, neben dem Hals. Nach dem Startschuss löste sich das Band, die Pferde preschten los, streckten sich in der Geraden, die Jockeys streckten sich ebenfalls, lagen bäuchlings auf dem Pferderücken, rätselhaft, wie sie das Gleichgewicht halten, die Tiere durch das Gedränge steuern und antreiben konnten. (Alljährlich kommen Emissäre der australischen Rennställe nach Menado und holen die geschicktesten Jockeys weg, die dann in Amerika und Europa Karriere machen. Wenn die Buben auch noch ein wenig wachsen, sind sie doch leichter und – so sagt man – auch mutiger und skrupelloser als europäische Jockeys.)

Am nächsten Tag entführte uns die Maschine der Garuda nach Süden. Im Hotel schüttelte man den Kopf; es gab doch noch fünf weitere Renntage. Als wir die Bucht entlangfuhren, stieg aus einem der beiden Vulkane eine weiße Rauchfahne. Die Versuchung war groß, dazubleiben und unser weiteres Leben als Pflanzer von Cloves-Büschen und Mitglieder des Rennklubs von Menado hinzubringen.

Adat und das Kreuz

Im Flug von Timor nach Flores, der letzten Station unserer Reise, beschrieb die Maschine einen weiten Bogen nach Osten. Am Horizont ein dunkler Streif, die Insel Alor. Dort haben amerikanische Forscher die Kulturanthropologie, *cultural anthropology*, begründet, von der sich unsere »ethnopsychoanalytische Methode« ableitet.

Von leidenschaftlicher Neugier getrieben, die man Forschungsdrang nennt, reisten wir während zwanzig Jahren wiederholt nach Westafrika. Für Alor hatten wir nichts geplant oder vorbereitet. Gerne hätten wir dort gearbeitet, um Fehler unserer Lehrmeister zu korrigieren. Spätere Generationen sind oft die radikalsten Kritiker ihrer wissenschaftlichen Eltern.

Die Ethnologin Cora Du Bois veröffentlichte 1944 den Bericht über ihre Feldforschung *The People of Alor*, Das Volk von Alor; ein Jahr später hat der Psychoanalytiker Abram Kardiner, zusammen mit dem Soziologen Ralph Linton und anderen namhaften Gelehrten, die neue Wissenschaft begründet. Ihr Paradigma lautet: Jede Gesellschaft schafft sich mittels der traditionellen Erziehung und Sozialisation Menschen, deren psychologische Grundausstattung für sie spezifisch ist: *the basic personality structure*. Abram Kardiner, der sich bei Sigmund Freud einer Psychoanalyse unterzogen hatte, hat die Befunde der Feldforschung, deren Protokolle ihm vorgelegt wurden, interpretiert. Die Leute von Alor sprachen mit der Ethnologin immer wieder über Geld, wollten wissen, wie viel sie besitzt, wie viel sie ausgibt, wollten ihr Geld sehen. Kardiner zog den Schluss, es handle sich um eine »anale« Kultur. Er folgte der Idee, dass Geld ein Symbol für den Kot ist, den das Kind nicht hergeben mag; geiziges Zurückhalten von Besitz sei der wichtigste Zug der Kultur und bestimme die psychologische Struktur der Aloresen.

Wir hatten den Verdacht, dass diese zentrale Annahme der Kulturanthropologie falsch ist, da sie auf der unkritischen Anwendung einer
papierenen Theorie auf lebendige Menschen beruht. Während der Reise
in Indonesien hat man auch uns ausgefragt, wie viel Geld wir haben, wie
viel wir für das Zimmer im Hotel bezahlen, und dergleichen. Gaben wir
genügend genaue Auskunft, wechselte das Thema. Zu den liebenswürdigen und offenen Menschen passte das Bild »analer«, von Geld und
Besitz besessener Charaktere nicht. Bald wurde es klar. Die Einstufung
des Fremden ist nötig, um keinen Taktfehler zu begehen. Anders als in
Indien, wo das gesellschaftliche Leben weitgehend von der Abgrenzung
der Kasten bestimmt ist, haben Indonesier die Kasten verinnerlicht.
Erst wenn man den Fremden einstufen kann, wenn man weiß, welchen
Stand man ihm zuschreiben muss, kann man die richtige Anrede wählen. Tatsächlich kann die soziale Stellung Fremder am einfachsten von
ihrer finanziellen Lage abgeleitet werden. Wussten unsere Gesprächs-
partner über unsere Mittel Bescheid, fühlten sie sich frei im Gespräch,
und ließen sich auf Themen ein, die Europäer kaum mit Fremden diskutieren würden. Sollten die amerikanischen Forscher in der Haltung
»wissenschaftlicher« Abstinenz die harmlosen Fragen nach ihrem Geld
nicht beantwortet haben? Hätten sie die Leute von Alor in Verlegenheit
gebracht, die von der Etikette gezwungen sind, Fremde genau einzu-
stufen, so dass sie weiterhin ihre dringenden Fragen nach der finanziellen Lage stellen mussten und sich in kein Gespräch einlassen konnten?
Aus solchen kritischen Grübeleien und intellektuellen Spielen entstehen mitunter konkrete Forschungspläne. Wir konnten nicht nach
Alor, mussten auf eine Antwort verzichten. Eines der vielen Rätsel ohne
Lösung, die uns Indonesien aufgegeben hat.

Auch Sytske, die wieder mit uns reiste, sollte zurück nach Europa.
Ihr war nicht wohl dabei. Wieder mit der KLM von Airport zu Airport über die wundervolle Welt hinwegfliegen; das würde ihr das Herz
brechen. Einmal lachte sie laut heraus: »Ich komme mit Ihnen in die
Schweiz und melke Kühe.« »Das wird sie nicht tun«, meinte Goldy,
»sie spricht bereits fließend Bahasa. Vom Märchenland ihres Großvaters wird sie sich nicht so bald trennen.«

Maumere war damals eine tote Stadt. So arme, elende Menschen
hatten wir auf keiner anderen Insel Indonesiens gesehen. Nur in dem
Pfahldorf der Buginesen, unten an der Küste, war Leben. Wenn die
Fischer mit ihrem Fang zurückkamen, fanden sich Chinesen aus der
Stadt mit großen Körben ein, brachten Früchte und Gemüse und fuh-

ren mit ihren Vespas wieder ab. Die Fischer hatten es aufgegeben, Fische auf den Markt zu bringen, weil in der Stadt kein Geld zu verdienen war. Alle Hoffnungen richteten sich auf Japaner, die, begleitet von Beamten der Regierung, im schönsten Hotel wohnten, um den Bau einer Fabrik vorzubereiten. Bisher hatten die Herren lediglich einen chinesischen Koch angestellt, der bereit war, ihnen Mädchen aus der Stadt für die nächtlichen Gelage zuzuführen. Bei dem allgemeinen Elend fiel ihm das nicht schwer.

Die Brücke an der Straße zur größten Stadt der Insel, Ende, hatte ein Hochwasser weggerissen. Es wird zwei Jahre dauern, bis die Verbindung wiederhergestellt sein wird; die Regierung hat Flores vergessen.

Die Garuda flog Maumere nur einmal die Woche an, wenn nicht genügend Passagiere gebucht hatten, dauerte es bis zum nächsten Flug zwei oder drei Wochen. Außer dem chinesischen Restaurant gab es nichts Erfreuliches. Wenn wir Europäer erschienen, wurde der Tisch mit Damast gedeckt und die feinste und reichste chinesische Tafel serviert. Verwaltungsbeamte aus Java, die es hierher verschlagen hatte, bekamen ihre Suppe lieblos hingeklatscht und eine Dose warmes Bier. Ein junger Regierungsbeamter beklagte sich bitter: »Bald werden die Chinesen wieder die Herrn sein. So war es, bis man sie 1965 vertrieben hat. Jetzt sind sie wieder da und rächen sich. Sie sehen, wie sie uns behandeln. Bald werden wir bei ihnen betteln.«

Da der Weg nach Westen blockiert war, beschlossen wir, nach Osten bis Larantuka zu fahren. Man brauchte ein Geländefahrzeug, weil die Straße nicht mehr repariert wurde. Der Autobus ging seit Jahren nicht mehr. Der Jeep, der uns vom Airport hergefahren hatte, das einzige Mietfahrzeug der Stadt, hatte gebrochene Achsen. Am zweiten Abend schlenderten wir durch die Stadt und berieten gerade, was tun. Da standen in einer dunklen Nebenstraße Leute vor einem hell erleuchteten Schuppen. Sie sahen zu, wie ein grauhaariger Chinese letzte Hand an die Reparatur eines Jeeps legte. Er warf den Spray mit giftgrüner Farbe fort, ging um den aufgebockten Wagen herum, und bewunderte sein Werk. Ein chinesischer Gehilfe in einem sauberen Kittel und ein zerlumpter indonesischer Lehrling säuberten die Windschutzscheibe, die Farbspritzer abbekommen hatte.

Der alte Herr war nicht abgeneigt, uns das Fahrzeug für die Fahrt nach Larantuka zu vermieten. Er zögerte. Nach vielen höflichen Worten kam das Problem zutage. Wie ist es mit dem Fahrer? Einen europäischen Chauffeur gibt es hier nicht, auch keinen Chinesen; wollen die Herrschaften einen Fahrer von hier oder aus Java? »Es ist mir gleich«, sagte ich, »woher der Fahrer kommt. Ich hätte gerne einen älteren Mann, dem es wichtiger ist, sicher zu fahren als schnell.« Der Chinese lächelte, nannte einen vernünftigen Mietpreis und versicherte, sein Freund werde die Sache übernehmen.

Der Freund des Chinesen war der vorsichtigste Fahrer und klügste Reisebegleiter, den wir uns wünschen konnten. Sytske fand, dass ihr Großvater, als er noch bei den Missionaren auf Nias in Diensten stand, so ein Mann gewesen sein musste wie er.

Dass die Portugiesen der Insel den schönen Namen Flores gegeben haben, wird niemanden wundern, der den Weg von Maumere nach Osten nimmt. Gartenkünstler unserer kunstvollen Gewächshäuser könnten sich an tausend neuen Ideen begeistern. Ein tropischer Traum nach dem anderen. Dunkle Nischen mit hellen Sonnenflecken, geballte Büsche und hohe Bambusgiebel, in allen Grüntönen, mit leuchtenden Farbtupfen, Orchideen, großen Schmetterlingen und kleinen glitzernden Vögeln. Dann senkt sich der Weg zur Küste, der Dschungel bleibt zurück, Buckelrinder grasen auf üppigen Weiden und stillen den Durst im klaren Wasser der Bäche.

Die Regierung hat diesen Teil der Insel den Missionen überlassen. Die Straße ist nur im Bereich der Dörfer ausgebessert. Nach einer Strecke durch den Urwald wieder ein Stück Kulturlandschaft, Haine von Kokospalmen und Weideland, dann wieder Wald.

Wir kamen durch viele Dörfer, die anders waren, als wir sie von anderen Inseln her kannten. Die Häuser im Adat-Stil waren unbewohnt und verfallen. Entlang der Straße war ein neues Dorf entstanden, gleichförmige Hütten mit einem Dach aus Wellblech, wie die Arbeitersiedlung einer Bergwerksstadt. Keine Gärten mit Papaya und Blumen, um jedes Haus nackter Lehmboden, der sich bei Regen in Schlamm verwandelt. Über jedem Dorf erhob sich die Kirche, daneben der stattliche Bau der Mission. Es waren die verschiedensten Religionen vertreten, lutheranische, methodistische, presbyterianische. Am prächtigsten war die katholische Mission; in ihrer Kirche hätten wohl zweitausend Seelen Platz gefunden. Auch die anderen waren überdimensioniert. Unser Fahrer hielt in jedem Dorf an und fragte, ob wir unsere Landsleute besuchen wollten. Wir wollten das nicht. Dafür sprach er lange mit den Leuten, die sich neugierig versammelten, um die seltenen Besucher zu betrachten. Fast in jeder Siedlung gab es irgendeine kleine Fabrik, das Land gehörte der Mission. Die Missionare hatten es den Pflanzern abgekauft. Das kam so zustande, dass die Märkte abgesagt und die Ausfuhr der Produkte verboten wurde. Man versprach den Leuten, sie gut zu bezahlen, wenn sie ihr Land abtreten und dafür bei der Mission arbeiten würden. Zuerst waren die Lehrer dran. Die Schule wurde geschlossen, die Lehrer wurden arbeitslos. Um nicht zu verhungern, traten sie ihr Land und Wohnhaus den Missionaren ab, bekamen eine der neuen Hütten und durften wieder Schule geben, alllerdings zu geringerem Lohn. Man erzählte unserem Fahrer davon, wie sich einzelne Missionen bemühten, den Export der Produkte zu monopolisieren; eine hatte einen eigenen Frachthafen gebaut und verlangte von den anderen übersetzte Hafengebühren. Es gab richtige Handelskriege. Das vom Urwald überwucherte Niemandsland zwischen den christlichen Domänen war wohl von Nutzen, wenn man bedenkt, wie leicht die unterschiedlichen Diener Christi in unbrüderliche Streitigkeiten gerieten. Europäische Tüchtigkeit und christliche Arbeitsmoral hatte den Osten der paradiesischen Insel in ein Entwicklungsland verwandelt.

Larantuka ist die schönste und genüsslichste Stadt, die man sich vorstellen kann. Die beiden Damen, die uns in ihrem luftigen Adat-Haus aufgenommen hatten, bewirteten uns wie prinzliche Gäste. Wir gingen an der von Vulkanen flankierten Bucht spazieren. Am Nachthimmel glänzten Sterne und auf dem Wasser die Lichter der Fischer. Unsere Sytske war verschwunden und erschien erst am dritten Abend wieder. »Ich komme nicht mit in die Schweiz«, sagte sie, »auch die KLM kriegt mich nicht zurück, ich bleibe hier im Paradies.«

Die junge Holländerin schlendert den Hafen entlang. Es ist still. Die Fischer haben den Fang der Nacht verkauft und sind schlafen gegangen. Die Lagerhallen sind verschlossen. Das Tor zum letzten Hangar steht offen. Drinnen steht ein junger blonder Mann an einem Zeichentisch. Er ist in seine Arbeit vertieft. Entlang der Wand des Schuppens Reihen hölzerner Bänke, auf denen sauber gebündelte Papiere liegen. Es sind viele hundert, oben auf jedem Stapel liegt eine Skizze, die ein Adat-Haus zeigt, jedes Mal ein anderes. Manche Häuser glaubt sie zu kennen, sie sind aus Nias. Der junge Mann steht auf und verteilt Papiere vom Zeichentisch auf den einen oder den anderen Stapel. Jetzt erst bemerkt er das Mädchen. Bevor er sie fragen kann, was sie will, sagt sie: »Mir gefallen Ihre Bilder. Haben Sie noch mehr? Darf ich noch welche sehen?«

Er zeigt ihr weitere Tuschzeichnungen von Adat-Hütten und Häusern, großen Versammlungshallen und kultischen Bauten. Gerne zeigt er der jungen Frau seine Werke, sagt dazu wenig, höchstens, auf welcher Insel er das Gebäude gefunden hat. Sie hat noch nicht genug, doch er muss weiterarbeiten. »Ich habe noch viele Notizen zu ordnen und zu kopieren. Um sechs Uhr wird es dunkel, dann muss ich aufhören.«

Sytske darf ihm beim Ordnen der Papiere helfen bis es dunkel wird. Dann gehen sie zu seiner Bude nachtessen, in der die Frauen Nasi goreng mit Fischen, Krebsen und Muscheln zubereiten und trinken ein kühles Djakarta-Bier. Sein Lager ist in einer Ecke des Hangars aufgeschlagen. Die Türe des Schuppens schließt er für die Nacht ab.

Es dauert drei Tage, dann sind alle Stapel mit architektonischen Dokumenten geordnet und in Aluminiumkoffer verstaut. Da erst bringt sie den jungen Mann mit und stellt ihn vor »Das ist Will Forester aus Sidney, mein neuer Arbeitgeber.«

Es war von Vorteil, dass Will Forester die Architekturschule in Sidney besucht und in Australien gearbeitet hatte, als ihn das Kulturministerium nach Djakarta berief, um den Bestand an Adat-Bauten des Inselreichs aufzunehmen und zu dokumentieren. Renommierte Architekten aus Europa, an die sich das Ministerium gewandt hatte, lehnten ab, als sie erfuhren, was von ihnen erwartet wurde. Die Gattin des Präsidenten hatte den Plan, ein museales Indonesien bauen zu lassen, ein Minireich in stark verkleinertem Maßstab. Der hohen Dame schwebte ein asiatisches Disneyland vor. In wenigen Stunden könnten Touristen mit einem klimatisierten Bus die vielfältige Baukunst des Riesenreichs bewundern. Damit die Kosten von der UNESCO, die sich am Projekt interessiert zeigte, übernommen würden, mussten alle Bauten nach den Prinzipien der Sakralarchitektur dokumentiert werden.

Auch Will Forester hatte gezögert, den Auftrag anzunehmen und bat sich aus, einige Inseln zu besuchen, um seine Aufgabe zu studieren. Er war von der Vielfalt der Adat-Stile fasziniert und sah ein, dass es Zeit war, mit der musealen Arbeit anzufangen. Eine Kulturpolitik, die Disneyland für den Gipfel der modernen Baukunst hielt, würde Adat bald zum Verschwinden bringen. Er war der hohen Protektorin sogar dankbar. Sie hatte verfügt, dass er so viel Zeit als nötig an die Dokumentation wenden dürfe. Eine Expertin des Ministeriums, die ihm bei der Ordnung des Materials an die Hand gehen sollte, war nie erschienen. Forester, der für Spesen freie Hand hatte, war froh, unserer Sytske die Stelle anbieten zu können.

Der Architekt war seit mehr als einem Jahr unterwegs. An jedem Ort sprach er mit Männern und Frauen, die Adat noch hochhielten. Sobald er charakteristische Bauten ausgewählt hatte, wurde vermessen, fotografiert, gezeichnet und je eine Kopie hergestellt. Im Osten von

Flores fand er allerdings keine der berühmten Adat-Bauten mehr vor, in denen die Dorfversammlung Rat hält. In den letzten Jahren hatten die Missionen, darin einmal einträchtig, alle zerstören und verbrennen lassen. Nur so war es möglich geworden, den Widerstand der Dörfer gegen den Verlust ihrer Felder zu brechen und sie im Zug der Modernisierung zu unterbezahlten Lohnsklaven zu machen. Wenn sie sich am Sonntag in der Kirche trafen, wagten sie es nicht mehr, sich zu organisieren. Einzelne kamen beten, keine einzelne Familie allein war stark genug sich zu wehren.

Will Forester war Architekt und Künstler. Für die Tuschzeichnungen der Adat-Bauten hatte das Ministerium kein Interesse. Man hatte ihm mitgeteilt, Fotografien genügten. So fügte er sie den Kopien bei, die er behielt. An den Plan, ein Adat-Disneyland zu bauen, wollte er keinen Gedanken verschwenden.

(Ein Jahr später schrieb uns Sytske einen Brief. Die Forschung gehe weiter und sie sei glücklich mit Will. Die UNESCO habe die Dokumente kontrolliert und finanziere die Unternehmung weiter. Das Mini-Indonesien werde nun doch nicht gebaut. Das Gelände dafür sei an eine Gesellschaft verkauft worden, die einen zweiten Golfplatz bauen wollte. Sie, Sytske, habe es erreicht, dass das Völkerkunde-Museum von Rotterdam die Kopien mit den Zeichnungen in Verwahrung nahm. Will denke daran, nach Holland zu kommen, um weiter daran zu arbeiten.)

Der Flug von Maumere nach Flores war beinahe ausgebucht. Am Platz neben Goldy war ein knochiger Mann in schwarzem Anzug platziert, der sich als lutherischer Missionar auf der Reise nach dem Haus der Mission in Frankfurt am Main vorstellte. Er trug ein kleines Kreuz an einer Halskette und ein zweites, mit Brillanten besetztes, Kreuz am Rockaufschlag. Um seine Neigung, ein Gespräch anzuknüpfen, zu bremsen, fragte sie ihn: »Warum tragen Sie zwei Kreuze? Der Herr hat doch nur eines getragen.« Das half nicht. Er war gehobener Stimmung. »Schauen Sie doch, diese Menschen, die mir winken. Alle unsere Schäfchen haben mir das Geleit gegeben. Sie haben allen Grund zur Dankbarkeit. Wir haben viel für sie getan, eine schöne kleine Fabrik eingerichtet, eine Brennerei für feinen Palmenbranntwein. Früher haben die armen, unwissenden Leute die Palmen angezapft und gewartet, bis der Saft gegoren war, und den Palmwein getrunken. Nichts ist daraus geworden. Aber jetzt zahlen wir ihnen für die Arbeit an den Palmen, nicht viel, immerhin eine Rupie pro Stunde. Den Schnaps kann die Mission gut verkaufen. Wir liefern bis in die deutsche Heimat. Wenn die Leute wollen, können sie noch immer trinken. Nicht den faden warmen Palmwein, nein, würzigen Branntwein. Es ist zwar keine Tugend, doch wollen wir mit den lieben Naturkindern nicht streng verfahren. Wir haben eine kleine Schenke eingerichtet. Dort erhalten sie ein Gläschen für zehn Rupien. Mehr als zwei können sie sich glücklicherweise nicht leisten. Es gäbe sonst leicht ein Unglück. Sehen Sie, wie traurig die lieben Kinder sind, weil ich sie verlasse. Wenn sie ins Dorf zurückkommen, spendet die Mission einem jeden, ja auch den Frauen, gratis ein Gläschen Schnaps. Damit helfen wir ihnen, die Trauer über den Abschied zu überwinden.«

Von der großen Reise zurück, fragen wir uns, ob die Zeugnisse des Adat in einem Museum am richtigen Ort sind. Wohin gehören die wunderbaren Kulturen der südlichen Hemisphäre? Sie werden von der Moderne überrollt. Die behutsamen Indonesier und Indonesierinnen könnten sich nicht wehren. Die Menschen beider Hemisphären gleichen einander immer mehr. Doch kommen sie einander nicht näher. In meiner Erinnerung sind sie noch beisammen, bewahrt wie im Museum; unter der gleichen Sonne, immerhin.

ANHANG

Nachruhm

Es waren noch nicht zehn Jahre seit dem Tod des großen Mannes verflossen, als sich bei der Bearbeitung seines Nachlasses Probleme ergaben. Das Kuratorium, das seine Aufgabe darin sah, dem Werk die ihm zukommende Dauer zu verleihen, begann auf den Abschluss der Arbeit zu drängen. Bisher hatte man angenommen, das umfangreiche und vielfältige Material könne mit den vorhandenen Mitteln gesichtet, bearbeitet und ediert werden. In der Wohnung des kinderlos und einsam verstorbenen Schriftstellers waren veröffentlichte und unveröffentlichte Manuskripte, Fragmente, Entwürfe, Tagebücher und Briefe – zweieinhalb Zentner beschriebenes Papier, wie ein respektloser Kritiker geschrieben hatte – sichergestellt worden. Die mit der Arbeit betrauten Fachleute fanden die Papiere in einer Ordnung vor, die sich als wenig hilfreich erwies, wohl, weil der Alternde ausschließlich seinem Werk verpflichtet, die letzten Lebensjahre der Weiterführung, wenn nicht der Abrundung des bisher Geleisteten gewidmet hatte. Nach dem Tod seiner weiblichen Hilfskraft – so muss man Frau Lina-Maria wohl bezeichnen – entbehrte der Meister ihre ordnende Hand, war aber nicht willens oder außerstande, ihre Gegenwart personell zu ersetzen.

Ein überraschender Fund hatte den ruhigen Fortgang der noch im Stadium des Archivierens befindlichen Arbeiten unterbrochen. In einer kleinen Villa aus der klassizistischen Bauepoche unserer Stadt, die zum Abbruch bestimmt war, fanden Bauarbeiter in einem Hinterzimmer fünf große Kartons einer bekannten Weinhandlung mit weiteren Papieren des Schriftstellers. Der mit dem Neubau und vorerst mit den Abbrucharbeiten befasste junge Architekt brachte den Schatz eigenhändig ins »Institut«. So nannten die drei dort Beschäftigten die Wohnung im dritten Stock eines Hauses der Altstadt, und so war es an einem bereits vergilbten Kärtchen an der Wohnungstür zu lesen. Der junge

Mann hatte die Kartons, die in seinem Mercedes verstaut waren, fünfmal hintereinander über die steile Treppe herauf befördert.

Der Überbringer wusste, dass seine Last jede Mühe wert war. Mit
dem Kauf der Liegenschaft, einschließlich aller in der Villa befindlichen
Gegenstände, seien die Kartons in den Besitz des Bauherrn übergegangen. Er habe ihn davon überzeugt, dass das »Institut« ein zumindest
moralisches Anrecht an der Verwertung des nachgelassenen Kulturguts
habe. Er überreichte dem Leiter der literarisch-editorischen Gemeinschaft, Herrn Dr. Emanuel Lang, eine kurz abgefasste Schenkungser-
klärung seiner Firma; Dr. Lang legte das Dokument mit Worten des
Dankes in einen Ordner, den er sogleich in seiner Schreibtischlade ein-
schloss. Ein offizielles Dankschreiben des Kuratoriums werde er veran-
lassen.

Der Besuch des Architekten, der sich als Kenner der Werke des
Meisters erwies, war folgenschwer für die Ordnungsarbeiten. Bevor
man an die eigentliche editorische Aufgabe herangehen konnte, musste
man sich auf die Sichtung des neu aufgetauchten Materials einlassen.

Die drei Mitarbeiter des Instituts, Dr. Emanuel Lang, seine rechte
Hand Herr Jürg Müller und die Jüngste des Kreises, Fräulein Dr. phil.
Gudrun Wenderlin, ließen sich nichts anmerken; sie baten den Besucher, Platz zu nehmen und Fräulein Wenderlin setzte Teewasser auf.
Der junge Mann warf einen Blick auf die Armbanduhr. »Etwas wird
Sie noch interessieren«, meinte er. »Die Villa gehörte einer Schauspie-
lerin der leichten Muse, die – wie Ihnen sicherlich bekannt ist – die
langjährige Gespielin des Verblichenen war; allerdings war es vor allem
ihre Aufgabe, ihm weitere Frauen und Mädchen zuzuführen.« Dr. Lang
nickte, sein Gesicht nahm einen dümmlichen Ausdruck an; von jener
Dame wusste er nichts. Im bisher gesichteten Material fand sich kein
Wort, kein Brief, keine Zeile über jene Dame. Der Architekt, der es
sichtlich eilig hatte, ließ nur noch wissen, dass die Dame am offiziel-
len Begräbnis unter den Trauergästen gesehen worden, dann aber verschwunden war. Der Verkauf des Hauses war über Anwälte und einen
Makler im Ausland abgewickelt worden, die dem Käufer keinerlei Hinweis auf die Person und den Aufenthalt ihrer Auftraggeberin zu geben
gewillt waren.

Als der Besucher gegangen war, sahen sich die Mitarbeiter an; ohne
Worte waren sie sich einig: Es ist unmöglich, den Zuwachs an Primär-
stoff zu verheimlichen, die Kartons unbemerkt verschwinden zu lassen. Die anstehende Arbeit würde ins Ungeheuerliche wachsen, ihre auf
Jahre gesicherte Existenz stand in Frage. Der eifrige Architekt war ein

unverdächtiger Mitwisser; jeder unredliche Ausweg war verschlossen. Man musste die Herren vom Kuratorium über den Fund informieren und konnte ihnen die biographischen Enthüllungen nicht vorenthalten.

Richtig ins Rollen kam die Angelegenheit, als man den ersten Karton öffnete, der mit dem grünen Siegellack des Autors und dem Abdruck seiner Anubiskamee geschützt war. Sogleich fand sich ein bisher unbekanntes Manuskript des Romans, der seinen Ruhm begründet hatte. *Der Ruf der Krähen*, 621 Seiten, später bekannt als erster Band der großen Trilogie, lag also in einer früheren – oder späteren? – Fassung vor. Noch beunruhigender war das Titelblatt. In der unverkennbaren, damals noch nicht derart krakeligen Handschrift, stand da das Wort »Klapotec«, darunter »(Klapotetz)«, in der nächsten Zeile »Roman« und am rechten unteren Rand des im übrigen unbeschriebenen Blattes Vorname und Name des Autors.

Für Sven P. Stein, den jungen und nicht eben erfolgreichen Literaten, war das Angebot des Kuratoriums ein Glücksfall. Für einige Jahre musste er jedoch darauf verzichten, sein eigenes Werk weiterzubringen. Bisher hatte er Novellen und einen großen Roman verfasst sowie drei Bühnenwerke, für die sich kein auch noch so unbedeutendes Theater entschieden hatte. Weitere Nachteile waren: der Eintritt in ein bis anhin glücklich vermiedenes Anstellungsverhältnis, die erzwungene Zusammenarbeit mit einer Gemeinschaft, die ihn als Eindringling, wenn nicht als Bedrohung ihrer beruflichen Existenz empfinden würde. Es lief darauf hinaus, Hoffnungen aufzugeben und sich einer neuen, in gewissem Sinn bescheideneren Identität zuzuordnen.

Als Helga davon erfuhr, trennte sie sich von ihm. Seine Freunde meinten, sie habe ihn plötzlich sitzen oder fallen lassen. Einen Schriftsteller, dem sich seelische Katastrophen unmittelbar zum Stoff seiner Produktion zu wandeln pflegten, hätte der Verlust nicht derart betroffen. Doch war die Beziehung längst brüchig gewesen; jetzt erriet er, dass Helga nicht ihm selber, sondern nur seinem künftigen Ruhm zugetan gewesen war. Bei ihrem letzten Treffen erkundigte sie sich freundlich nach seinem neuen Job und bemerkte nebenhin: »Also bist du jetzt Hilfsangestellter einer Edition.« Das traf. Genau das hatte er selber empfunden.

Als er den Arbeitsvertrag unterschreiben sollte, zögerte er, so dass der Herr vom Kuratorium besorgt fragte, ob er etwas am Vertrag geändert haben wollte. Das war es nicht. Er hatte gezögert, weil ihm einfiel, er könnte seinen bürgerlichen Namen Peter Steinkatz hinschreiben und sich im Institut mit dem ungeliebten Namen Peter nennen lassen. Da die Herren deutlich gemacht hatten, dass sie gerade einen Literaten anzustellen gedachten, blieb er bei Sven P. Stein. »So ist es; die Sachzwänge«, dachte er bitter, konnte jedoch das Gefühl nicht abweisen, dass er am richtigen Ufer gelandet sei und dass die anspruchslosere Lebensstellung besser zu ihm passe.

Mit dem unterzeichneten Vertragsformular in der Tasche schlenderte er ins Stadtzentrum und erstand in einem der teuren Läden ein dunkelblaues Seidenhemd, das mit den Jeans eine gediegene Intelligenzlerschale ergeben würde. Ein beinahe heißer Maimorgen, Käuferinnen und Käufer, Touristen in den Straßencafés und Glanz vom Himmel, von den bunten Plakaten, den Schaufenstern und Glastüren der Läden. Das alles verdichtete sich zu einem Kopfschmerz, der ihn zwang, in der nächsten Apotheke eine Tablette zu verlangen. Er beschloss, das Medikament in Muße, auf einem der Plastikstühle des nächsten Cafés, das bereits draußen bediente, einzunehmen. Noch bevor die Tablette ihre Wirkung entfalten konnte, waren die Kopfschmerzen plötzlich weg. Dafür war der Kern seines Missbehagens unvermittelt da, schmerzhaft klar wie die Schneeberge der Alpen im Föhnlicht: Er mochte den großen Mann nicht leiden! Viele Monate, nein Jahre, im Nachlass des Toten zu wühlen, an seinem Nachruhm zu basteln, zu feilen, ein Werk zum Denkmal zu zementieren, im Dienste gerade jener fragwürdigen Größe! Mit der mehr als ärgerlichen Einsicht war das Kopfweh wieder weg. Warum hatte er nicht früher daran gedacht? Die Sachzwänge seiner ärmlichen Existenz gegenüber dem finanziellen Angebot, die Ehre, auf einen literarisch anspruchsvollen Posten gerufen worden zu sein und – peinlicherweise – ein gewisser Stolz, dass man ihm zutraute, eines der bedeutendsten Kulturgüter zu betreuen und zu bewahren.

Als Erstes fiel ihm die Arbeit am Manuskript des großen Romans zu. Dr. Lang ermutigte ihn, indem er bemerkte, das wäre seine Meisterprobe, einen flächengünstigen Schreibtisch für ihn frei machte und bei der Verwaltung einen der ausgezeichneten neuen Beleuchtungskörper bestellte, der allerdings erst nach zwei Wochen, nach dem Abschluss der für ihn so wichtigen Arbeit, eintraf. Es handelte sich darum, aus Unterschieden zwischen dem gedruckten Text des bekannten Romans und dem vorgefundenen Manuskript die Stellung der beiden Versionen zueinander abzuleiten und zu bewerten. (Keines der Erzeugnisse des Meisters trug ein Datum; selbst die Tagebuchnotizen ließen zumeist eine Jahreszahl vermissen, was die Klassierung schwieriger, aber auch reizvoller machte.) Noch nie war er so fleißig gewesen. Gegen Abend, bevor auch sie nach Hause ging, brachte ihm Fräulein Wenderlin eine Tasse

Tee an den Schreibtisch und wünschte ihm: »Gute Nacht!« Schnippisch ließ sie ihr kurzes Röcklein wippen und warf die blonde Haartolle zurück; sie war draußen, bevor er auch nur danke sagen konnte. Am Morgen war er vor den anderen da und nach zehn Tagen war es so weit, dass er den Bogen für seinen Bericht einspannen konnte. Das aufgefundene Manuskript war erst nach dem Druck der ersten Auflage entstanden. Es enthielt da und dort kleine Veränderungen des Textes, auch die Verbesserung von Druckfehlern, jedoch keinerlei Hinweis auf das slawische Titelblatt.

Als Dr. Lang zur Kenntnis nehmen musste, dass der Neue sein Resümee direkt an das Kuratorium abschickte und nur die Kopie für das Institut bestimmt war, wurde sein Ton kühler. Kurz nach der Ablieferung des Berichts musste er den lieben Kollegen Stein ans Telefon rufen. Der Herr vom Kuratorium, der bisher ausschließlich mit dem Chef des Teams gesprochen hatte, ließ Herrn Stein zu sich bitten. Als dieser zurückkam, teilte er mit, man müsse ihn von der routinemäßig fortschreitenden Sichtung und Registrierung entlasten. Er hätte den Auftrag, zuallererst der slawischen Spur nachzugehen. Offensichtlich hätten die Herren des Kuratoriums den Verdacht, dass sich im Nachlass ein weiteres unbekanntes Romanfragment oder gar ein ganzer Roman finde, auf den die systematisch, aber allzu geradlinig forschenden Herrschaften im Institut noch nicht gestoßen waren. Mit der Edition dieses Werks, dessen Existenz bisher lediglich Gegenstand einer Vermutung war, sollte die Gesamtausgabe eingeleitet und angekündigt werden. Herr Sven P. Stein, dem sie zutrauten, das Werk demnächst aufzufinden, sollte als Herausgeber figurieren, während die Arbeit des Teams weiterging wie bisher.

Er wurde fündig. Es war zwar kein Roman, auch kein Fragment, sondern ein Blatt, das auf das slawische Wort auf dem Deckblatt Bezug nahm. Der Autor hatte die Gewohnheit, aus seinen handgeschriebenen Notizen Episoden herauszuziehen und sie zu späterer Verwertung seiner Frau, der erwähnten Lina-Maria, in die Maschine zu diktieren. Oben auf dem Blatt, in Klammern gesetzt, fand sich der Vermerk: (Auf der Flucht – vor dem Feind? vor der Frau? vor seinem Schicksal?) Es war unklar, ob sich der einzuschiebende Absatz auf einen der zahlreichen Protagonisten im *Schrei der Krähen* beziehen sollte, vielleicht auf eine Jugend- und Vorgeschichte – im gedruckten Werk und im aufgefundenen Manuskript gab es die Episode nicht und auch keine Stelle, zu der sie passen konnte – oder, ob es eben doch noch eine größere unbekannte Arbeit gab. Der Text des Blattes, das keinen handschriftlichen Vermerk trug, lautete:

>In einem leer stehenden Winzerhaus, oberhalb der steil ansteigenden Rebgärten, fand er Ruhe. Von unten gesehen ist der Hügel einer unter vielen, von oben aber hat man einen freien Blick über das breite Tal. Man hört das Lied des Klapotetz aus den Rebgärten herauf, hoch über den Reben schweben die hölzernen Windrädchen an der Spitze langer Stangen und treiben Vogelklappern, die man darum ›klapotec‹ nennt. Vom Regen ausgewaschen, sehen sie selber aus wie Vögel, und ihr hell tönender Gesang klingt traurig, weil er im Wechsel des Windes schneller und langsamer wird, für Augenblicke ganz versiegt und zögernd wieder anschwillt. So tönen die slowenischen Hügel noch heute, bei Tag und Nacht. Wenn die Winzer in Kriegszeiten aufhören, ihre Reben zu bestellen, singt der nutzlose Klapotetz noch lange weiter. Schließlich zerbricht ihn ein Unwetter, und das Land wird stumm.«

Es wäre in mancher Hinsicht klüger gewesen, den Fund vorerst nicht bekannt zu machen. Das Kuratorium hatte Herrn Stein beauftragt, eine einleitende Bemerkung zu verfassen und mit dem Text an die Redaktion zu schicken. Er bat um eine schriftliche Bestätigung des Auftrags, die er Dr. Lang auf den Schreibtisch legte. Dennoch wurde die Stimmung im Institut beinahe unerträglich. Mehrmals ließ sich der Leiter des Teams beim Tee über gewisse Neigungen des Herrn vom Kuratorium aus, und der sonst so wortkarge Herr Müller versicherte laut, er könne sich gut vorstellen, dass jeder einigermaßen hübsche Bursche den alten Herrn um den Finger wickeln könnte. Dabei sah er Sven an, der jetzt, da sich die Falten im Antlitz des erfolglosen Dichters geglättet hatten, wirklich gut aussah. Ein junger Mann, den man herzeigen konnte, während Jürg Müller, dünn und rothaarig, für immer zur Arbeit in einem staubigen Archiv bestimmt zu sein schien.

Auch in Fräulein Wenderlins Verhalten trat eine Veränderung ein. Sie bereitete jetzt statt Tee starken Kaffee, den Dr. Lang nicht trinken konnte, weil er von Kaffee Magenschmerzen bekam, brachte abends zwei duftende Tassen zum Schreibtisch des Herrn Stein, den sie bald Sven nannte, er möge sie doch Gudrun, oder besser Wendi nennen, wie die Kolleginnen an der Uni, verließ das Zimmer nicht mehr schnippisch wippend, sondern setzte sich an eine Ecke des Tisches, still, um ihn nicht zu stören, vorgebeugt in ein Buch vertieft. Wenn er aufsah, konnte er den Ansatz ihrer Brüstchen sehen, ihr frisch-grünes Parfum überwand den Geruch von Staub und kaltem Zigarettenrauch. Als sie ihn zum zweiten Mal einlud, wollte er nicht wieder ablehnen, freute sich sogar auf die Abwechslung. Es gab Crevetten-Cocktail und billigen Wein aus dem Laden um die Ecke; nur der erste Teil des Abends war enttäuschend, der Rest der Nacht jedoch nicht. Wendi nannte ihn seither »mein Herr Chef« und »mein lieber Chef« und kehrte ihre wippende Rückseite dem Dr. Lang zu, der es bald unterließ, dem Neuen fachliche Ratschläge zu erteilen. Drei von vier Anrufen des Herrn vom Kuratorium galten Herrn Stein, der nach wie vor mit dem Inhalt der Kartons aus der Abbruchvilla befasst war.

An einem regnerischen Novembertag war es so weit, dass man Sven P. Stein zu einer Sitzung des Kuratoriums einlud. Man schickte einen Wagen, um den Gast abzuholen, Dr. Langs Anwesenheit sei unnötig. Da sich die Sitzung und das anschließende Nachtessen hinzog, konnte Sven dem Leiter des Instituts erst am nächsten Morgen vom Ergebnis der Beratungen Mitteilung machen. Man hatte sich entschlossen, nicht länger zuzuwarten, einen Vorabdruck des Romans sogleich bekannt zu geben, um dann im nächsten Heft der *Literarischen Revue* das Schlusskapitel abzudrucken. Es sei Sache des Instituts und er, Sven P. Stein, sei damit beauftragt, in einer entsprechend formulierten editorischen Notiz auf die unerwartete Ergänzung der Biographie des großen Mannes hinzuweisen; in weitere, kürzere Vorbemerkungen aufgeteilt, würde die Sensationsmeldung über das Liebesleben des Meisters alle Schärfe verlieren und das lesende Publikum neugierig machen, jedenfalls keine Empörung auslösen, die der Sache schaden könnte. Der vorangestellte Satz lautete: »Neuerdings vom Institut vorgefunden: ein unveröffentlichtes Manuskript des Meisters, sein einziger erotischer Roman.

Er beschreibt einen literarischen Werdegang als Reise, gar als Flucht. Begleitet wird der Protagonist von einer natürlich empfindenden, heiteren Frau, ähnlich der, die dem Autor während vieler Jahre nahe stand, und ihn in eine Welt von Frauen und Mädchen eingeführt hat, die der stillen Lina-Maria, seiner Gattin, fremd bleiben musste.

Die letzte Episode, die wir abdrucken, trägt, wie der ganze Roman, autobiographische Züge, während der Ort – eine südslawische Landschaft – und die äußere Person des Protagonisten keinerlei Übereinstimmung mit den Lebensumständen des Autors, der bekanntlich in seinem 74. Lebensjahr gestorben ist, aufweisen.«

Sven P. Stein war also wiederum fündig geworden. Das kam Dr. Lang und seinem ergebenen Gehilfen Jürg Müller seltsam vor, allein schon, weil der zusätzlich vorgefundene Nachlass des Meisters bis auf den einen

Karton unberührt dastand; man hatte die Kartons, die überall herumstanden, an den Schreibtisch des Neuen – so nannten sie Stein, der doch seit Monaten zum Team gehörte – herangerückt. Sollte der sehen, wie er über die Barrikade hinwegstieg, wenn er an seinen Schreibtisch wollte. »Den« störte das nicht, weil er sich nur noch selten im Institut blicken ließ, meist abends, um Fräulein Wenderlin abzuholen. Nicht nur das Benehmen des anfangs so eifrigen Mitarbeiters hatte sich verändert; er selber war ein anderer geworden, sah irgendwie wild aus, trug statt der diskreten Seidenhemden giftgrün gestreifte T-Shirts, einen Schlapphut und unförmige Turnschuhe. Die früher glatt rasierten Wangen waren von einem Fünftagebart bedeckt. »Geradezu unappetitlich«, meinte Herr Müller. Fräulein Wenderlin war offensichtlich nicht dieser Meinung, und Dr. Lang, der sich an solchen Gesprächen nur mit einem Achselzucken zu beteiligen pflegte, brachte es schließlich auf den Begriff: »Herr Stein benimmt sich, als ob er der Autor wäre. Er mimt den bedeutenden Mann, der sich alles leisten kann. Das kommt vor bei jungen Leuten, die sich mit einem der Großen der Literatur beschäftigen. Mit seinem Größenwahn wird er unseren jahrelangen Dienst am Nachlass zunichte machen. Höchst überflüssig, was er uns da beschert hat.« Und er vertiefte sich in den unter so unerfreulichen Umständen aufgetauchten Text, das letzte Kapitel des letzten Romans des großen Mannes.

»Das XVIII. Kapitel

Er hatte sich vorgenommen, den Feierlichkeiten auszuweichen, die ihn anlässlich des 75. Geburtstags erwarteten. Einmal eine Pause; nicht bei der Arbeit, so etwas gab es beim Alten nicht. Aber Ruhe und Muße, um seinen *Klapotetz* zu Ende zu bringen.

Seit langem war es nicht mehr der Verlag, dem es um jede Gelegenheit zu öffentlichen Auftritten zu tun war. Auch der früher so rührige Verlagsleiter Wolfram Leek war alt geworden und griff nur selten zu den erpresserischen Manövern, für die er bekannt war. Ganz ohne sein Drängen plante man im ganzen Sprachbereich öffentliche Ehrungen, literarische Feiern, Symposien und dergleichen. Hingegen war der *Zenon Verlag* beim Rückzug aus der Öffentlichkeit hilfreich. Er lieferte der Presse eine würdig abgefasste Mitteilung über den Entschluss des greisen Autors (nicht ohne die Arbeit an einem weiteren Roman zu erwähnen) und dann stellt ihm Freund Leek die Person vor, die das Refugium für ihn finden würde.

Frau Marija C. war Slawin. (In ihrer Muttersprache sei sie als Dichterin bekannt; der leidenschaftliche Ductus ihrer Liebesgedichte werde gerühmt.)

Man kann ihr das zutrauen. Sie ist eine große, schlanke Frau mit weich fallendem dunklen Haar, offenem Blick, großen und klaren Zügen und einer tiefen, warmen Stimme, der man den slawischen Hintergrund anmerkt, obwohl sie ein reines, literarisch anspruchsvolles Deutsch spricht. Das erste Zusammentreffen, im Rauchsalon des Verlagshauses, dauerte nur kurz, nahm aber den alten Herrn gänzlich für seine neue Dienerin, Betreuerin oder Herrin ein.«

Dr. Lang ließ die Zeitschrift sinken. Wieder nahm sein Gesicht den dümmlichen Ausdruck höchster Überraschung an. Die slawische Exotik im *Klapotetz*-Blatt, das den unverkennbaren knappen und poetischen Stil aufwies, konnte als Ausnahme gelten. Dass aber der Alte – es sollte ja das Alterswerk sein – die zeitlebens gewahrte Vorsicht fallen gelassen, den Namen seines rührigen Verlegers preisgegeben und sich über die Feierlichkeiten zu seinem 75. Geburtstag, den er nicht mehr erleben durfte, ausgelassen habe, das war schlechterdings undenkbar. Die Einführung einer weiblichen Gestalt, einer Frauenperson, im letzten Kapitel eines langen Romans widersprach derart krass dem Stilgefühl des Autors und seines treuesten Lesers, dass Emanuel Lang beschloss, das Machwerk zur Seite zu legen. Dennoch las er weiter.

»»Ich weiß, was Sie brauchen‹, sagte die Frau. ›Es wird heißen, Sie seien allein nach Kanada gereist, ohne eine Anschrift zu hinterlassen, um noch einmal den Anblick der purpurnen *maples*, der Ahornwälder im Herbst zu genießen. In Wirklichkeit aber reisen Sie mit mir, nicht nach Westen, sondern nach Osten, dorthin, wo Ihre literarische Wanderschaft begonnen hat. Das herbstrote Weinlaub im milden Licht der windischen Hügel ist Ihrem Werk näher als die nordischen Wälder. Ja, ich liebe Ihre Bücher. Der *Schrei der Krähen* hatte mich erfasst, lange bevor ich nach Heidelberg gegangen bin.‹ Von ihm erwarte sie lediglich, dass er sein Schreibwerkzeug zusammensuche, ihr müsse er acht Tage zugestehen, um nach Slowenien zu fahren und dort das Nötige vorzubereiten.

In dem alten Steinhaus, oben am weinbepflanzten Hang, war der Blick offen auf niedrigere Rebhügel. Marija hatte veranlasst, dass der Hotelbetrieb nach Mitte September für sie allein weiterging, mit Köchin, Dienstmädchen und Heizung. Sie hatte eine Schreibtischlampe mit dem gelblichen Licht, das alten Augen wohltut, einrichten lassen und einen schottischen Schal mitgebracht, den sie ihm über die Knie breitete, wenn er, in den Korbstuhl des Balkons gelehnt, den Blick hinunter streifen ließ. Ein kühler Wind kündigte das Ende der Sonnentage an.

Für den Tee nach der Siesta und die Wanderungen im Septemberlicht der Vormittage war sie nicht weniger gut gerüstet. Eines ihrer liebsten Bücher war *La coscienza di Zeno* von Italo Svevo. Um das Buch hatte er immer einen Bogen gemacht. Er musste zur Kenntnis nehmen, dass seine Begleiterin gerade von der morbiden, manchmal geradezu grüblerischen Erotik, die aus jeder Zeile sprach – Marija zitierte nicht nur aphoristische Glanzlichter, sondern Seiten und Seiten des Riesenromans –, dass sie gerade vom ungestillten Alter des Triestiners angezogen war. Es half ihm nicht, auf seine Abneigung gegen das etwas exotische Lokalkolorit hinzuweisen oder dass er während der Wanderungen häufig stehen blieb, um anzudeuten, dass ihn die ungewohnte Bewegung über Wiesen- und Waldpfade ermüdete. Schließlich nannte sie García Márquez ihren Lieblingsautor; sie bewunderte sein abscheuliches Gedicht *Der Herbst des Patriarchen*, das er nach wenigen Seiten aus der Hand gelegt hatte, und mündete bei der *Liebe in den Zeiten der Cholera*. Marijas Augen leuchteten, ihre Stimme tönte noch tiefer und wärmer, als sie vom Liebesdampfboot des alten Mannes sprach. »Gerontophilie«, eine krankhafte Zuneigung zu Greisen, dachte er, »davon ist sie ergriffen.« Dann schlug seine Stimmung um, er sah ihren kraftvoll bewegten Körper, genoss den slawischen Beiklang der Worte, das verborgene Lächeln ihres Mundes. So ist es: Sie weiß, dass ich alt bin. Zumindest wird sie mich bitten, ihr aus meinem neuen Roman vorzulesen. Am liebsten wäre er nach dem Nachtessen, das seiner Gewohnheit nach bald nach Einbruch der Dunkelheit gereicht wurde, mit ihr beim Wein sitzen geblieben. Gegen neun Uhr jedoch knipste sie die Schreibtischlampe an und zog sich zurück. Sie musste erfahren haben, dass die Stunden bis Mitternacht dem alternden Hirn gewogen waren.

Bereits auf der Fahrt nach Südosten, neben Marija C., die schnell und sicher fuhr, gerade als die Maschine schnurrend in das Höhentunnel der Autobahn tauchte, hatte er den Einfall gehabt, den er nie mehr los werden sollte. Wenn sein Weg eine Reise war, wenn die literarische Reise mit einer Flucht begonnen hatte – was er weder leugnen wollte noch konnte –, müsste er die Stationen seines eigentlichen, seines richtigen Lebens nachzeichnen, von denen sich das geschriebene Werk abhob, geläutert gewiss, doch stets mit dem Makel, der

Frage und Bangigkeit, dass Literatur gar nicht wahrhaftig, nicht einmal richtig sein kann, wenn es neben ihr, hinter den Worten, ein richtiges Leben gibt. Möglichkeiten, Versuchungen, Gelegenheiten zur Umkehr, zum Verlassen der Schutzzone seiner Erfindungen, zum Eintreten in das eigene Schicksal hatte es gegeben. Warum hatte er es nie gewagt, nicht einmal versucht? Was ging in Wirklichkeit vor sich, wenn seine Gestalten beim Abschluss eines Werkes vorläufig oder endgültig zur Ruhe gekommen waren?

Sein eigenes Leben, das er früh und für immer verlassen hatte, konnte er nicht erfinden. Darum wollte er den Einfall loswerden. Es gelang ihm nicht.«

Dr. Emanuel Lang lehnte sich zurück, ja er bäumte sich in seinem Lehnstuhl geradezu auf. Mit beiden Händen rollte er die Zeitschrift zusammen und schmiss die Rolle in den Papierkorb. Wahrscheinlich war er zu wütend: Er verfehlte den Wurf, das Druckwerk flatterte auseinander und landete unmittelbar vor ihm auf dem Fußboden. »Das geht zu weit«, dachte er, »man erlaubt sich einen frivolen Witz und ich soll darauf hereinfallen.« Wenn er auch keine kreative Phantasie hatte, von Literatur verstand er genug, und seinen Autor kannte er wie kein anderer. Wenn ein Schriftsteller weiß, oder zu wissen glaubt, dass er lügt, wie kann er jahrzehntelang über tausend Seiten verkünden, dass er allein der Wahrhaftigkeit verpflichtet ist! Wenn ein Autor weiß, dass er gar nicht wahrhaftig sein kann, gibt es nur zwei Möglichkeiten: Entweder ist er von Ambivalenz und Zweifel zerrissen und bringt nichts zustande, oder er ist völlig gewissenlos, schreibt und publiziert drauflos und macht die Ethik zur Hure. Das Schlusskapitel da war im Stil des Meisters geschrieben. Eine solche zynische Entblößung jedoch ist dem großen Mann platterdings nicht zuzutrauen. Dr. Emanuel Lang war angewidert; der Text aber ließ ihn nicht los. Gierig bückte er sich, strich die Seiten der Zeitschrift glatt und las weiter.

»Beim Versuch, den bösen Einfall loszuwerden, dass er zeitlebens wissentlich, wenn auch nicht mit Absicht, gelogen hatte, erwies sich die Erinnerung an seine Flucht als erstes Hindernis. Er glaubte, sich an gequälte atemlose Jugendtage, nicht weit von hier, in den windischen Hügeln zu erinnern. Wovor er geflohen war, wusste er nicht. Hatte er es je gewusst? Die großen Ereignisse hatten ihn nicht betroffen. Schon damals achtete er kaum auf das, was außerhalb seiner Bücherwelt vorging. Irgendetwas musste ihn dennoch erreicht haben. Vielleicht war es leichter, später anzusetzen. Nach dem Triumph vom *Schrei der Krähen*, dann wieder, als nach sieben weiteren Jahren der Arbeit die Trilogie vor ihm lag, oder damals, als seine Geliebte die trübe Erotik seiner schreibfaulen Nächte urplötzlich lächelnd zurückwies, oder dann wieder und dann noch einmal. Worte, Texte, Gestalten und Lieder der Großen und Mindere seiner Zeitgenossen standen davor. Wo hätte ich stehen, was hätte ich tun können, ja müssen, wenn ich damals nicht geflohen wäre?

Marija, die er zärtlich Marica nannte, kam gegen Mitternacht mit einem würzigen und scharfen Branntwein, vermied es, einen Blick auf die leer bleibenden Seiten zu werfen, und hatte zu erzählen. Sie las und las, wurde nicht müde, die Welt ihrer Lieblingsautoren vor ihm auszubreiten, bis sie ihn mit einem lieben Lächeln seiner Nacht überließ.

Seine Nächte waren nicht gut. Was habe ich gemieden? Wann hat meine Flucht begonnen, schon früher oder mit dem ersten Text oder gar erst mit dem *Schrei der Krähen*?

Von Schlaf keine Rede. Zuerst das Konzept, die Reise in der Arche Noah der Worte, die trüben Nebel des Beginns. Die späteren Stationen, der nie erfolgten Rückkehr ins wirkliche Leben, hatte er mit Markierungen, mit immer gleichbleibenden Zeichen versehen. Sobald die Frage nach dem Beginn der Flucht oder der Spaltung auftauchte oder, besser gesagt, die literarische Weise ihn ergriffen hatte – von einer Wahl kann bei einer rettenden Flucht, kann bei einer gefahrvollen Reise ins Unbekannte nicht die Rede sein –, sobald das Signal tickte, liefen unaufhaltsam die Zeichen seiner Stationen ab. Er nannte sie Momente möglicher Umkehr oder unmöglicher Rettung.

Ein innerer Computer hielt ihn wach. Die Taste angeschlagen, die Hilflosigkeit des Autors, der vom Strom der Worte aus seiner Wirklichkeit gerissen wird, dann mit leisem Piepen ein Zeichen, gefolgt vom nächsten, bis heute. 75 Jahre. Das Ende? Nochmals von Anfang: Die Lügentaste, piep piep piep, ein Zeichen nach dem andern, kein Ausweichen, kein Abzweigen, kein Halt – bis heute. Welch unheilvolle Idee, sein Leben eine literarische Reise zu nennen. Keine Hoffnung, es einmal anders zu sehen, zu ahnen, zu erraten, was es hätte sein können.

Der Klang des Klapotetz in der Nachtluft, lauter und rascher, langsamer, wenn der Wind nachlässt, dann wieder rascher, ein nie endendes Lied, das erzählt und erzählt, und das eine Pause macht, kurz und bedeutsam, bis sich der Gesang wieder belebt.

Erschöpft vom Wachen, gequält vom Gewicht seiner vielen vielen Worte, sinkt der Alte zurück. Endlich ist auch der Klapotetz nicht mehr da; der letzte Bote aus den windischen Rebhügeln, im Morgengrauen eines Herbsttages.«

Sobald das Buch vorlag, ließ der Erfolg nicht auf sich warten. Als Erster schrieb der bekannte Kritiker Kapierski: »Das reifste Werk des Autors«, was bei einem 75-jährigen nicht eben originell war. Er lobte die erotische Dichte des Stils, die dem Meister schon immer eigen gewesen und zu einer späten Vollendung gereift sei und empfahl, das ganze Werk nochmals daraufhin zu lesen. Er schloss mit zwei Anmerkungen: Dass nur ein wirklich alter Mann es wagen könne, so wahrhaftig mit dem eigenen Leben umzugehen, und dass der Autor am Ende bezeichnenderweise offen ließ, ob der greise Protagonist sterben oder ein weiterer Band folgen werde.

Weniger bedeutende Kritiker waren nicht weniger begeistert. Als ein Provinzblatt von der »genuinen Lebenslüge« des großen Mannes schrieb, die er bis zuletzt durchziehe, gab es über diese respektlose Bemerkung nur höhnische Kommentare – das sei Literatenneid, aber kein Skandal.

Der Skandal kam drei Monate später als *Klapotetz* endlich in der Bestsellerliste auftauchte, ein untrügliches Zeichen, dass das lesende Publikum gewonnen war.

Das Kuratorium ließ – in eigener Sache – eine dringliche Notiz in die Tageszeitungen einrücken. Durch eine unverzeihliche und bedauerliche Nachlässigkeit des »Instituts« sei der Roman *Klapotetz* von Sven P. Stein dem Verblichenen zugeschrieben worden. Der verantwortliche Leiter, Dr. Emanuel Lang, sei mit einer angemessenen Abfindung auf der Stelle entlassen worden, und man sei auf der Suche nach einem seriösen Fachmann, um die Nachlassbetreuung wieder aufzunehmen. Auf der gleichen Seite der Zeitung fand sich die Anzeige des *Zenon Verlags*: Dem Verlagsleiter Wolfram Leek sei es gelungen, Sven P. Stein als Autor auch für den nächsten Roman zu gewinnen, der – so viel sei verraten – einen weniger exotischen Titel tragen würde.

Der unbeirrbare Kapierski ließ sich bereits am Wochenende vernehmen: Einmalige Leistung eines so jungen Mannes, sich in Seele und Problematik des Greisenalters einzufühlen, wenn auch die erotische Dichte des Stils wohl nicht von mangelnder Reife, so doch von jugendlicher Vitalität zeuge.

Svens junger Ruhm zwang Helga, die damals mit ihm gebrochen hatte, ans Telefon. Zum Nachtessen, zu dem er sie für den nächsten Abend in die Kronenhalle einlud, erschien er in Begleitung einer jungen Blondine, die er Wendi nannte. Die beiden Frauen verstanden sich ausgezeichnet. Wie hätte es anders sein können. Bereits beim Aperitif – einem leichten trockenen Sekt – hatte der trotz seines Erfolges bubenhaft bescheidene junge Autor bekannt gegeben, es sei dies sein Abschiedsessen. Er verreise demnächst mit einer Kollegin, die er Marica nannte, nach Kanada, um die Einsamkeit der unendlichen Wälder im purpurnen Herbstlaub der Ahornbäume zu genießen.

Drucknachweise

Parin, Paul (1994h): Der polnische und der preussische Adler – beide beschädigt. In: Wolf, Gerhard (Hrsg.): Ein Text für C.W. Berlin, 143–166. Wiederabdruck 1995a.

Parin, Paul (1982k): Haben Sie den Hyänenmann gesehen? Äthiopische Prospekte. In: TransAtlantik 9, September 1982, 67–71. Wiederabdruck 1995a, 122–138 unter dem Titel »Real existierender Tourismus. Bericht von einer kapriziösen Ferienreise«.

Parin, Paul (1994o): Nachruhm. In: Helene Hofmann (Hrsg.): Literarität, Nr. 2 (Salzburg), November, 53–58. Wiederabdruck 2006a.

Die übrigen Erzählungen wurden für diesen Band geschrieben.

UTE SONNLEITNER

»Touristen mit den Ohren« – die Zeitreisen Goldy Parin-Matthèys und Paul Parins

Um der Langeweile ihres gesettelten Lebens zu entgehen, brachen Goldy Parin-Matthèy und Paul Parin in den 1950er Jahren gemeinsam mit ihrem Freund und Kollegen Fritz Morgenthaler zu ihren ersten Reisen nach Afrika auf – und entwickelten die eigenständige Forschungsrichtung der Ethnopsychoanalyse. Nicht nur in diesem Zusammenhang, auch zuvor und danach, prägten Bewegungen in verschiedenster Form das Leben des Forscherpaares. Die zahlreichen Bücher, die in einem Prozess intensiven Austauschs zwischen den Beiden entstanden, bieten immer wieder Einblicke in Reiseerlebnisse und/oder Erfahrungen, die durch bewegte Veränderung evoziert wurden.[1] Auch in der *Sonnenuhr für beide Hemisphären* spielen Mobilitäten eine entscheidende Rolle. Bewegung ist ein konstitutives Element biografischer Erfahrungen; dies gilt besonders für Goldy Parin-Matthèy und Paul Parin.

Die Reflexionen Paul Parins in den Erzählungen des Bandes *Eine Sonnenuhr für beide Hemisphären* verweisen auf konkrete Reiseerlebnisse und können daher auch als Reiseberichte gelesen werden. Sie ermöglichen den Lesern, mit den Protagonisten Zeitreisen zu unternehmen: Zukünftige Pläne, gegenwärtige Wünsche, vergangene Erfahrungen werden aufgegriffen und damit in ihrem Zusammenwirken greifbar.

---

[1]   Die Art und Weise, wie Paul Parin schrieb beziehungsweise Goldy Parin-Matthèys Verhältnis zum Schreiben, wurden an anderer Stelle bereits mehrfach thematisiert und sollen daher hier nicht ausführlich wiedergegeben werden. Wichtig ist es festzuhalten, dass auch bei alleiniger Autorschaft Paul Parins ein wesentlicher Anteil des Entstehungsprozesses schriftlicher Arbeiten von Goldy Parin-Matthèy (mit)getragen wurde. Die handschriftliche Widmung in der Erstausgabe zu *Eine Sonnenuhr für beide Hemisphären* gibt unter anderem darüber Auskunft. – Auch in anderen Texten wird die gemeinsame Arbeitsweise explizit hervorgehoben: Parin, Paul (1985a): Zu viele Teufel im Land. Aufzeichnungen eines Afrikareisenden. Frankfurt am Main, Widmung. PPW, Bd. 4, 11, Widmung; Parin, Paul (1993a): Karakul. Erzählungen. Hamburg, 152–165. PPW, Bd. 8, 134–136; Parin, Paul (2001a): Der Traum von Ségou. Neue Erzählungen. Hamburg, 7–11. PPW, Bd. 14.

Reiseberichte: Zeiten und Räume in Bewegung

Paul Parin bezeichnete »Heimat« 1994 als »Plombe der Seele«, als etwas, das Ersatz für die Leerstellen eines brüchigen Selbst darstellen könne. Jeder brauche Heimat aber als etwas, das man in sich trägt, nicht als konkreten Ort. Die im Zuge eines Vortrages getroffene und später publizierte Feststellung[2] rief durchaus kontroverse Reaktionen (von Fachkollegen) hervor.[3] Die Aufmerksamkeit, die der Aussage zukam, stellt dabei einen entscheidenden Hinweis auf die Wirkmächtigkeit einer hegemonialen Norm der Lebensführung dar, die unter dem – äußerst verkürzten – Titel ›bürgerliche Sesshaftigkeit‹ subsumiert werden könnte.

Bereits seit einigen Jahren wird in einer kritischen Migrationsforschung der Blick darauf gelenkt, dass eine Dichotomisierung von Sesshaftigkeit versus Mobilitäten stattfindet. Während Sesshaftigkeit als Norm erachtet wird, kommt den Mobilitäten der Status des Besonderen, der Ausnahme, des Anderen zu.[4] Bewegung an sich wurde lange kaum untersucht.[5] Dieser Aspekt wird seit etwa zwei Jahrzehnten in den *Mobility Studies* – in weit größerem Rahmen als der klassischen Reiseforschung – aufgegriffen und erforscht. Bewegung muss demgemäß als selbstverständliches Element von Gesellschaften in Überlegun-

2   Die Rede wurde von Paul Parin 1994 beim Symposium der Internationalen Erich Fried Gesellschaft für Literatur und Sprache in Wien gehalten und erschien mehrmals in gedruckter Form, zuletzt: Parin, Paul (1996b): Heimat. Eine Plombe. Rede am 16. November 1994 beim 5. Symposion der Internationalen Erich Fried Gesellschaft für Literatur und Sprache in Wien zum Thema »Wieviel Heimat braucht der Mensch und wieviel Fremde verträgt er«. Mit einem Essay von Peter Paul Zahl. Hamburg. PPW, Bd. 12.

3   Vgl.: Dieterle, Annegret / Schmoll, Friedemann / Keim, Jürgen (2017): Heimatlos, ein Thema für eine psychoanalytische Tagung? – Problematisierungsversuche. In: Focke, Ingo / Salzmann, Gerhard (Hrsg.) (2017): Heimatlos. Psychoanalytische Erkundungen. Beiträge zur Jahrestagung 2016 (= DPG Tagungsband 2016). Berlin, 13–40.

4   Verne, Julia / Doevenspeck, Martin (2012): »Bitte dableiben«! Sedentarismus als Konstante der Migrationsforschung in Afrika. In: IMIS-Beiträge 42, 61–94, 92. Über die grundlegende Verunsicherung, die Bewegungen hervorrufen, siehe auch Deacon, Desley / Russell, Penny / Woollacott, Angela (2010): Introduction. In: Deacon, Desley (Hrsg.) (2010): Transnational lives. biographies of global modernity, 1700 – present. New York, 1–11, hier 2: »The transnationalism – the mobility, confusion and sheer messiness – of ordinary lives threatens the stability of national identity and unsettles the framework of national histories.«

5   Cresswell, Tim (2010): Towards a Politics of Mobility. In: Environment and Planning D: Society and Space, 28, 17–31.

gen einbezogen werden.[6] Es gilt die wechselseitige Durchdringung verschiedener Lebensmodelle herauszuarbeiten und die Unzulänglichkeit strikter Grenzen für diesen Bereich zu betonen. Wichtig ist es aufzuzeigen, dass auch Bewegung von Herrschaftsverhältnissen durchdrungen ist. So kann – auch gegenwärtig – Macht daran abgelesen werden, wem erlaubt wird zu reisen. Mobilitäten werden unter diesem Blickwinkel in spezifischen Konstellationen auch zu Mitteln subversiver Haltung und des Widerstands. Davon zeugen die Biografien Paul und Goldy Parin-Matthèys beispielswiese in Zusammenhang mit den Aufenthalten in Spanien während des Bürgerkriegs oder im von Nazi-Deutschland besetzten Jugoslawien.

Im Gegensatz zu anderen mobilen Personenkreisen ermöglichte ihnen die weitere Entwicklung ihres Lebensweges, ihre Erfahrungen festzuhalten und einem breiten Publikum zur Verfügung zu stellen. Dies ist gerade in Zusammenhang mit Mobilität keineswegs eine Selbstverständlichkcit: Um als Sprecher auch gehört (im Sinne von tatsächlich wahr- und ernstgenommen) zu werden, ist es nahezu notwendig eine gehobene soziale Stellung für sich in Anspruch nehmen zu können.[7] Als Paul Parin und Goldy Parin-Matthèy begannen, ihre Erzählungen in den 1980ern und 1990ern zu veröffentlichen, waren sie anerkannte Forscher, etablierte Psychoanalytiker und gehörten bereits jahrzehntelang der Schweizer Gesellschaft an – das Zusammenspiel von Sesshaftigkeit und Mobilität wird auch an dieser Stelle greifbar.

In der Rede zu »Heimat« aus dem Jahr 1994 führte Paul Parin aus, seit 56 Jahren in Zürich zu leben, die Stadt aber keinesfalls als seine Heimat zu titulieren. Er sei jedoch in der Stadt »enorm sesshaft«.[8] Sesshaftigkeit als gültige und angewandte Kategorie ist somit auch bei Paul Parin von Relevanz, wobei sie jedoch keine emotionale Wirkmächtigkeit entfaltet. Die Stadt Zürich nimmt im (literarischen) Werk der Parin-Matthèys bestenfalls eine Rolle als Negativfolie ein. Die »dürre«,

6 Vgl. die kritische Auseinandersetzung mit der Figur des Nomaden: Lipphardt, Anna (2015): Der Nomade als Theoriefigur, empirische Anrufung und Lifestyle-Emblem. Auf Spurensuche im Globalen Norden. In: Aus Politik und Zeitgeschichte, 65, 26–27 (22. Juni 2015), 32–38.

7 So ist es wichtig darauf zu verweisen, »dass die Subalterne nicht sprechen kann, weil sie nicht *gehört* wird«. Dietze, Gabriele (2011): Die Bohemienne und ihr ›Imaginary Negro‹. In: Auga, Ulrike / Bruns, Claudia / Dornhof, Dorothea / Jähnert, Gabriele (Hrsg.) (2011): Dämonen, Vamps, Hysterikerinnen. Geschlechter- und Rassenfigurationen in Wissen, Medien und Alltag um 1900. Festschrift für Christina von Braun. Bielefeld, 55–68, hier 59.

8 Parin 1996b, 9. PPW, Bd. 12.

somit gleichsam leblose Stadt dient als Gegensatz zum fließenden Erfahrungsraum der Bewegungen.[9]

Dies gilt auch für Goldy Parin-Matthèy, die weder in Graz noch in Zürich (jene beiden Städte, in denen sie rein zeitlich betrachtet die meiste Zeit ihres Lebens wohnhaft war), das Gefühl von Zugehörigkeit zu einem Ort entwickelte.[10] Sehr wohl aber zu Personen und Personenkreisen: Die Etablierung und Pflege von freundschaftlichen Beziehungen spielte für Goldy Parin-Matthèy eine wesentliche Rolle und war wichtiger Faktor einer Empfindung des Wohlfühlens – sie war es, die Aktivitäten anregte und mit ihrer Begeisterung den »Skeptiker Paul« mitriss.[11] Die Frage von Bindung ist daher auch im Falle der Parin-Matthèys jedenfalls unabhängig von Mobilitäten zu betrachten.

Die selbstdeklarierte Reiseversessenheit begleitete die Beiden zeit ihres Lebens und war eng an ein großes Maß von Abenteuerlust gekoppelt.[12] Von frühester Kindheit an entwickelte sich die Begeisterung für ferne Länder, wobei die Lektüre von Reiseberichten (etwa Sven Hedins im Falle Goldys) wegweisend war. Der Wunsch Neues kennenzulernen, der Wille politisch und forscherisch etwas zu verändern, der Drang dem gewohnten Alltag zu entfliehen, können als Ausgangspunkte der Bewegungen festgehalten werden. Viele dieser Punkte stehen in Zusammenhang mit Routinen und deren Unterbrechung: der Reflexion von Gegenwart, dem Blick in die Vergangenheit, der Planung von Zukunft – und damit ganz explizit mit Zeitlichkeiten und deren Auswirkungen.[13]

9   Goldy Parin-Matthèy schilderte in der Ö1-Hörfunk-Sendereihe »Menschenbilder« ihre Wahrnehmung der Städte Graz und Zürich: Während in Graz ein (austrofaschistisch-nationalsozialistischer) »Sumpf« bestanden haben, habe in Zürich die »Dürre« vorgeherrscht. *Menschenbilder – Paul Parin und Goldy Parin-Matthèy,* Aufzeichnung aus der Sendereihe von Ö1 vom 9. 4. 1989, Steiermärkisches Bild- und Tonarchiv. Vgl. Parin, Paul (1986 b): Kurzer Aufenthalt in Triest oder Koordinaten der Psychoanalyse. PPW, Bd. 10, 279–309.

10 Insbesondere Graz war und blieb für sie mit der Erfahrung des stetigen Anwachsens der Begeisterung weiter Teile der Bevölkerung für den Nationalsozialismus verbunden.

11 Parin, Paul (2001 k): Rezepte für ein glückliches Leben. Interview mit Gunhild Kübler. In: Die Weltwoche, 25 (21. Juni 2001); Parin, Paul (2001 a): Der Traum von Ségou. Neue Erzählungen. Hamburg, 98. PPW, Bd. 14; Rütten, Ursula (1996): Im unwegsamen Gelände. Paul Parin – Erzähltes Leben. Hamburg, 51.

12 Ebd., 86; 88; Brief Paul Parin an Ute Sonnleitner vom 23. 9.2004.

13 Im Gegensatz zu ›Raum‹ hat ›Zeit‹ in der Geschichtswissenschaft bislang wenig Beachtung erfahren. Landwehr, Achim (2014): Geburt der Gegenwart. Eine Geschichte der Zeit im 17. Jahrhundert. Frankfurt am Main; Assmann, Aleida (2013): Ist die Zeit aus den Fugen? Aufstieg und Fall des Zeitregimes der Moderne.

Raum wie auch Zeit[14] sind als Größen zu verstehen, die in engem Konnex zu gesellschaftlichen Gegebenheiten stehen. Historische Veränderungen sind ebenso von Relevanz, wie kulturelle Unterschiede, um nur einige Aspekte zu nennen. Herrschaftsverhältnisse kommen auch und sehr intensiv darin zum Ausdruck, wer Macht über Zeitstrukturen auszuüben imstande ist. Seit dem 19. Jahrhundert hat mit der Industrialisierung die Vorstellung eines Zeitstrahls hegemoniale Kraft erlangt. Die Uhr als Instrument zur Messung der Zeit gelang endgültig zum Durchbruch. Und mit ihr die ›Zurichtung‹ von Bewohnern des globalen Westens – und der Kolonien! – als getaktete, an der Einhaltung von Arbeitszeiten orientierten Personen.

Bewegungen außerhalb der Norm, etwa von gesetzlichen Urlaubszeiten etc., durchzuführen ist aus der Perspektive zeitlicher Machtausübung ein Akt subversiven Dagegenhaltens. Viele der Reisen der Parin-Matthèys sind auch in diesem Sinne zu verstehen. Beispielsweise widersprach die Entschcidung, die psychoanalytische Praxis über Wochen zu schließen um Forschungsreisen in Afrika zu unternehmen, den Idealen kapitalistischer Zeitmaximen und kann als Widerstandshandlung interpretiert werden.

Grundsätzlich verliefen die Lebenswege von Paul Parin und Goldy Parin-Matthèy abseits eines hegemonialen Zeitflusses.[15] Obwohl Zeitlichkeiten in ihrer modernen/kapitalistischen Struktur immer wieder unterlaufen wurden, wurde das System Zeit von Paul und Goldy Parin-Matthèy nicht grundsätzlich in Frage gestellt. Sie greifen jedoch – implizit – die Bedeutung von Zeit als Orientierungsmechanismus im Titel der vorliegenden Publikation auf. Die »Sonnenuhr für beide Hemi-

München. Landwehr, Achim (2012): Alte Zeiten, Neue Zeiten. Aussichten auf die ›Zeit-Geschichte‹. In: Landwehr, Achim (Hrsg.), Frühe Neue Zeiten. Zeitwissen zwischen Reformation und Revolution. Bielefeld, 940; Clark, Christopher (2018): Von Zeit und Macht. Herrschaft und Geschichtsbild vom Großen Kurfürsten bis zu den Nationalsozialisten. München.

14 Vgl. Weidenhaus, Gunter (2015): Soziale Raumzeit. Berlin. Gunter Weidenhaus liefert mit seiner Studie eine der ersten soziologischen Arbeiten zum Thema. Sowohl Raum, als auch Zeit sind in der Soziologie intensiv diskutierte Themen – jedoch kaum in einer Verknüpfung.

15 Die Idee des Zeitstroms oder Zeitflusses ist eng mit dem Zeitmodell der Uhrzeit verknüpft: ein Zeitstrahl, der gerichtet ist und andere Zeitmodelle ausschließt. Vgl. Adam, Barbara (2005): Das Diktat der Uhr. Frankfurt am Main; Sprute, Sebastian-Manès (2020): Weltzeit im Kolonialstaat. Kolonialismus, Globalisierung und die Implementierung der europäischen Zeitkultur in Senegal, 1880–1920. Bielefeld; Parin, Paul (1991c): Lederschnüre statt Computer. Lineare, zirkuläre und andere Zeiten. PPW, Bd. 10, 646–651.

sphären« dient als Hinweis auf die Bewegung diesseits und jenseits des Äquators – und auf das Vorhandensein eines Instrumentariums, das die Bewegung ermöglicht.

Gegenwart: Der Enge entfliehen

In der Folge sollen die Mobilitäten von Paul Parin und Goldy Parin-Matthèy in einem Gedankenexperiment auf ihren zeitlichen Gehalt hin untersucht werden. Gerade die Wahl der Gegenwart als Untersuchungszeitraum mag überraschen, erscheint doch der Gegenwartsbezug jeglicher Tätigkeit als evident. Während Vergangenheit und Zukunft greifbar(er) für Definitionen sind, ist die Gegenwart, ihre Dauer, ihre Ausdehnung schwer an bestimmten Parametern festzumachen. Sie wird meist als im stetigen Wandel, im Fluss befindlich begriffen.[16]

Paul Parin und Goldy Parin-Matthèy beschrieben immer wieder einen Alltag, der von der empfundenen Notwendigkeit bestimmt war, aus Zürich hinaus zu kommen, der Enge zu entfliehen. Damit zentral verbunden war der Wunsch »etwas« zu tun beziehungsweise etwas im Sinne einer gesellschaftspolitischen Veränderung zu bewegen. Diesen Aspekt betonend könnte jede der Reiseunternehmungen einer zeitlichen Gegenwärtigkeit zugeordnet werden. Doch weisen einige Bewegungen darüber hinaus Merkmale auf, die sie gegenwärtiger als andere erscheinen lassen.

Parallel zur geschilderten Flüchtigkeit der Gegenwart erfolgten die Erwähnungen der zahllosen, vielfältigen Alltagsfahrten meist en passant. Auftritte bei Veranstaltungen, Fahrten zu Vorträgen, Besuche bei Freunden wurden oft nur beiläufig erwähnt. Klassische Reiseerzählungen zu touristischen Fahrten wurden in den Erzählbänden verhandelt, wenn ihnen ein gesellschaftspolitischer Gehalt zuerkannt wurde. Die »Herbstreise« in der »Sonnenuhr« vereint verschiedene Reisegründe wie den Besuch eines langjährigen Freundes und dessen Frau, eine Erkundungsfahrt durch das herbstliche Kanada und den anschließenden Besuch einer Tagung. Das vergangene und gegenwärtige gesellschaftspolitische Engagement des Freundes (so beispielsweise sein Einsatz für ukrainische Einwanderer) verdrängt erzählerisch die Erkundung des ›Indian Summer‹.

Der zahlenmäßig überwiegende Teil aller Bewegungen der Parin-Mathèys wurde kaum zu großen Erzählungen verarbeitet beziehungs-

16   Hunt, Lynn (2008): Measuring Time, Making History. Budapest, New York; vgl. Adam 2005 (wie Fußn. 15).

weise ihr Verlauf nicht in einer umfassenden Darstellung, wie etwa den Afrikaforschungsbüchern, vermittelt.

Viele verschiedene Anlässe wurden immer wieder gerne willkommen geheißen, um die Reiselust zu befriedigen. Praktisch die ganze Welt wurde zum Ziel der Bewegungen. Die Mobilitäten dienten dem Austausch mit Kollegen, dem Besuch von Freunden, der Erholung in Urlauben. Der Moment wurde gelebt und genossen – jedoch nicht ausführlich reflektiert.

Vielfältige Mobilitäten dienten auch der Forschung und der Recherche weiterer, bevorstehender Unternehmungen. Doch wurde diesen Vorbereitungen kein Zukunftswert beigemessen. Sie waren Voraussetzung um über Wissen zu verfügen, das in weiterer Folge als Basis Verwendung finden konnte. So wurde etwa für die erste konkrete Forschungsreise zu den Dogon unter anderem in Paris ethnologisches Fachwissen erarbeitet. Bedeutung kam aber erst den folgenden Forschungsaufenthalten in afrikanischen Staaten zu, denn erst dort wurde Neues geschaffen.

Ähnliches gilt auch für die zahlreichen Tagungen. Der Austausch mit Kollegen wurde zwar als wichtig empfunden; ihm wurde aber kaum innovatives Potential zugemessen. Eine Ausnahme hierzu bildet der in der Erzählung »Sind Black Panthers Afrikaner?« geschilderte Kongress von Afrikanisten in Montreal. Als interessant wurden dabei aber weniger die Vorträge, als vielmehr die Interventionen der jungen Aktivisten der Black Panthers empfunden. Die dadurch ausgelösten Irritationen konnten gleichsam zu neuen Forschungen genutzt werden. Grundsätzlich kam Konferenzen – mangels kreativer Störungen von »außen« – aber in der Erinnerung keine herausragende Position zu.

Vergangenheit: Der Erinnerung nachreisen

Mit vielen Reisen der Parin-Matthèys wurden vollständig neue Wege beschritten, Regionen besucht, die sie bislang physisch noch nicht kennengelernt hatten. Dennoch stellten diese Reisen in einigen Fällen gleichsam Bewegungen in die Vergangenheit dar.

Die »Zeitreisen« erfolgten in der zweiten Lebenshälfte, im deutlich gehobenen Alter der Akteure, standen aber nicht in direktem Bezug zu persönlichen Erinnerungen. Sie reisten nicht eigenen Erfahrungen nach, sondern vielmehr jenen von Freunden, die ihnen sehr nahegestanden hatten.

Konkret handelte es sich in vielen Fällen um Goldys Cousin Ferdinand (Ferdl) Bilger. In der »Sonnenuhr für beide Hemisphären« spricht Paul Parin dies direkt an:

»Ich habe Ferdl nie getroffen. Goldy hat mich keineswegs als seinen Zwilling oder Nachfolger angesehen. Doch haben die Abenteuer seiner längst vergangenen Jugendzeit für uns die Weichen gestellt, als es mit den Afrikareisen nicht mehr weiterging und wir uns entschlossen, nach Indonesien zu reisen. Der Mythos seiner Abenteuer hat sich in mir festgehakt: Ich bin mit der gleichen Missbildung der Hüften zur Welt gekommen wie er, als Hinkebein, habe die gleiche Störung des Musikempfindens davongetragen wie Ferdl und einen ähnlichen Drang, zu reisen und zu forschen wie er. Erst in Indonesien wussten wir, dass wir Ferdls Reisen wiederholt und fortgesetzt haben; diesem inneren Kompass sind wir gefolgt« (129).

Ferdinand Bilger wirkte prägend für seine Cousine. Er widersetzte sich den Vorgaben seines nationalistisch/nationalsozialistisch überzeugten Vaters; unternahm als ausgebildeter Mediziner in den 1920er Jahren Reisen nach Ostafrika (Somalia, Äthiopien, Eritrea)[17] und Java (Niederländisch-Indien), die sowohl der Arbeit als auch der Forschung, insgesamt dem Kennenlernen von Neuem dienten. Wie Paul Parin formulierte: »Ferdl war der erste, der aus der Enge von Graz den Weg hinaus in die Welt fand« (129). Die Lebensweise Ferdls, das ungebundene, freie Leben des Cousins, dessen vehementes Eintreten für seine Gesinnung waren ein wichtiges Vorbild für Goldy – wie auch ihren Bruder. Die Anziehungskraft Ferdls zeigte sich an August (Gustl) Matthèy deutlich, der in den 1950ern zunächst nach Indonesien reiste und später eine Anstellung in Äthiopien annahm, wo er 1960 unter ungeklärten Umständen verstarb.[18]

Ähnlich zu Ferdl ist auch die Bedeutung von Goldys Bruder für das Paar kaum hoch genug einzuschätzen; sein Verhalten bestimmt

---

17 Inzko, Maria (1977): Ferdinand Bilger als akademischer Lehrer. Graz, Univ., Diss.; Weibel, Peter / Eisenhut, Günter (Hrsg.) (2001): Moderne in dunkler Zeit. Widerstand, Verfolgung und Exil steirischer Künstlerinnen und Künstler 1933–1948 (Katalog zur Ausstellung, Neue Galerie, 24. 3. – 30. 6. 2001). Graz, 146, 147.

18 Vgl. Sonnleitner, Ute (2012): »Grenzen der Territorien des Selbst«. Selbstzeugnis und weibliche Identität am Beispiel der Briefe Goldy Parin-Matthèys. In: Lamprecht, Gerald / Mindler, Ursula / Zettelbauer, Heidrun (Hrsg.): Zonen der Begrenzung. Aspekte kultureller und räumlicher Grenzen in der Moderne. Bielefeld, 113–124.

über Jahre hinweg das Leben der Parin-Matthèys.[19] Geschwisterliebe, Freundschaft und Konflikte wirkten prägend; gemeinsame Erlebnisse schweißten zusammen, die Reisen Gustls (mittels Briefen wurde der Kontakt gehalten) befeuerten die Reisesehnsucht zusätzlich. Die Fahrten Goldys und Pauls nach Äthiopien und Indonesien folgten somit neben Ferdl Bilger auch Gustl Matthèy.

Eigene Reiseerinnerungen waren vor allem im Sinne der geistigen Bewegung konstitutiv für die Parin-Matthèys. Sie bildeten den Stoff für die zahlreichen Berichte und Erzählungen, die in gemeinschaftlichem Prozess entstanden: Paul Parin verfasste einen Text, las ihn Goldy vor (ohne die er, wie er selbst ausführte, nicht geschrieben hätte) und wurde er von ihr für gut befunden, so kam es zur Veröffentlichung oder wurde im gegenteiligen Fall nach ihren Wünschen und Vorschlägen verändert – so lange bis Goldy ihre Zustimmung erteilte.[20] Solcherart konnten die gemeinsamen Erlebnisse gleichsam nochmals erfahren werden. In der Reflexion lebten die Erinnerungen auf, wurden mit neuen Erkenntnissen verknüpft, bewegten die zu diesem Zeitpunkt Unbewegten.

Zukunft: gesellschaftspolitisches Engagement und wissenschaftliche Innovation

Menschliches Erinnern ist auch notwendig, um gewonnenes Wissen in die Zukunft zu projizieren.[21] Die intensive Reflexion gegenwärtiger und vergangener (welt-)politischer Geschehnisse von Goldy und Paul war stets zukunftsgerichtet. Das Engagement zielte auf die Veränderung der Gesellschaft – das Ideal einer Gemeinschaft wirklich Gleicher wurde angestrebt.

Die Erfahrungen Goldy Parin-Matthèys in der Steiermark der 1920er Jahre wirkten in vielen Belangen lebenslang prägend. Die Entwicklung ihres »moralischen Anarchismus« beruhte auf dem Erleben der ersten »Brüdergemeinden« in Graz: dem »Kreis in der Morellen-

---

19 So ließ Gustl Matthèy etwa die Mutter aus Graz nach Zürich kommen – wo er sich jedoch kaum um sie kümmerte. Goldy und Paul mussten Pflege und Sorgearbeit übernehmen.

20 Parin, Paul (2020d): Karakul. Noch ein Leben. Erzählungen und Essays. PPW, Bd. 8, 134–136.

21 Welzer, Harald (2010): Erinnerungskultur und Zukunftsgedächtnis. In: Aus Politik und Zeitgeschichte. Themenheft »Zukunft der Erinnerung« 25–26 (21. Juni 2010), 16–23, hier 22–23.

feldgasse« gemeinsam mit ihrem Bruder August Matthèy.[22] Intellektuelle und Künstler bildeten in den späten 1920ern und frühen 1930ern eine Gemeinschaft, die sich in der Wohnung Ferdl Bilgers traf, um zu diskutieren, zu feiern und Pläne zu schmieden. In der Morellenfeldgasse bestand gleichsam eine Insel linken Vordenkens, die sich radikal vom überwiegenden Rest der Stadt (und auch der Steiermark) abhob (128–129). Paul Parin beschrieb die Gemeinschaft in der »Sonnenuhr für beide Hemisphären« und schuf damit ein lebendiges Bild – das einzige in dieser Form bestehende:

> »In den zwanziger Jahren wurde das Inselreich der Matthey-Kinder das Zentrum einer Jugend, die ›anders‹ war. Graz war die Stadt verarmter Kleinbürger und apathischer Arbeitsloser. Katholische Staatsbeamte und steirisch-nationale Studenten prägten das öffentliche Leben. In die Brüdergemeinde fand Einlass, wer radikal gegen alles war, was die Insel umgab. Im Park oder im Wintergarten trafen sich Künstler und Kommunisten, Dichter und schöne Mädchen, Architekten und Germanisten. Sie tranken Rotwein und türkischen Kaffee und diskutierten bis zum Morgengrauen. Goldy sang Chansons von Brecht zur Gitarre, und Wolfgang Benndorf trug die Lieder vor, die er komponiert hatte« (128).

Goldy Parin-Matthèy entwickelte aus den gemeinschaftlichen Erfahrungen die Überlegungen der Notwendigkeit einer Beteiligung am Kampf gegen den Faschismus. Erwägungen, die sie wenige Jahre später in den Spanischen Bürgerkrieg führten. Die Arbeit als Röntgenassistentin, der Austausch mit Gleichgesinnten aus aller Welt, das Gefühl für die eigene Überzeugung einstehen und diese aktiv vertreten zu können begeisterten Goldy. Die Herausforderungen der Kriegsgeschehnisse wirkten – wenigstens in der Erinnerung – zu keinem Zeitpunkt überfordernd; auch das Ende des für die Antifaschisten verlorenen Krieges, die Flucht aus Spanien und der Aufenthalt in einem der französischen Internie-

---

22 Mit Gustl hatte sie die erste verschworene Einheit gebildet: gegen die Eltern, die nicht als Instanzen des Vertrauens dienen konnten. Der Vater hatte nach dem Ende des Ersten Weltkriegs eine finanziell schwierige Phase nicht meistern können. Das gesamte Vermögen der Familie ging verloren, was ihn regelrecht aus der Bahn warf. Die Mutter, eine durch und durch bürgerliche Dame, versorgte fortan die Familie, indem sie putzte. Dies brachte ihr zwar wiederum von Seiten Goldys Respekt ein – jedoch keine Liebe. Denn die Enttäuschung darüber, dass sie als Kleinkind von der Mutter emotional fallengelassen worden war, konnte solchermaßen nicht überbrückt werden. Zwei Jahre nach Goldy kam deren Bruder Gustl zur Welt; die Mutter war und blieb ab diesem Zeitpunkt vollkommen auf ihren »Goldsohn« fokussiert.

rungslager hatten keine niederschmetternde Wirkung. Sehr wohl aber die Ankunft in der Schweiz, wo sie dank ihrer Schweizer Staatsbürgerschaft als eine der wenigen Flüchtenden vor dem Faschismus einreisen durfte und wo in Zürich bereits ihr Bruder auf sie wartete. Goldy fühlte sich verzweifelt und »wollte nur weg«, wozu der Zwang zur eigenen Untätigkeit und das Empfinden, wonach ihr gesamtes Umfeld untätig war, sich geradezu apathisch verhielt, massiv beitrugen.[23] Mit anderen Worten war es die plötzlich erzwungene Bewegungslosigkeit, die sie belastete.

Als sie in dieser Situation auf Paul Parin traf, ergänzten die beiden einander gerade auch in Hinblick auf die Sehnsucht nach Mobilität perfekt. Paul war bereits mit seinen Eltern immer wieder gereist; er hatte in den Jahren und Monaten vor seiner Ankunft in der Schweiz ebenfalls zukunftsweisende Bewegungen vollzogen: so war er 1934 im letzten Jahr vor seiner Matura von Novi Klošter (Jugoslawien/Slowenien), wo er aufgewachsen war, nach Graz übersiedelt, um hier die Schule zu besuchen und sich auf den Abschluss vorzubereiten.[24] Er blieb in Graz um Medizin zu studieren. Die Situation im Austrofaschismus und dem immer stärker anwachsenden Nationalsozialismus wurde immer unerträglicher und Paul Parin zog 1937 nach Zagreb. Nach einem Jahr Aufenthalt, in dem er sich zwar der Lektüre von marxistischen Klassikern und Freud, aufgrund der fehlenden Kenntnisse der kroatischen Sprache aber nicht seinem Studium widmen konnte, traf er den Entschluss, in die Schweiz zu übersiedeln (auch er besaß, wie Goldy, von Geburt an die Schweizer Staatsbürgerschaft).[25] Hier lernte er Goldys Bruder Gustl kennen, der ebenso wie er zum Medizinstudium nach Zürich gegangen war – in Graz hatten die beiden einander lediglich aus einiger Entfernung gesehen, jedoch nicht im eigentlichen Sinn kennengelernt.

Paul Parin gelang es, Goldy, die sich nicht binden wollte, von sich zu überzeugen. Wohl auch um mobil zu bleiben verwehrte sie sich den gesellschaftlichen Vorstellungen der Zeit und widersprach dem Ideal der ›sesshaften‹ verheirateten Frau. Mit Paul jedoch war es ihr möglich,

---

23   »Ist der spanische Bürgerkrieg Geschichte?«. Interview mit Goldy Parin-Matthèy, Freier Zürcher Sender LORA, 7. 8.1986. Steiermärkisches Bild- und Tonarchiv, Tonband 1399.

24   Parin, Paul (2019 b): Untrügliche Zeichen von Veränderung. Jahre in Slowenien. PPW, Bd. 3, 78, 81; Parin, Paul (2020 d): Karakul. Noch ein Leben. Erzählungen und Essays. PPW, Bd. 8, 26.

25   Ebd.

ihre Ziele zu verfolgen; er ließ sich begeistert von ihrer Aktivität anstecken und mitreißen.

Gemeinsam mit Paul Parin wurden die Gedanken der Notwendigkeit eines aktiv geführten Kampfes für die eigene Überzeugung weitergeführt. In der weltpolitischen Situation der 1940er Jahre war dies der Einsatz gegen den Nationalsozialismus. Mit einer Gruppe Schweizer Ärzte reiste das Paar 1944 nach Jugoslawien um die Partisanen Titos zu unterstützen: Im Rahmen der »1ère Mission chirurgicale de la Centrale Sanitaire Suisse pour l'Armée de Libération Yougoslave du Maréchal Tito«, so der offizielle Titel, arbeitete Goldy als medizinische Röntgenassistentin, Paul als Mediziner.[26] Der Aufenthalt in Jugoslawien stellte die erste gemeinsame Reise im Kampf für eine Utopie dar. Schien diese in der Idee einer Gemeinschaft wirklich Gleicher zunächst bei den Partisanen tatsächlich zu einer realen Umsetzung gelangt zu sein, erfolgte nach Ende des Krieges eine herbe Enttäuschung. Die »Hierarchie wurde wieder eingeführt«, eine Reihe von Erlebnissen bewog Paul und Goldy Parin-Matthèy dazu, die Konsequenzen zu ziehen und in die Schweiz zurückzukehren.[27]

Die Möglichkeit, bei dem bekannten Psychoanalytiker Rudolf Brun eine Lehranalyse zu absolvieren und sich beruflich neu zu orientieren, bot zunächst Anreiz für den längeren Aufenthalt in Zürich. Nach der Etablierung der eigenen Praxis aber entstanden rasch Pläne, die wiederum Bewegung ermöglichen sollten. Denn die nahezu umfassende Erstarrung war für das Paar und Fritz Morgenthaler, der seit dem Aufenthalt in Jugoslawien wichtiger Bestandteil des Arbeits-/Lebens der Beiden war, nur schwer zu ertragen. Mit Beginn des Kalten Krieges schienen für die Parin-Matthèys die politischen Utopien zerstört beziehungsweise eine globale Starre eingetreten, die sich in der gefühlten Regungslosigkeit Zürichs und der beruflichen Ordnung regelrecht potenzierte.

Eine konkrete Umorientierung erfolgte, die, wie könnte es anders sein, durch eine Reise initiiert wurde. Die erste Reise nach Afrika war als Erholungsfahrt geplant gewesen. Ein Freund aus der Zeit in Jugoslawien, der nun Mitte der 1950er Jahre ein Buschspital leitete, sollte besucht werden. Doch Land und Leute faszinierten und begeisterten Goldy und Paul Parin-Matthèy und inspirierten sie zu wissenschaftlicher Arbeit. Aufbauend auf einer Reihe von Vorarbeiten (beginnend

26   Parin, Paul (2020b): Es ist Krieg und wir gehen hin. Bei den jugoslawischen Partisanen. PPW, Bd. 6, 67.

27   Ebd., 206, 208; 260–269.

bei Freuds *Totem und Tabu* und endend bei Georges Devereux als direktem Vorgänger) wurden Methode und Theorie der Ethnopsychoanalyse erarbeitet. Insbesondere die tatsächliche Arbeit im Feld stellte eine radikale Neuerung der Überlegungen einer Zusammenschau von Ethnologie und Psychoanalyse dar. Der Forscherdrang und die Reisesehnsucht brachten eine vollständig neue, eigenständige Forschungsrichtung hervor.

Aus der bürgerlichen Psychoanalyse und ihren Themen und Herangehensweisen, die durch ihre Entstehungszeit um 1900 bestimmt war, entwickelten Goldy Parin-Matthèy, Paul Parin und Fritz Morgenthaler ›im Feld‹ eine neue Methode. Angepasst an die Bedürfnisse ethnographischer Forschung wurde etwa die Methodik umgewandelt: Nicht liegend auf einer Couch im Behandlungszimmer der Therapeuten, sondern unter freiem Himmel, wo ein Treffen den Gesprächspartnern angenehm war, fanden die Gespräche statt. Bezeichnend ist, dass aus einem äußerst statischen Setting in der Anwendung der Parin-Matthèys und Fritz Morgenthalers eine flexible Methode wurde. Fünf gemeinsame Reisen wurden vom Forschertrio unternommen, darunter jene beiden Aufenthalte bei den Dogon und den Agni, die die beiden Kultbücher *Die Weißen denken zu viel* und *Fürchte deinen Nächsten wie dich selbst* hervorbrachten.[28]

Reiseversessenheit als Lebenselixier – Abschlussbetrachtungen

Das gesamte Leben von Goldy und Paul Parin-Matthèy war von Bewegungen bestimmt. Neben den tatsächlichen Mobilitäten spielten auch die Erinnerungen an das Erlebte eine wichtige Rolle – ebenso wie die Phasen, die der Vorbereitung und Planung zukünftiger Unternehmungen dienten.

Der Versuch einer Zuordnung der Mobilitäten zu bestimmten zeitlichen Kategorien ermöglicht die Vielschichtigkeit der Reisetätigkeiten zu thematisieren und deren Bedeutsamkeit im Lebenslauf aufzuzeigen. Vergangenheit, Zukunft und Gegenwart waren bewegt; Erinnerung und Vorausplanung wirkten auch auf ›stabile‹ Lebensabschnitte ein.

Auffällig in diesen Überlegungen könnte die starke Betonung der Zukunft sein.

Die Einbeziehung des Faktors Zeit ermöglicht in Kombination mit der Betrachtung subjektiver Erfahrungen zudem die Auflösung schein-

---

28   Parin et al. 1963a. PPW, Bd. 17 und Parin et al. 1971a. PPW, Bd. 18.

bar unveränderlicher Zusammenhänge: So wird Geschwindigkeit, insbesondere auch in Zusammenhang mit Mobilitäten, als Zeichen von Neuheit und Modernität gewertet. Im Fall der Parin-Matthèys verhielt sich das Erleben der Reisen vielfach vollkommen entgegengesetzt. Gerade die besonders ›innovativen‹ Fahrten wurden geradezu zelebriert, wozu auch Transportmittel beitrugen: per (selbst repariertem) Jeep von der Schweiz aus nach Ghana und in die verschiedenen Regionen West-Afrikas. Im Gegensatz dazu erfolgten, den großen Entfernungen geschuldet, die »Reisen in die Vergangenheit« per Flugzeug – sicherlich auch auf Grund des fortgeschrittenen Alters der Reisenden.

Beweglichkeit war zeit ihres Lebens konstitutives Element des Daseins von Goldy und Paul Parin-Matthèy: als Kämpfer, Forscher, Unterstützer und Reisende – wenn nicht real, so doch stets im Geist. Die Reise-Zeiten der Parin-Matthèys helfen dabei aufzuzeigen wie Erinnerung und Zukunftsplanung in Bewegung verflossen und den aktiven gesellschaftspolitischen Einsatz trugen.

Paul Parin Werkausgabe (PPW) in 19 Bänden

Herausgegeben von Johannes und Michael Reichmayr
im Mandelbaum Verlag